U0460232

浙江文化艺术发展基金资助项目

PROJECTS SUPPORTED BY ZHEJIANG CULTURE AND ARTS DEVELOPMENT FUND

浙江文化
基因丛书

吴越◎主编

天瑞地安

瑞安文化基因

何海峰　吴越◎编著

杭州出版社

图书在版编目（CIP）数据

天瑞地安：瑞安文化基因 / 何海峰，吴越编著.
杭州：杭州出版社，2025. 1. --（浙江文化基因丛书 /
吴越主编）. -- ISBN 978-7-5565-2733-5

Ⅰ. G127.554

中国国家版本馆 CIP 数据核字第 20248ZE783 号

TIANRUI DIAN——RUIAN WENHUA JIYIN

天瑞地安——瑞安文化基因

何海峰 吴越 编著

策　　划	屈　皓	
责任编辑	王妍丹	
责任校对	陈铭杰	
装帧设计	屈　皓　王立超　卢晓明	
美术编辑	王立超	
责任印务	王立超	
出版发行	杭州出版社（杭州市西湖文化广场 32 号 6 楼）	
	电话：0571-87997719　邮政编码：310014	
	网址：www.hzcbs.com	
排　　版	杭州立飞图文制作有限公司	
印　　刷	天津画中画印刷有限公司	
经　　销	新华书店	
开　　本	710mm×1000mm　1/16	
印　　张	28.25	
拉　　页	1	
字　　数	446 千字	
版 印 次	2025 年 1 月第 1 版　2025 年 1 月第 1 次印刷	
书　　号	ISBN 978-7-5565-2733-5	
定　　价	68.00 元	

"浙江文化基因丛书"编委会

《天瑞地安——瑞安文化基因》编委会

顾　问：谢骁、吴瑞骥

编委成员：林华弟　陈　奇　陈钦益　贾瑞新　吴小淮

王晓东　陈思义　何光明　苏尔胜　王兴雨

陈志坚　李日舟　胡炳华　何克识　戴世德

王从伟　谢丙其　金春妙　黄作省　郑福勃

王芳

前　言：谢骁

编　著：吴越

（瑞安市图书馆为本书的编撰提供了大量文献资料，特此致谢。）

"浙江文化基因丛书"序

习近平总书记指出："支撑 5000 多年中华文明延绵至今的，是植根于中华民族血脉深处的文化基因。"① 浙江是中华文明的重要发源地之一，文化底蕴深厚，文化名人辈出。一叶红船从嘉兴南湖驶出，在时代浪潮中驭势而行；沿"唐诗之路"踏歌而行，千古诗篇回响在山水之间；还有良渚文化、宋韵文化、上山文化、黄帝文化、南孔文化、和合文化、阳明文化、丝瓷茶文化、古越文化、吴越文化……这些文化基因，共同铸就了浙江的"根"和"魂"。

2024 年 3 月 6 日，浙江省文化广电和旅游厅印发《浙江省文化基因激活工程实施方案（2024—2026 年）》，这是继 2020 年浙江省文化和旅游厅印发的《浙江省"文化基因解码工程"实施方案（试行）》《浙江省"文化基因解码工程"工作导则》和 2021 年 8 月浙江省文化和旅游厅印发的《建设文化标识推进文旅融合行动计划（2021—2025年）（试行）》之后，为更好担负起新时代新的文化使命，深入贯彻省委十五届四次全会部署，在全省实施的又一项文化基因重大工程。

---

① 习近平：《携手建设更加美好的世界》（2017 年 12 月 1 日），人民出版社，2017 年，第 3 页。

文化基因解码工程，是文化基因激活工程的坚实基础。文化基因，顾名思义，是指从文化形态切入，厘清其历史渊源、发展脉络、基本走向，从物质、精神、制度要素，语言和象征符号等进行分析、解码所提取的关键知识内核。文化基因解码，围绕中华优秀传统文化、革命文化和社会主义先进文化，按照3个主类、20多个亚类、约100个基本类型分别归档，确保历史年代、地理位置、流布范围等数据均记录在册，挖掘、研究、阐释优质"文化基因"，对全省文化资源进行全面梳理。这是一项集"查、解、评、用"于一体的综合性系统工程。全省开展90个县市区的文化基因解码任务，包括文化元素调查、文化基因解码评价、《文化基因解码报告》撰写、证据资料汇总保存建档等，并在此基础上建成"浙江文化基因库"。文化基因解码，起于"查"，终于"用"。"查"就是铺开"一张网"，广泛收集区域内的文化资源，作为"解"的对象。"解"重在找准四大要素，提取一组基因。四大要素是指物质要素（如原料、工具、环境等）、精神要素（如思想观念、群体性格等）、制度要素（如乡规民约、族规家规、礼节礼仪、表演技艺、创作技法等）、语言和象征符号（如方言、图形、标志、表情、动作、声音等）。通过对四大要素的分解梳理，遴选重点文化元素作为解码对象，从中提取出关键性的知识（技术）点。然后通过对选择的文化基因解码，从生命力、凝聚力、影响力、发展力四个维度进行质量评价。最终用基因塑造IP，以文旅IP开发作品、设计产品，以作品、产品点亮城市生活、赋能乡村振兴。浙江以文化基因为根、文旅融合IP为脉，打造了一条以城带乡、城乡互促的发展闭环，推动文化资源的"活化"利用，把解码成果与提高人民群众生活品质相结合,这就是"用"。以人文之美推动精神之富足,增强浙江高质量发展建设共同富裕示范区的文化自觉。

显然,文化基因是传承和创新的基石。文化基因作为一个社会文化系统的逻辑起点,是一个社会存在和进化、变革和发展的决定力量。文化基因解码就是要把社会文化系统中所表现出来的文化形态、思维方式、行动模式、礼仪符号、风俗习惯等加以还原,揭示其本初原因和底层逻辑。改革开放四十余年来,浙江出现了令人瞩目的"浙江现象",表现为快速的经济增长、蓬勃的发展活力、和谐的社会环境、显著的民生绩效。"浙江现象"源于浙江精神和浙江的文化基因。正确界定、充分挖掘浙江文化的内涵价值,解码浙江的文化基因,对于构建起有效支撑文化建设和旅游发展的"四梁八柱",推动文化建设和旅游发展各项指标持续名列全国前茅,着力建设新时代文化高地、中国最佳旅游目的地、全国文化和旅游融合发展样板地具有重要而深远的意义。

如何寻找突破口?各地在选"码"、解"码"、用"码"的整个闭环中,成立解码专项小组,构建"乡土专家+高校资源+系统人才"三方协作机制,高效推进解码工程。首批编辑出版的"浙江文化基因丛书"中汇集的富阳、南浔、南湖、绍兴、瑞安、平阳、苍南、普陀、岱山、嵊泗、定海、临海、南孔圣地、开化、常山、金华(经开区)、遂昌、云和、景宁、宁波江北等地的研究成果,正是在归纳总结、科学分析浙江文化基因的基础上,探索文化基因解码的方法和路径,同时从人类学、社会学的角度,运用现象学原理,在哲学层面进行解构、剖析,既有理论深度,又能方便应用。丛书勾勒出各地推进文化基因解码工程的概貌。成果本身的内容、方法、转化等，对各地都有很强的示范作用和借鉴意义。

可以说，"浙江文化基因丛书"中的成果，以浙江文化高质量发展为目标，以融合发展为重点，紧扣激活优秀文化基因，以文化基因的挖掘利用赋能文化事业和文旅产业发展，为我省文旅发展再上新台阶、为文化浙江建设贡献了力量。

叶志良

2024 年秋于杭州

目 录

前　言

　　天瑞地安，文脉永续。瑞安地处鱼米之乡，文脉源深；山水奇特，风光旖旎。瑞安名胜古迹众多，境内已发现史前遗址和各类文物史迹约600处。玉海楼、石棚墓、利济医学堂、圣井山石殿是瑞安的国家级重点文保单位，也是瑞安深厚文化的标志，郭沫若曾为玉海楼题联"玉成桃李；海涌波澜"。

　　瑞安市贯彻实施"文化基因解码工程"，立足瑞安深厚的历史文化积淀，汇聚各方力量，积极落实文化基因解码工作。通过全面调研、挖掘、记录，共梳理了文化元素近400条，涉及3个主类、22个亚类、67个基本类型，覆盖了中华优秀传统文化、革命文化、社会主义先进文化各个类型，筛选出30项重点元素进行解码，基本描绘出瑞安的文化脉络和精神谱系。

　　推行文化基因解码工程，是瑞安市打造新时代文化高地的重要举措，是滋养瑞安品质文化生活的特色之举，是文化力量推动我市区域经济发展的硬核之举。要让瑞安优秀文化可感、可亲，切实增强市民的文化认同感和向心力，让绵延千年的瑞安文化，成为打造浙南文化高地的鲜明底色。

　　今后我们将全面激活瑞安的文化基因，将文化基因的产业延伸创新，将文化遗产保护传承，与文化基因转化利用深度融合。以文化基因为基础开发优质转化项目，充分考虑相关文化遗产的丰度与产业基础的厚度。瑞安的"中国木活字"、"玉海楼文化"和"南戏故里"三项在今后将持续推进活化利用。积极挖掘瑞安文化内在价值，确定思路和方式方法，多角度多维度开展转化利用实践，在我市文旅公共服务、文旅产业领域中全面覆盖、精准对焦和深度植入，并传承创新、赋能产业，遴选培育若干文化基因激活示范项目，以期为我市的文旅融合和公共服务事业作出实质支撑。将文化元素建设融入旅游、融入产品、融入城市建设，为瑞安市高质量建设共同富裕示范区作出文旅新贡献。

从瑞安文化基因的历史文化源流、文化影响力角度出发，抓实文化基因转化利用，打造瑞安文化金名片。未来五年，瑞安发挥文化铸魂塑形赋能的强大力量，打造新时代浙南文化高地，为瑞安高质量发展建设共同富裕示范区注入强大文化力量。在推进文化融合发展上不断取得新突破，写好文旅融合的文章、跨界拓展的文章、文化出海的文章，以文化深度融合发展进一步激发我市文化领域创新创造活力。注重形成特色经验，以"文化基因＋全域旅游"作为牵引龙头和核心推力，加快形成"温州文化看瑞安"的研学旅游产业，形成一套行之有效、具备持续发展力的文化基因传承发展模式。

林华弟

二〇二三年十二月

浙南特委机关驻地

天瑞地安　瑞安文化基因

浙南特委机关驻地

浙南特委机关驻地暨浙南游击纵队司令部成立旧址群位于瑞安市桂峰乡板寮村。板寮，原名包垄，位于巾子山，海拔800米，山峦起伏，云海如画。

　　中共浙南特别委员会在1927—1949年的革命斗争中，几度更迭，数易领导，历经艰难，坚持领导地方革命力量，开展工人、农民运动和武装斗争，为浙南、浙西南革命根据地的建立、巩固，以及浙江革命斗争乃至全国革命的胜利，作出了重要贡献。

　　1927年"四一二"事件后，工会和农村中的中共活动分子遭到逮捕、通缉。浙南地区由于组织破坏及交通阻碍，中共各级党组织之间信息传递困难增大。7月22日，中共浙江省委在临海设立台属六县通讯处。9月下旬，中央特派员王若飞到浙江传达八七会议精神，并帮助改组中共浙江省委。1928年7月，省委代理省委书记龙大道巡视台州，着手筹建浙南特委。9月23日，浙江省委常委会决定召集成立浙南特别委员会。同月下旬，龙大道在天台栖霞乡蓝田村主持召开中共浙南代表大会，选举产生了中共浙南特别委员会，管容德为书记，特委机关设在海门（今台州市椒江区）。

　　1928年12月15日，中共浙南特委设在海门的机关被浙江保安队侦破，多人被捕，部分党内文件被搜，特委机关遭到破坏。中共浙江省委获悉后，决定撤销中共浙南特委，改为特派员制，原基层党组织直接隶属于中共浙江省委。

1929年，浙江南部发生罕见灾荒，农民暴动不断爆发，中共永嘉中心县委因此组建红军游击队。1930年3月，浙南红军游击队统编为中国工农红军第十三军，胡公冕为军长，金贯真为政委。同年5月，王国桢出席全国苏维埃区域代表会议。6月，王国桢返回温州，召开中共浙南第一次代表大会，成立中国共产党浙南特别委员会（中共浙南特委），王国桢为特委书记，陈文杰任军事委员。8月，王国桢抵达上海参加苏浙皖三省联席会议，贯彻立三路线，决定向中心城市进攻的决议。浙南特委因此改为浙南总行动委员会，王国桢继任书记。浙南总行委归中共江苏省总行动委员会领导，总行委机关设在瑞安渔潭，下辖中共台州行委及永嘉、瑞安、平阳、玉环、宣平、缙云、黄岩、天台、温岭、仙居、义乌等县委或行委。9月14日，中共浙南总行委机关被国民政府侦破，行委委员兼秘书金缄三、机关主要工作人员张子玉被捕杀害。9月，中共中央批判了"立三路线"的错误，浙南总行委撤销，并恢复中共浙南特委，王国桢仍任书记，归中共江南省委领导，特委成员未变动，领导永嘉、瑞安、平阳、温岭、黄岩、仙居、玉环等县中共地下工作。11月，王国桢调到红十三军工作，中共浙南特委召开扩大会议，推选曹珍（即石瑞芳）为代理书记。12月，曹珍被捕，党组织遭到破坏。

1930年11月18日，中共中央和中共江南省委决定撤销中共浙南特委，成立中共温州中心县委，由王国桢任书记，下辖瑞安县委、平阳县委、永嘉县各区委和乐清区委。1931年1月，中共江南省委改组为中共江苏省委，中共温州中心县委改由中共中央直接领导。6月，王国桢主持召开中共温州中心县委会议，改选朱绍玉为中心县委书记。同年9月10日，朱绍玉在瑞安渔潭被国民党永嘉保安队逮捕。10月16日，王国桢在瑞安飞云渡口因遭人举报被捕。12月11日，两人同时在温州松台山被杀害，中共温州中心县委解体。

1939年7月21日，中共浙江省第

一次党代表大会召开，这是新民主主义革命时期浙江党组织召开的唯一的全省党代表大会。这次大会是在国民党顽固派在各地疯狂捕杀共产党人的严重形势下召开的，浙南特委为保证大会顺利召开做了大量卓有成效的工作，使党代会开得圆满成功。

从1940年开始，国民党顽固派对浙南地区发动一次又一次的"清乡"。1942年2月8日，由于叛徒出卖，省委书记刘英在温州被捕，省委机关被破坏。这一事件的发生，对温州党的各方面工作影响特别大。2月下旬，浙南特委在瑞安梅山召开紧急会议，着重研究浙南地区今后应如何坚持斗争等问题。经激烈争论，反复分析比较，最后统一了认识，决定继续坚持农村基本地区的斗争，坚持抗日民族统一战线，把抗日战争进行到底。5月，特委机关即从永嘉纸山转移到青景丽梅岐山区（今属景宁畲族自治县）。至1944年4月，为适应革命斗争的需要，特委机关才迁回文成、青田、瑞安三县边界五云山、梅山等山区。

浙南特委遵照党中央、中南分局指示，隐蔽精干，建立特派员制，对重要的人与事，由特派员单线联系，

以减少失密和危险性；积蓄力量，在各县建立和发展武工队，到1942年夏，全区武工队发展到300余人，有力打击了各地的反动势力；运用"白皮红心"策略，将进步的乡镇保长"拉过来"，又将共产党员和进步人士"打进去"，不断扩大革命力量和群众基础；避开顽军锋芒，积极开辟新区。

抗战期间，日本侵略军不断派遣飞机轰炸温州城乡，出动军舰在瓯江口等水面游弋、扫射、抢掠，并先后三次派兵侵占温州等地。前两次，永嘉、平阳、瑞安等县的党组织曾组建武装小分队准备进行抗击，由于日军侵占时间短暂，抗击斗争尚未展开，敌军已撤退。1944年9月9日，日军第三次侵占温州时，浙南特委即于10月29日提出"应以各种方式相应组织与发动抗日游击战争"，领导人民广泛开展抗日游击战争。乐清县委于10月15日了成立"乐清人民抗日武装基干队"，12月扩编为"乐清人民抗日游击队"；瓯北县委亦于1945年2月领导民兵建立了抗日武装中队。3月，浙南特委决定将乐清、瓯北两县的抗日武装部队700多人合编为"永乐人民抗日自卫游击总队"，下辖海上大

队和 11 个中队。总队组织大小分队，采取各种形式，抗击日本侵略者，成为浙南人民抗击日军的一支重要力量。此外，特委和瑞安、平阳、永嘉（江南）等县委亦组织抗日武工队，与温州人民一起，抗击日本侵略者。

抗战胜利后，以龙跃为书记的浙南特委，在党多年来的培养和教育下，通过实践，对形势的认识水平和分析能力不断提高，结合浙南实际，面对蒋介石"对江南不许有任何共产党部队存在"的密令和推行假和平、真内战的政策，在敌强我弱的态势下，继续贯彻隐蔽精干的政策；利用暂时和平之机，加强党的思想建设和组织建设。在瓯江北，永乐人民抗日自卫游击总队日益壮大，成为国民党反动势力的眼中钉、肉中刺，他们在永乐总队周围陈兵数千，企图将其围歼。特委经多次研究，决定采取精简分散、保留骨干的策略，组织武工队去巩固老区、开辟新区，为解放浙南积蓄武装力量。

1946 年 6 月，第二次国共内战爆发，在华中分局和闽浙赣边区（省）委领导下，浙南特委遵循党中央的战略部署，不断巩固和扩大游击根据地，广泛开展游击战争，深入开展爱国民主运动，积极配合解放军主力作战。

1948 年下半年开始，逐渐扩大的中共浙南特委及其部队机关向桂峰根据地迁移。1948 年 11 月 25 日，中国人民解放军浙南游击纵队司令部、政治部在瑞安县桂峰乡板寮村正式宣布成立，浙南特委书记龙跃任司令员兼政治委员，郑丹甫为副司令员，胡景瑊为政治部主任，下辖三个支队、一个独立大队和一个警卫大队，配合人民解放军主力的正面战场作战。同时，"中共浙南特区委员会"（简称中共浙南特委）改称为"中共浙南地方委员会"（简称中共浙南地委）。浙南游击纵队司令部与浙南地委机关驻地同设在板寮村。中国人民解放军浙南游击纵队的成立，标志着浙南游击战争进入了战略进攻阶段。这支以中国工农红军挺进师留下的人员和长期坚持浙南斗争的干部为骨干，以根据地的共产党员和贫苦农民为主体的浙南人民子弟兵，在共产党的领导下，由小到大，由弱到强，成为紧密配合解放军主力作战和解放浙南全境的主力部队。它同县区武装和民兵组织三位一体，形成三结合的军事体系，陷敌人于人民战争的汪洋大海之中。浙南游击纵队和各县区武装及广大民兵在短短的3年中，进行大小战斗近200次，歼敌15000多人，部队发展10000余人。1949年5月，在解放大军渡江南下的胜利形势鼓舞下，浙南游击纵队在浙南各县武装和广大民兵的配合下，英勇战斗，一举解放了瑞安等14座县城和浙南全境，胜利迎接解放大军的到来，为浙南的解放斗争作出了卓著的贡献。

为了纪念浙南特委及浙南游击纵队的丰功伟绩，1993年，中共瑞安市委、市政府在桂峰乡板寮村原浙南特委机关暨浙南游击纵队司令部旧址的左后方50米处修建了总占地540平方米的浙南游击纵队成立纪念碑亭园，纪念碑亭坐落在其正中，纪念亭的左侧建有《浙南周报》纪念碑，纪念亭的右侧建有浙南特委书记兼浙南游击纵队司令龙跃夫妇墓。1999年又修复了浙南特委机关暨浙南游击纵队司令部旧址，共7间两层房，上层摆设着浙南特委、游击纵队领导人龙跃等使用过的床、办公桌椅等实物，下层作为中国人民解放军浙南游击纵队纪念馆进行布展，布展面积达200平方米，配400多幅图片及图解文字说明，同时在旧址的左前方50米处修建了张爱萍将军的题词牌"中国人民解放军浙南游击纵队"。2002年，村民自行修缮了当年游击纵队指战员居住的2幢20间两层民房（在旧址右侧约100米处，另有1幢居住房待修）。2008年，桂峰乡政府又开始修复当年游击纵队的练兵坊。共5处纪念建筑物构成了浙南特委机关驻地暨浙南游击纵队司令部成立旧址群，总占地面积达6000余平方米。

1994年，浙南游击纵队成立纪念碑亭被命名为瑞安市爱国主义教育基地。1999年修复了中共浙南特（地）委机关暨浙南游击纵队司令部旧址，楼下作为"中国人民解放军浙南游击纵队纪念馆"进行布展，布展面积达200平方米。1994年5月，旧址被中共瑞安市委、瑞安市人民政府公布为瑞安市爱国主义教育基地，2013年创成温州市爱国主义教育基地、浙江省党史教育基地。2021年，为了进一步扩大影响力，瑞安市财政补助800万对旧址群进行提升，丰富基地功能。

一、要素分解

（一）物质要素

1. 意义非凡的纪念碑亭园

为纪念浙南特委及浙南游击纵队的丰功伟绩，1993年，中共瑞安市委、市人民政府在桂峰乡板寮村原浙南特（地）委机关暨浙南游击纵队司令部旧址的左后方50米处修建了总占地540平方米的浙南游击纵队成立纪念碑亭园，纪念碑亭坐落在其正中，亭的左侧建有《浙南周报》纪念碑，纪念亭的右侧建有浙南特（地）委书记兼浙南游击纵队司令龙跃夫妇墓。

2. 司令部、政治部成立旧址

1999年修复了中共浙南特（地）委机关暨浙南游击纵队司令部旧址，共7间两层房，楼上摆设着浙南特委、游击纵队领导人龙跃等使用过的床、办公桌椅等实物，楼下作为"中国人民解放军浙南游击纵队纪念馆"进行布展，布展面积达500平方米，展出400多幅图片及文字说明。布展内容共分四大板块，陈述浙南游击纵队发展历史。这四大板块分别为：浙南武装力量的发展史，记载着1928—1945年浙南特委发展情况；游击战争的开展与浙南游击纵队的成立史，记录了1946年至1948年11月25日中国人民解放军浙南游击纵队司令部、政治部在瑞安桂峰板寮正式宣布成立期间的曲折过程；浙南游击纵队的建设历程；向敌军发起强大攻势与农村包围城市态势的形成历史。馆内还陈设着当年部队的组织管理、区域划分、机构设置、重要领导人重大会议决策的图文介绍。并展示了模拟枪支、电台、大刀、手榴弹、战士用品、创办浙南特委培训班用具、解放浙南区域时间表等。

3. 瑞安市爱国主义教育基地

1994 年，浙南游击纵队成立纪念碑亭被命名为瑞安市爱国主义教育基地。1999 年修复了中共浙南特（地）委机关暨浙南游击纵队司令部旧址，楼下作为"中国人民解放军浙南游击纵队纪念馆"进行布展，布展面积达 200 平方米。1994 年 5 月被中共瑞安市委、瑞安市人民政府公布为瑞安市爱国主义教育基地，2013 年创成温州市爱国主义教育基地、浙江省党史教育基地。2021 年，为了进一步扩大影响力，瑞安市财政补助 800 万对旧址群进行提升，丰富基地功能。

4. 榫卯结构的营房

2002 年，板寮村村民自行修缮了当年游击纵队指战员居住的 3 幢 28 间两层民房。主体建筑为 3 栋 20 世纪 70 年代复建的木质榫卯结构建筑，局部翻新过，整体依然老旧严重。

5. 浙南周报成立旧址

1947 年 5 月 1 日，中共浙南特委在永峰乡小方山创办《时事周刊》。1948 年 7 月 1 日，改为《浙南周报》。1949 年 5 月 12 日，改为《浙南日报》。

（二）精神要素

1. 奋起抗争、坚持斗争的革命精神

浙南特委在 1927—1949 年的革命斗争中，几度更迭、数易领导、历经艰难，坚持领导地方革命力量，开展工人、农民运动和武装斗争，为浙南、浙西南革命根据地的建立、巩固，以及浙江革命斗争乃至全国革命的胜利作出了重要贡献。

2. 加强团结、坚持农村斗争的梅山会议理念

1942 年 2 月 8 日，由于被叛徒出卖，浙江省委书记刘英被捕，浙江省委机关被破坏，接着郑伯琅、周义群、郑爱婵、姚祖培相继被捕、叛变，浙江省委 7 个交通站有 6 个被完全破坏，浙江党组织与中央失去了联系。"温州事件"的发生，直接导致浙江省委机关的破坏，给浙江党和革命造成了

空前严重的损失，给浙江省的革命运动带来严重的损失和挫折。

在这样的背景下，浙南党于1942年2月下旬在高楼梅山召开特委紧急会议。会议由龙跃同志主持，龙跃同志根据会前常委统一的坚持农村根据地革命阵地的抉择，提出具体意见，经过讨论形成几点共识：根据现实情况，平阳县委机关逐步转回瑞平边坚持恢复党组织，加强对平安区委的领导，并逐步恢复与其他区委的联系，对武工队要加强教育和巩固工作。成立浙南特委驻纸山办事处，吴毓任主任，孙经邃、程美兴为委员，具体指导永嘉、瓯北和瑞安三县委工作。由此可见，这次会议开得比较成功，有了具体结果，达到了加强团结和坚持在农村斗争的目的。

梅山会议结束后，浙南党在政治思想上、行动上得到了统一，会议精神迅速贯彻：郑海啸同志率平阳县委机关回到瑞平边，克服种种困难险阻，坚持斗争，立住脚跟。5月初，平西区委被顽固派"清剿"失去联系半年之后，在特委帮助下与平阳县委接上关系，平阳根据地斗争打开了新局面。吴毓同志和孙经邃同志去纸山办事处

上任，指导永嘉、瓯北和瑞安三个县委坚持农村根据地斗争。程美兴回到瑞安根据地贯彻梅山会议精神，巩固发展农村阵地，并且派郑贤塘同志设法联系上青景丽县委。

（三）制度要素

意义重大的浙南特委第八次、第九次扩大会议

1947—1948年夏季，全国解放战争形势发生了重大变化，人民解放军由战略防御转入战略进攻，国民党军队被迫由战略进攻转入全面防御。浙南的游击战争也迅猛发展，为了配合即将到来的全国大反攻，把武装斗争和群众运动推向一个新阶段，推动游击战争向更大规模发展，中共浙南特委分别于1947年10月3日至29日和1948年4月7日至5月25日，在瑞安高楼区梅山、牛栏坑召开第八次、第九次扩大会议。为了加强对游击战争的领导，统一指挥部队作战，决定筹建浙南游击纵队。

中共浙南特委第八次扩大会议学习了《中国人民解放军宣言》，总结了自1946年下半年以来的工作，认为特委1946年10月《对今后任务的决

定》和1947年5月《对目前工作的指示》，是符合浙南整个形势的发展和浙南斗争实际的。会议作出并通过了《关于一年来工作总结》《关于今后斗争任务的决定》《关于今后根据地建设的决定》《关于浙南军事机构及其人选的决定》。会议确定浙南党今后斗争的任务是：组织和动员一切力量，发动武装斗争，建立民主根据地，配合解放军主力作战，以争取全国民主革命的最后胜利。会议还确定了斗争步骤与策略，指出：为了加强对游击战争的领导，统一指挥部队作战，会议决定筹建中国人民解放军浙南游击纵队，作为浙南武装斗争的主力军。会议还决定将江北县队扩建为括苍支队。其他各县部队仍称县队、区队。区委领导的武装仍称武工队。同时要求各地普遍建立不脱产的民兵组织，以适应游击战争的需要。

第九次扩大会议总结了前一阶段游击战争的开展情况和成功经验。会议认为，必须充分发挥人民战争的优越性，让更多的兵力向国民党军进攻，争取游击战争的更大胜利。会议提出了在军事上要切实整编与扩大部队，逐渐将斗争推向公开，坚决消灭一切

可以消灭的敌人。会议通过了《关于军队建设的决定》《军队政治工作制度》《关于民主政权之决定》《关于目前群众工作的决定》《关于今后任务的具体决定》，以及《农民联合会临时章程》《妇女联合会临时章程》《新民主主义青年联合会临时章程》等文件。会议提出今后斗争的六大任务：切实整顿、巩固与扩大部队，加强对部队的领导，大胆将部队深入到边缘区与国民党统治区去，消灭力量薄弱地区的敌人，摧毁其行政组织，以壮大自己；广泛地组织和领导群众进行抗丁、抗粮、抗税、抗捐、抗租、抗债以及反霸斗争，并有计划地武装农民；必须运用一切军事政治力量，坚决而有计划地消灭现在工作地区的空白点，做到各县根据地连成一片，但边缘区的党组织仍用主要力量去做开辟工作，以扩大党的活动地区和根据地；必须在斗争中，同时采用开办训练班的方式，继续加强培养与提拔干部，特别是加强军队干部和行政干部的培养与提拔，准备在条件成熟时建立各级政权机构；必须加强党的工作，加强支部在群众斗争中的核心作用，健全支部的组织生活，注意在斗争中

吸收群众领袖和积极分子入党，充实和扩大党的基层组织。

根据解放战争胜利发展的大好形势和中央军委关于统一全军编制及部队番号的规定，1948年9月27日，中共闽浙赣省委报经华东局批准，建立中国人民解放军浙南游击纵队，任命龙跃为司令员兼政治委员。同年11月25日，浙南游击纵队司令部、政治部在瑞安县桂峰乡板寮村正式宣布成立。

二、核心基因提取与评价

基于对材料的全面、深入分析，得出本文化元素的核心基因表述为："瑞安市爱国主义教育基地""奋起抗争、坚持斗争的革命精神""加强团结、坚持农村斗争的梅山会议理念"。

浙南特委机关驻地核心文化基因评价依据

评价项目	评价因子	评价依据（特点）	是否
生命力评价	文化基因存续的时间	自出现起延续至今，未曾明显中断	√
		自出现起延续至今，但多次衰微、中断后复兴	
		曾明显衰败，改革开放后开始复兴或历史溯源关键环节缺失，难以考证	
		文化形态主体已灭失，现存部分痕迹	
	文化基因的稳定性	在发展过程中保持相当稳定的状态	√
		在发展过程中存在明显的精神内涵、表现形式剧变	
凝聚力评价	文化基因的凝聚力及社会动员效果	曾广泛凝聚起区域群体的力量，显著推动过社会经济文化的发展	√
		曾部分凝聚起区域群体力量，对社会经济文化的发展产生过影响	
		凝聚过力量，创造过实际的发展动能，但未见对社会经济文化发展产生显著改变	
		仅在历史文献或口耳相传中存在，未见实际介入社会经济发展	

续表

评价项目	评价因子	评价依据（特点）	是否
影响力评价	辐射的范围	具有全国性、世界性的影响力	√
		具有长三角区域、浙江省影响力	
		具有市县、乡镇影响力	
	提炼的高度	已经被古代文人士大夫和当代学者提炼为精神符号和理念理论	√
		单纯的样式、造型、工艺技术规范	
发展力评价	与当代精神追求和价值观念的契合	传统文化基因得到创造性转化、创新性发展；区域革命文化基因被完整继承、广泛弘扬；区域社会主义先进文化基因成为与浙江"三个地"相适应的文化高地	√
		部分转化、部分弘扬、部分发展	
		难以转化、难以弘扬、难以发展	

说明：基因特点评价是对解码出来的基因，根据本《导则》表2的要求，围绕"四个力"逐一对表打"√"，进行定性表述

（一）生命力评价

"瑞安市爱国主义教育基地""奋起抗争、坚持斗争的革命精神""加强团结、坚持农村斗争的梅山会议理念"作为浙南特委驻地发展壮大的核心文化基因，自出现起延续至今未曾出现中断，且在发展过程中保持相当稳定的状态。自红军挺进师1935年进入浙江，到1949年5月浙南全境解放，浙南特委坚持浙南革命斗争十三年，培养了大批干部、骨干。在土地革命战争时期建立健全的党组织和革命有生力量不仅被保存下来，并且在以后的抗日战争和解放战争中不断发展壮大，成为浙南革命的中坚力量，使浙南红旗永远飘扬。

（二）凝聚力评价

三大核心基因广泛凝聚起区域群体的力量，显著推动社会经济文化的发展。浙南特委在1927—1949年的革命斗争中，几度更迭、数易领导、历经艰难，坚持领导地方革命力量，开展工人、农民运动和武装斗争，广泛凝聚起人民群众的力量，为浙南、浙西南革命根据地的建立、巩固，以及浙江革命斗争乃至全国革命的胜利，作出了重要贡献。

（三）影响力评价

三大核心基因具有浙江省乃至全国性的影响力。浙南特委坚持领导地方革命力量，开展工人、农民运动和武装斗争，为浙江革命斗争乃至全国革命的胜利，作出了重要贡献。如今，浙南特委驻地已经成为一种精神符号，作为爱国主义教育基地，影响着一代又一代的中华儿女。

（四）发展力评价

三大核心基因在新的时代，作为爱国主义教育基地，传承红色基因，继续发光发热。1994年，浙南游击纵队成立纪念碑亭被命名为瑞安市爱国主义教育基地。1999年，修复了中共浙南特（地）委机关暨浙南游击纵队司令部旧址，楼下作为"中国人民解放军浙南游击纵队纪念馆"进行布展，布展面积达200平方米。1994年5月，旧址被中共瑞安市委、瑞安市人民政府公布为瑞安市爱国主义教育基地，2013年创成温州市爱国主义教育基地、浙江省党史教育基地。2021年，为了进一步扩大影响力，瑞安市财政补助800万对旧址群进行提升，丰富基地功能。

三、核心基因保存

　　"瑞安市爱国主义教育基地""奋起抗争、坚持斗争的革命精神""加强团结、坚持农村斗争的梅山会议理念"作为浙南特委机关驻地的核心基因，文字资料有《1927—1949年的中共浙南特委》《温州市新四军研究会赴瑞安板寮举行纪念活动》《中共革命中的"白皮红心"策略研究》，保存于瑞安文化基因解码调查组资料库，图片材料有20张，保存于瑞安文化基因解码调查组资料库。

中国活字印刷术

天瑞地安　瑞安文化基因

中国活字印刷术

活字印刷术

　　活字印刷术是人类历史上最伟大的发明之一，是中国对世界文化的重大贡献。在国内，有关活字印刷的历史资料却不多，只有沈括的《梦溪笔谈》和王祯的《农书》记载了活字印刷术，北宋毕昇的泥活字印刷和元代王祯的木活字印刷均无实物传世。于是，国际上一直有许多人认为中国人并没有发明活字印刷术，它不过是古代中国人的一个并不成熟的构想。

直到 20 世纪 90 年代，甘肃、宁夏出土了泥活字、木活字，才证明古代中国人确实发明了活字印刷术。不久后，2001 年 12 月，浙江瑞安东源村发现了仍在运用祖传的木活字印刷术印制宗谱的现象，而且印刷过程中每一个步骤和元代王祯的描述如出一辙，这更是证明了木活字印刷在我国发明和发展的历史。瑞安东源为祖国的伟大发明作了明证。

木活字印刷术在瑞安东源村流传千年实非偶然。据东源村保存的《太原郡王氏宗谱》记载，元朝初年，王氏祖先王法懋在福建安溪长泰里开始替人作宗谱，当时正是木活字印刷兴起的年代，王家从此与木活字印刷和修谱结下了不解之缘，修谱亦成为子孙后代的谋生之技。明正德年间，王氏宗族从安溪迁徙到平阳。清乾隆元年，王氏后人王应忠一支又迁居到现在的瑞安平阳东源村，并开办了"王氏印铺"。此后，王氏一族的宗谱承印事业不断发展壮大，木活字印刷的技术也从此在东源流传下来，使东源成为我国唯一的木活字印刷文化村。如今，当我们翻开温州城乡各地的宗谱，会发现扉页上几乎都有"平阳坑镇东源（东岙）村×××梓辑"或"平阳坑镇东源村×××印刷"的字样。

东源的木刻活字印刷工艺十分考究，在工艺流程上就有采访（开丁）、誊清（理稿）、排版、校对、印刷、打圈、划支、填字、分谱、折谱、草订（打孔、下纸捻）、切谱（裁边）、装线，封面、装订等 20 道工序。东源制作的印刷品有两大特色，一是刻印用字是老宋体，字形古拙。从明朝以来，老宋体作为官方字体，长期垄断文告、公报等庄严场合，如今却极少见。二是刻印、装订做工很考究。其功夫在于：刻字有刀法，捡字有口诀，排版有格式。最值得一提的是它的捡字口诀，凝聚了木活字印刷老祖宗的创意，代代相传。160 字的口诀，囊括绝大部分汉字的部首，用方言诵读，有平有仄，极为入韵，便于记忆和应用。

木活字印刷术在瑞安扎根源于王氏一族的迁徙活动，而其发展、繁荣则离不开瑞安这座江南山水城市肥沃的文化土壤。瑞安历史文化悠久，文风鼎盛、人才辈出，自殷商时代起就有修家谱的制度和传统，到了汉、晋两代，修谱之风更是遍及华夏。晋以后的北方曾有过多次动乱，大量的北方士族涌入南方。浙江南部宗族众多，这些宗族每隔10至20年都要郑重其事地编修族谱，为活字印刷术提供了广阔的应用空间。再者，东源王氏打破传子不传女、传内不传外的保守规矩，不将做谱视为传家秘籍，在收徒授艺上相当开明。从晚清以来，村里许多外姓人以及妇女们都成为谱师。目前，东源村2000余人，有近百位谱师，为这一技术的流传提供了广泛的人才基础。

为了继承、弘扬这项历史悠久、弥足珍贵的传统技艺，地方政府对木活字印刷术的保护和发展付出了巨大的努力，并取得了丰硕的成果。近年来，瑞安木活字印刷技术先后被列入县、市、省、国家四级的"非物质文化遗产保护名录项目"。2010年，以瑞安木活字印刷技术为载体的"中国活字印刷术"被联合国教科文组织列入"急需保护的非物质文化遗产名录"。同时，木活字印刷积极融入社会民众生活、校园教育。瑞安开元职业高级中学成立了木活字印刷传承基地，开办两个班级，由印刷术传承人前去授课，招收学生300余人。同时，政府鼓励手艺传承人带徒传艺。瑞安市每两年举办一期活字印刷培训班，选择20至40岁从事活字印刷的工匠，培养木活字书写和手工雕刻技术，传授古籍排版技巧和古籍文化知识。

在现代社会中，木活字印刷技术不再是一种单纯的印刷手段，而是中国活字印刷文化内涵的延续和传承，它本身承载着历史印迹和文化精神，是中国传统文化的符号之一，具有文化的象征意义。能够将这种古老的文化工艺保存下来，是印刷行业乃至文化行业人的心愿，更是弘扬民族文化过程中必不可少的一步。在未来，将有更多的人加入关注、继承木活字印刷术的队伍当中，而活字印刷术也会承载着古老的中华文明，向世界展现它美丽的一面。

一、要素分解

（一）物质要素

1. 种类丰富的印刷器材

东源活字印刷器材种类丰富，包括刻刀、雕盘、字盘、印版和顶木等。东源谱师们使用的刻刀一般都是用薄钢片自制，长约15厘米，宽1厘米，其中一段为稍带弧形的坡面，双面刀刃，刀体两侧夹有薄竹片、纱布以防割手。雕盘是雕刻木活字时固定木活字的工具，一般是将质地坚硬的木板中间刨出可容纳数十个字模的凹槽，再用木条制作木活闩。使用时，将要刻的字模整齐地放入凹槽内，然后用木活闩撑紧。字盘是存储木活字的工具，具有储字和捡字两种功能。字盘用厚木板作底，四周钉有木框，木框的上边缘突出于底板1厘米左右。字盘尺寸一般长40—45厘米，宽30—35厘米，中间用隔片（薄竹片或薄木片）嵌入边框的上下端，隔开数十格，每个字盘可存放600—700个大号木活字或1300—1400个小号木活字。刻好的木活字整齐地排列在一个个长方形的字盘中，一般需备二三万字，二十多个字盘。同时，字盘可以叠放，用绳索扎成两堆，可一人用扁担挑走，俗称"一担"，是谱师营生的基本装备。排版工具包括印版和顶木。印版是按传统谱牒格式制作的专用版式，选用厚实而平整的板料作为排放活字的底座，是活字排版的基础。顶木主要用于固定木活字块，使版式不被打乱。刷印工具包括印刷台、木制墨盘、下刷和上刷。由于木活字印刷工作的流动性和临时性，一般并不置备专门的印刷工作盒，而是就地取材，用门板、床板充当。木墨盘一尺见方，分为储墨和匀墨两格。使用下刷在排好的印版上刷墨，铺上纸张后，再用上刷在纸上进行印刷。

2.历史悠久的修谱传统

温州地区浓厚的修谱风气是瑞安木活字印刷术传承至今的主要原因。瑞安、平阳、苍南一带至今寻根续谱的宗族观念很强，一般每隔三十年，每个宗族都要续修一次。修谱习俗与地域文化、民间寻根问祖的宗族情结紧密相关。温州地区的民众大多数是自其他地方迁徙来的移民。南宋迁都以后政治、经济中心南移，温州凭借地理优势成为南方重要的工商贸易城市。物质层面的富足使当地部分人免于苦力劳动，文化氛围浓厚，富家子弟求学进仕、追求功名蔚然成风。永嘉学派"经世致用"的精神对后世温州人文特征的形成具有重大影响，同时也灌注于温州人崇尚宗族血缘和谱牒文化的情结之中。

（二）精神要素

1.开明、包容的工艺传承理念

在东源王氏一族中，木活字印刷术不受传统手工艺传承的限制，而是勇于打破传子不传女、传内不传外的保守规矩，不将做谱视为传家秘籍，在收徒授艺上历来相当开明，从而使这一技术广泛流传。从晚清以来，不仅村里许多外姓人学会了这一行当，而且妇女们也干上了谱师的行当，甚至周边地区也时常有人来学习技艺。现在，东源王氏的做谱技艺已传到了第25代，东源村2000余人口中，则有近百位谱师。

2.坚韧、朴素的匠人精神

谱师需要在很小的长方形木丁（一般小木活字刻字面长8毫米，宽6毫米，大木活字刻字面长13毫米，宽11毫米）上用毛笔手写老宋体反字并雕刻，这就要求谱师即要掌握写老宋体反字的书写技能，又要掌握相关雕刻技能。据了解，即使有天分的谱师也需要苦苦练习数载才能掌握此项技能，而且制作字模十分辛苦，这项工作极其考验人的耐心和毅力，熟练的谱师一天工作十几个小时，最快也只能刻七八十个字，制作整套字模则得花上一年左右的时间。这体现了木活字印刷术技艺的深远，也折射出谱师们坚韧、朴素的匠人精神。

（三）制度要素

1. 高效的捡字口诀

木活字印刷技术采用的是诗句形式的捡字口诀，在捡字诗句的每一个字下面，或按偏旁部首，或以字形结构相近的规律，将字归类于不同的字盘内。捡字时只需根据口诀就可快速找到相应的活字。160字的"捡字口诀"囊括绝大部分汉字的部首，用方言诵读，有平有仄，极为入韵，便于记忆和应用，大大提高了捡字效率。"捡字口诀"的具体内容为："君王立殿堂，朝辅尽纯。庶民如律礼，平大净封张。折梅逢驿使，寄于陇头人。江南无所有，聊赠数支春。疾风知劲草，世乱识忠臣。土穷节见义，国破列坚贞。台史登金阙，将帅拜丹墀。日光先户牖，月色响屏巾。山叠猿声啸，云飞鸟影斜。林丛威虎豹，旗帜走龙鱼。卷食虽多厚，翼韵韬略精。井尔甸周豫，特事参军兵。饮酌罗暨畅，瓦缺刍丰承，玄黄赤白目，毛齿骨革角。发老身手足，叔孙孝父母，来去上下皆内中半杂。"

2. 繁复的印刷工艺流程

木活字印刷技术极其繁复，需先选取好木材制作字模、用毛笔在字模上反手写字、用刀刻字。接下来用捡字口诀从字模盒中逐一捡出需用的字模，然后开始排版，上墨。上墨前先用水洗刷一次，保持字模吸墨的一致性。刷完墨后对准板印四角上宣纸，用适当的力度用棕刷在宣纸上下来回均匀刷动。揭起宣纸晾干，等几十上百的纸印好后，再去打圈、划支、打孔洞、下纸捻、裁边、上封面、订外线，至此饱含朴素墨香的手工书完成。

3. 扎实稳健的写刻工艺

写字与刻字是木活字印刷技术的关键工序，要求谱师有扎实的毛笔书写基础，并可将这些笔画结构复杂的正字反过来识读与书写。这反手书写的技巧，需要谱师们从学艺开始就苦练，在没有现成的标准字体作为参考的情况下，准确把握好字形的上下左右结构、笔画特点，有一定的难度。这是谱师们必须练就的功夫。同时，谱师们还要掌握扎实的刀法功底，精通反手、先横、次直、后撇捺等笔法的雕刻技巧。刻字时，先把所有的横笔画刻出来，再刻竖笔画，再刻撇捺点等笔画。当字形刻完以后，将所有的直线以及转角修正，使木活字整体显得更加整齐美观。之后开始刻边角，去除字模四周的尖角，俗称"起底"，以防刷印时沾上墨汁，影响印出来的效果。

（四）语言和象征符号

严谨、庄严的"老宋体"字

东源木活字印刷所采取的字体为老宋体繁体字。老宋体字是从北宋刻书体的基础上发展来的，字体方正、匀称，是古代盛行的一种字体，常用于官府的衙牌、灯笼、告示及祠堂里的神主牌位等。明代正德以后，刻书开始模仿宋本，宋字体演变为横细竖粗，笔画对比很大，体形方正，古拙庄严，俗称"老宋体"。后来"老宋体"成为 16 世纪以来汉字的主要印刷体，亦是印制宗谱最合适的字体。

二、核心基因提取与评价

基于对材料的全面、深入分析，得出本文化元素的核心基因表述为："开明、包容的工艺传承理念""坚韧、朴素的匠人精神""扎实稳健的写刻工艺"。

中国活字印刷术核心文化基因评价依据

评价项目	评价因子	评价依据（特点）	是否
生命力评价	文化基因存续的时间	自出现起延续至今，未曾明显中断	√
		自出现起延续至今，但多次衰微、中断后复兴	
		曾明显衰败，改革开放后开始复兴或历史溯源关键环节缺失，难以考证	
		文化形态主体已灭失，现存部分痕迹	
	文化基因的稳定性	在发展过程中保持相当稳定的状态	√
		在发展过程中存在明显的精神内涵、表现形式剧变	
凝聚力评价	文化基因的凝聚力及社会动员效果	曾广泛凝聚起区域群体的力量，显著推动过社会经济文化的发展	√
		曾部分凝聚起区域群体力量，对社会经济文化的发展产生过影响	
		凝聚过力量，创造过实际的发展动能，但未见对社会经济文化发展产生显著改变	
		仅在历史文献或口耳相传中存在，未见实际介入社会经济发展	

评价项目	评价因子	评价依据（特点）	是否
影响力评价	辐射的范围	具有全国性、世界性的影响力	√
		具有长三角区域、浙江省影响力	
		具有市县、乡镇影响力	
	提炼的高度	已经被古代文人士大夫和当代学者提炼为精神符号和理念理论	√
		单纯的样式、造型、工艺技术规范	
发展力评价	与当代精神追求和价值观念的契合	传统文化基因得到创造性转化、创新性发展；区域革命文化基因被完整继承、广泛弘扬；区域社会主义先进文化基因成为与浙江"三个地"相适应的文化高地	√
		部分转化、部分弘扬、部分发展	
		难以转化、难以弘扬、难以发展	

说明：基因特点评价是对解码出来的基因，根据本《导则》表2的要求，围绕"四个力"逐一对表打"√"，进行定性表述

（一）生命力评价

"扎实稳健的写刻工艺"是木活字印刷术应用的前提性技术保障，是良好印刷效果的前提，决定了这项技艺能否得到社会的认可和历史的传承。木活字印刷技艺延续至今，证明了这一基因在其中起到的支撑性作用，这一文化基因保持着稳定的形态。"坚韧、朴素的匠人精神"是木活字印刷术学艺者、从业者的基础品质，书体的反写、雕刻工作极其繁杂枯燥，字模制作耗时耗力，因此该项技艺非匠人精神不能学成。数百年来，该技艺得到传承，证明了这一文化基因亦得以延续。"开明、包容的工艺传承理念"文化基因则至今存在于东源村的修谱事业中，在这里，外姓人、妇女等有意者均可参与木活字印刷的学习活动，体现了其文化基因的生命力。

（二）凝聚力评价

"扎实稳健的写刻工艺""坚韧、朴素的匠人精神"是木活字印刷术的技术能力保障以及从业者的精神支撑力量，二者确保了各地宗谱印制的品质和效率，是印刷术得以延续的基础。其次，"开明、包容的工艺传承理念"使木活字印刷术形成了广泛的从业者基础——"有意学习者均可得到传授"，由此技艺的传承没有了后顾之忧，人们争相钻研学习、竞赛，使得技艺不断得到发展。三大核心基因分别从不同的方面凝聚区域群体力量，促进了木活字印刷术的传承和发展，从而带动修谱事业，推动了文化事业走向繁荣、经济生活日益富足。

（三）影响力评价

活字印刷术目前的实际应用仅局限于浙南闽北地区的修谱工作，但它在我国历史上依然占据不可动摇的地位，它的诞生和兴盛是信息传播领域的一次革命性转变，尤其推动了我国文教事业的发展。进入新时代以后，"坚韧、朴素的匠人精神"这一文化基因在全国各地的文化现象中得以呈现，各类技艺、技术离不开从业者数十年如一日的坚持和努力，方能突破瓶颈、流传后人。"开明、包容的工艺传承理念"亦是如此，越来越多的工艺技术、行业开始鼓励外来人员的进入和学习，以此扩大从业群体，保障技艺得到传承。

（四）发展力评价

"开明、包容的工艺传承理念"鼓励各行各业突破家族血缘、地域的垄断观念，扩大工艺和知识的学习群体，以此激发行业或技艺的活力和竞争性，从而突破瓶颈、向前发展。"坚韧、朴素的匠人精神""扎实稳健的写刻工艺"则鼓励从业者在学习、从业过程中坚持奋斗、不断努力，才能达成较高的术业水平、学有所成，在工作上有所建树。这样的精神和理念在当今时代依然具有重要的应用价值和借鉴意义。

三、核心基因保存

　　"开明、包容的工艺传承理念""坚韧、朴素的匠人精神""扎实稳健的写刻工艺"作为中国活字印刷术的核心基因，文字资料《东瓯遗韵》《梦溪笔谈全译》《木活字印刷技术》《中国古代印刷》保存于瑞安市文化基因解码调查组资料库，实物材料保存于瑞安市平阳坑镇东源村木活字印刷文化村展示馆。

蓝夹缬技艺

天瑞地安　瑞安文化基因

蓝夹缬技艺

蓝夹缬

中国传统的防染技艺有所谓的"四缬"之说——夹缬、蜡缬、绞缬、灰缬，即今天所说的夹染、蜡染、扎染、蓝印花布。用专业术语来说，夹缬是一种"镂空型双面防染印花技术"。蓝夹缬是我国印染历史上单色夹缬的遗存，是传统蓝花布印染技艺的一种，自明清后仅存于浙江温州地区。

"夹缬"本指古代朝廷在丝织品上染制图案花样的技艺，后来流传到民间的棉织品染制领域中，也被老百姓称为"夹缬"。古时，人们在木板的两面阴刻成花纹，然后把麻、丝织物等夹在两块花板之间进行草木染色，用这种方法生产的印花布就叫作"夹缬"。我国浙南地区以蓝草汁为染料，在丝或棉织品上染制出图案花样的就称为"蓝夹缬"。蓝夹缬从制靛到制作雕版到印染，程序烦琐，工艺精湛，是中华民族民间智慧的结晶，也是传统民间文化的体现。

蓝夹缬技艺在我国已有千年历史，起于秦汉，盛于唐宋，唐明皇曾将其作为国礼馈赠给各国遣唐使。这些实物的残片，至今被英国大英博物馆、日本正仓院等世界一流博物馆视为国宝级珍藏品。至元、明时期，夹缬向单蓝色转化，最后仅在浙南地区保存下来。《永嘉县志》记载："陆地则种豆芋、麻、枲、木棉之属，女红罕事事剪绣，惟勤纺织，虽女孩老媪未当废织，纺织如此，印染也然。"可见，这种有着上千年历史的工艺，一直在浙闽交界处代代传承。江浙一带农村妇女经常穿着的蓝印花布衣服，就是由该工艺制作而成的。同时，用蓝夹缬制作被面也是温州地区的常见现象，结实耐用的蓝夹缬被面，洗洗涮涮、缝缝补补，往往伴随夫妇俩几十年甚或一辈子。

蓝夹缬制作工艺主要有织布、雕版、制靛、印染等步骤，具体包括纺纱、上浆、织成，贴粉本、刻纹样、通水路、拓回粉本，浸泡、打花、过筛、沉淀，染液发酵、坯布装版、下缸上色、漂洗晾晒等。雕版工艺是蓝夹缬区别于其他印染工艺的本质所在，雕版艺师的传承决定着蓝夹缬技艺的延续。温州各地区的蓝夹缬染坊所使用的雕版，全部由瑞安市的两大雕版世家制作供给。目前，温州瑞安完整保存雕版、制靛、印染等工艺流程。

一、要素分解

（一）物质要素

1.产量丰富的马蓝植物原料

浙南地区蓝夹缬的蓝色采用的蓝草原料主要是马蓝的枝叶。浙南地区四季分明，阳光充足，光照较多，且降水频繁，濒临东海，陆地内河流众多，具有丰富的水资源，形成了温暖湿润的环境。除此之外，浙南地区山地众多，土壤丰厚，土质肥沃，非常适合马蓝的种植。当地种植马蓝的区域主要集中于山区，如光绪《龙泉县志》中提及丽水山区"溪岭深邃，棚民聚处，种麻植靛，烧炭采菇，所在多有"，且因为"山多田少，颇宜麻、靛"。

适宜的自然环境为靛青制作提供了丰富的原料，又因马蓝的特性采用了沉淀法制作靛青。浙南地区的靛青制作和使用在清代已经非常普遍，嘉庆《瑞安县志》："靛青，邑产颇多。"不论是被动地接受，抑或是主动地选择，皆因地域自然环境的适合而形成了独特的蓝染方法。

2.生产优质木材的山地环境

蓝染方法有多种，如少数民族的蜡染、扎染，江苏地区的蓝印花布。浙南地区的蓝夹缬所采用的方法是木板夹染。浙南地区多为面临海洋的山地、丘陵，有"八山一水一分田"之称，因此木材在浙南人的生活中占有重要地位，从建筑到床、纺车等生活用品中均有应用。

蓝夹缬的雕版工艺使用的原材料是棠梨木、杨梅树、枫树、红柴等各类木材。在蓝夹缬盛行的时期，几乎村村有染坊，家家有蓝夹缬用品。另外，蓝夹缬缬版的雕刻对木材的硬度有要求，既要易于雕刻各种复杂纹样，又要耐久常用，同时，还要满足后期印染工艺中长期浸泡和紧密压实的需求。丰富的木材资源使雕版师傅能够就地取材，从中不断寻找到更加适合雕刻的木材。

（二）精神要素

1. 节用为本的造物理念

浙南蓝夹缬的制作工艺反映了山民对实际生活需要的追求，由此在原有物体的基础上进行创造加工，以较少的造物资源消耗，实现对蓝夹缬生活必需品的满足，节用、利民的造物思想贯穿着浙南蓝夹缬制作工艺的始终。蓝底白花色彩朴素，图案花纹清晰，从不以娇艳之色修饰，质朴之态与自然浑然一体。蓝夹缬从初始染料制取，便采用了传统节用思想，以种植在山麓的马蓝为原始染料，就地取材，在田间建立坑池，完成制靛的整个过程。通过制靛染料的比例调和以及染色次数和套染工艺来改变蓝色的明度、纯度，体现了劳动者的创新精神，反映出山民所具备的卓越创造力、想象力和对自然就地取物加工的节用思想。

在社会历史发展过程中，以牺牲环境与民生为代价去实现所追求的物质条件是为历史所不接受的。采用防染、注染为技术手段的蓝夹缬与蜡染、扎染相比，其材料使用简单，工艺操作方便，雕版图案构图随意，图案内容丰富多样，花版使用周期长，大幅节省了原材料耗费，降低生产成本，节省图案染制时间。

2. 致用利人的实用思想

"致用利人"是指造物者从一开始就以人为本，以人在生活中的实际需求为出发点，强调物体的功能性，讲究实际用途。浙南蓝夹缬的主要用途是为了"用"。在色彩上，采用蓝底白花，以蓝色作主色调，白色点缀之用，整体色调稳重沉着，与其他艳丽之色相比，更显耐脏。此外，以马蓝草为染料来源的天然本草植物，不仅能制取纯正、染色牢度较大的靛蓝，还能防虫，其颜色越深，防虫效果越好。浙南蓝夹缬始终以"用"为创造目的，既满足了物质生活所需，又满足了鲜明的审美特征需求。

（三）制度要素

1. 自然无害的制靛工艺

靛青是蓝夹缬的印制染液，温州地区的靛青质优量多，至今尚有许多靛农每年坚持种靛、打靛，其传承多为父子相传，多在四五代以上。《通志·温郡蓝靛》载："红花靛青二种，颇利于民，实其地之专产，又言蓝有三种，蓼蓝染绿、大蓝染碧、槐蓝染青，三蓝皆可为靛。"农历六月中旬前后靛青叶成熟，呈黄绿色，秆高一米左右，以手指碾碎液汁变青，此时可摘割，再隔二三月，可第二次摘割，蓝叶之内含有靛质，浸于水中使之发酵，则可以靛蓝炼制。浸渍可用陶缸或砖池，浸泡时间80—100小时（根据气温而定），发酵完毕后，将残叶捞去，浸出之液呈黄绿色，同时用碱剂石灰按10%比例加入搅拌使之氧化，可使靛蓝沉淀而成。靛蓝沉淀后去掉上部的水，再进行过滤，靛蓝膏制成，然后在恒温室内保存，并在靛蓝膏中保

持足够的水分，用时加入发酵剂及发酵培养剂即成为植物染料靛蓝。

2. 精湛的雕版工艺

雕版工艺主要是将设计的纹样通过阴刻的方式刻在木板上，缬版纹样需预设出染液连贯流通的"明沟"，另外还需设计"暗道"让染液流通至类似人物的眼睛和鼻子等封闭位置。雕版工艺的主要步骤是挑选木材，粘贴粉本，雕刻纹样（连同粉本），拓摹粉本留底。一块缬版的长度为43厘米，宽度为17.5厘米，厚度为2.5厘米，一幅完整的蓝夹缬被面制作需十七块缬版，因此上述工序要重复进行十七次才能完成。雕刻工艺的粉本可以使用之前储存的样式，也可以重新创作。浙南蓝夹缬的雕版工艺不同于床、家具、装饰品等其他木雕形式，它作为整个蓝夹缬工艺的一部分，不仅需要雕版师傅能够熟练运用各种雕刻工具，拥有精湛的雕刻技艺，还需要雕版师傅了解后期印染工艺的程序。

3. 严谨复杂的印染工艺

染色时，一般将面料对折，然后要将两块型板紧紧夹住面料，放入装有靛青染液的染缸中进行多次印染，这样才能得到完全对称的图案。倘若

稍有歪斜或者没有夹牢都会造成成品的失败。然后，将布料放置阳光下进行晾晒，整个过程凭借印染师傅多年的经验进行控制。

（四）语言和象征符号

1.寓意美好、吉祥的纹样

温州蓝夹缬纹样主要以方形为基本单位，大致为两种题材的纹样。

第一类为戏剧纹样。主要表现戏曲中的人物情景。如常见的"打八仙"《蟠桃大会》寿星纹样，人物身上层层叠叠的褶皱是戏剧中特有的服饰，面部的冉冉须发以及头饰都表明了这一特征。寿星老人和蔼的面容，双手的动作（一手持蟠桃，一手执袖），不禁令人感叹雕刻师表现手法之独特，构图之巧妙，刻画之细腻。从前在温州一带，人们大多喜好温州鼓词、戏剧、戏曲等娱乐活动，这在蓝夹缬的纹样上也得到了体现。戏剧纹样是蓝夹缬区别于其他的印花面料的最显著的特征之一。第二类是一些花鸟走兽的吉祥纹样。虽说吉祥纹样是民间百姓历来所喜好的，但在瑞安蓝夹缬中，一般作为陪衬出现，形象简练而且生动。

2.典雅古朴的色彩

蓝夹缬的主要原料靛蓝历史源远流长，早在春秋时期，齐国官书《考工记》中就有"青与白相次也"的记载。荀子在兰陵为官时，有感于现实中种蓝、染蓝的见闻，留下了千古传诵的名句"青，取之于蓝，而青于蓝"。从色彩角度看，浙南蓝夹缬一般为蓝底白花，图案蓝色面积所占比例较大，白色花纹面积所占比例较小。布面蓝色整体色彩纯度较高，呈现出古雅典朴而稳重的感觉。

二、核心基因提取与评价

基于对材料的全面、深入分析，得出本文化元素的核心基因表述为："精湛的雕版工艺""严谨复杂的印染工艺""寓意美好、吉祥的纹样"。

蓝夹缬技艺核心文化基因评价依据

评价项目	评价因子	评价依据（特点）	是否
生命力评价	文化基因存续的时间	自出现起延续至今，未曾明显中断	
		自出现起延续至今，但多次衰微、中断后复兴	√
		曾明显衰败，改革开放后开始复兴或历史溯源关键环节缺失，难以考证	
		文化形态主体已灭失，现存部分痕迹	
	文化基因的稳定性	在发展过程中保持相当稳定的状态	√
		在发展过程中存在明显的精神内涵、表现形式剧变	
凝聚力评价	文化基因的凝聚力及社会动员效果	曾广泛凝聚起区域群体的力量，显著推动过社会经济文化的发展	
		曾部分凝聚起区域群体力量，对社会经济文化的发展产生过影响	√
		凝聚过力量，创造过实际的发展动能，但未见对社会经济文化发展产生显著改变	
		仅在历史文献或口耳相传中存在，未见实际介入社会经济发展	

续表

评价项目	评价因子	评价依据（特点）	是否
影响力评价	辐射的范围	具有全国性、世界性的影响力	
		具有长三角区域、浙江省影响力	
		具有市县、乡镇影响力	√
	提炼的高度	已经被古代文人士大夫和当代学者提炼为精神符号和理念理论	
		单纯的样式、造型、工艺技术规范	√
发展力评价	与当代精神追求和价值观念的契合	传统文化基因得到创造性转化、创新性发展；区域革命文化基因被完整继承、广泛弘扬；区域社会主义先进文化基因成为与浙江"三个地"相适应的文化高地	√
		部分转化、部分弘扬、部分发展	
		难以转化、难以弘扬、难以发展	
说明：基因特点评价是对解码出来的基因，根据本《导则》表2的要求，围绕"四个力"逐一对表打"√"，进行定性表述			

（一）生命力评价

夹缬技艺在我国已有千年历史，它起于秦汉，盛于唐宋，唐明皇曾将其作为国礼馈赠给各国遣唐使。直到明清时期，复色夹缬逐渐消亡，单色夹缬成为夹缬唯一的遗存。一百多年来，蓝夹缬作为浙江温州一带的婚用被面，成为人们生活中不可或缺的一部分。

（二）凝聚力评价

旧时的浙南地区，女子出嫁当天，蓝夹缬被面还要摆在最显目的位置。蓝夹缬的纹样中常常使用百子图、"喜"字和鸳鸯等寓意夫妻恩爱和多子多孙的纹样，用来表达对新婚夫妻的祝福。另外，由于浙南民间还存在着夫妻两人分头睡觉的习惯，蓝夹缬被面上单独式直立纹样的朝向也可分为两个方向，一半朝上，一半朝下。浙南地区的人们对戏曲有着浓厚的兴趣，在蓝夹缬纹样种类中，戏曲纹样运用最为广泛。蓝夹缬作为一项传统手工艺制品，是地域民俗文化、风土人情的重要组成部分，不仅是反映温州地区婚俗习惯的重要物件，还反映了温州地区对戏曲文化的热爱。

（三）影响力评价

夹缬在唐代是十分流行的印染工艺之一。唐代妇女的衣物、军服还有家具装饰布料很多运用了夹缬工艺。唐代一些夹缬作品收藏在日本的正仓院。明朝时期，复色夹缬成为皇家专用，两度禁止民间私自染织，夹缬渐渐走向单色，后来出现更加简练的印染工艺，夹缬也濒临失传。最后仅仅在浙江一带流传下来。这种具有千年历史的手工艺，一直在这一带传承着。

纵观我国历史，夹缬工艺具有重要的历史地位，虽然如今复色夹缬失传，在现代工业印染普及的背景下，夹缬工艺作用甚微，但其在温州地区依然具有较强的影响力。

（四）发展力评价

蓝夹缬是中华民族传统文化之瑰宝，是中国勤劳质朴的劳动人民在智慧与艺术上的结晶。它历史悠久，艺术风格独特，其作为传统民间工艺已被列入国家级非物质文化遗产，为工艺美术、纺织印染的发展作出了巨大贡献。随着历史变迁，在社会发展与文化传承中，它都有着自己独特的美学特征，无论是在原料提炼工艺、图案题材选取、构图表现形式、文化内涵上，还是在雕版技艺上，都根植了浙南地区传统民俗文化，因而形成独具区域特色的艺术魅力。此外，靛青作为天然的植物染料，正迎合当今健康、环保的社会主题。

三、核心基因保存

　　"精湛的雕版工艺""严谨复杂的印染工艺""寓意美好、吉祥的纹样"作为蓝夹缬技艺的核心基因,《中国蓝夹缬》《中国蓝染艺术及其产业化研究》《瑞安县志·物产》《通志温郡蓝靛》等文字资料保存于瑞安市文化基因解码调查组资料库,实物材料保存于瑞安市非遗馆、温州市采成蓝夹缬博物馆。

陈傅良、叶适、周行己与永嘉学派

陈傅良、叶适、周行己与永嘉学派

永嘉学派，因其代表人物多为永嘉人而得名。它继承了儒家入世精神，以"经世致用，义利并举"为核心思想，创立了以实学、实体、实用为特征的事功学说，主张发展工商业与商品经济。永嘉学派与朱熹的理学、陆九渊的心学被并列为南宋三大学派。

　　北宋以前，温州地处僻壤、远离京师，文化相对落后，罕有知名学者。北宋年间，"皇祐三先生"王开祖、林石和丁昌期率先在温州传播中原文化种子。其中，王开祖首倡"道学"，林石以"明经笃行著称于世"，倾向于达用，丁昌期继之。三人开永嘉学术之先河，成为事功学说的源头。

　　随后，去中原汴京太学学习的"元丰九先生"将洛学和关学引入温州，为永嘉学派的形成奠定了文化基础。其中功居首位的是周行己，他一生著作颇丰，有《浮沚集》十六卷，《后集》三卷，宋、元、明、清各有刊行。此外，还有《易讲义》及《礼纪讲义》等。明末清初著名学者黄宗羲、全祖望认为，周行己是永嘉学派开山祖，也是关中张载之学、伊洛"二程"之学在温州最早、最主要的传承者。他曾两度在温州讲学，并创办浮沚书院，培养了不少优秀学子，对后来温州学术发展产生过巨大的影响。

至南宋，郑伯熊私淑周行己，与其弟郑伯英"雕程书于闽中"，于是"永嘉之学宗郑氏"，郑氏兄弟成为温州地区学术的领军人物。薛季宣则创立"制度新学"而"附之世用"，至此永嘉学派脱胎伊洛程学而自成一派。其门人陈傅良承上启下，讲学岳麓书院，创办仙岩书院，进一步阐发永嘉之学，得到了全国学界承认并产生重要影响。叶适吸收归纳前贤智慧，提出"崇利养义""成利致义"学说，最终确立了永嘉学派的主要宗旨和学术体系。

南宋灭亡，元朝开始，朱熹道学被尊为官方哲学，名震一时的永嘉学派一度衰落。清末，"三孙五黄"（指孙氏衣言，弟锵鸣，子诒让；黄氏体正，弟体立、体芳，侄绍第、绍箕）、"东瓯三杰"（指陈虬、宋恕、陈黻宸）等学者面对内忧外患，重振永嘉学派，倡导维新儒学，冀以"振世救弊"。特别是孙衣言、孙锵鸣带领子侄门生，"以永嘉经制之学为己任"，以数十年治学之功，续力刊刻《永嘉丛书》《瓯海轶闻》等。宋恕谈"天荒首破、曙光乃来""温人始知有永嘉之学"。他们深刻认同永嘉学派"必弥纶以通世变"的现实意义，积极利用曾国藩、李鸿章、张之洞以及俞樾、章太炎等政学两界人脉，作新国学、躬行西学，亲自践行经世致用理念。宋恕的《六斋津谈》是清末全面系统论述各项变法主张的最重要著作。陈虬的《治平通议》被梁启超收进《西学书目表》。他们推进教育兴国，创办小学、中学、府学、师范、职业、女校等数百所学校，开创了教育界的十余项全国第一；力行实业救国，创办农渔、工矿、运输等一批实体，参与掀起了近代中国早期现代化高潮。当地涌现了世所罕见的真正意义上的儒商群体。诚如叶适所言，"识贯事中枢纽，笔开象外精神"，他们创造了近代史上百余项全国各行业细分领域的"单项冠军"，使瑞安成为晚清浙江乃至全国的维新重镇，不愧是近代中国思想解放的先驱。

永嘉学派于南宋创立形成，于晚清重振复兴，在当代更有创新发展，其间虽有盛衰起伏，但一脉贯注，对浙江、全国乃至东南亚社会都有深远的影响。永嘉学派被后人认为是温州模式及温州创业精神的历史源头。总而言之，千年温州，远肇永嘉学派，中兴维新儒学，近启温州模式，其中一脉相承的事功学说之精髓，穿越千年而绵延至今，是温州对中国哲学文化的重大贡献。

一、要素分解

（一）物质要素

1. 空前繁荣的商品经济

永嘉学派的形成，与南宋时期永嘉地区商品经济的发展有密切的关联。当时，永嘉地区出现了富工、富商及经营工商业的实业家，永嘉学派就是代表这些新兴阶层利益的思想家。他们纷纷著书立说，要求抵御外侮，维持社会安定，主张减轻捐税，恢复工农生产，强调买卖自由，尊重富人，提倡实事和功利。永嘉学派的最大特点，就是与当时朱熹的"理学"、陆九渊"心学"大讲身心性命之学立异，他们强调功利，注重事功，正如明清之际的黄宗羲所指出的："永嘉之学，教人就事上理会，步步着实，言之必使可行，足以开物成务。"

2. 中心南迁、文教兴盛的历史环境

南宋时期，由于中原汉族人民大南迁和政治、经济重心的南移，温州工农业生产大大发展起来，人口激增，商业繁荣，市镇林立，交通方便，海外贸易发达，因而文化教育事业大为发展。单以科举来说，唐代 300 来年，温州进士仅有两名，北宋一代有 81 名，而南宋短短一百多年，竟有 1148 名。宋孝宗淳熙五年（1178）任温州知州的韩彦直说："温之学者，由晋、唐闻未有杰然出而与天下敌者，至国朝始盛，至于今日，

尤号为文物极盛处。"叶适也说当时"儒学特盛，以姓字擅海内数十人"。这些学者们居住温州，相互切磋学习，形成了永嘉学派。

3.叶适纪念馆

瑞安市叶适纪念馆坐落在莘塍东街温瑞塘河支流洛川河畔，共三间六层，建筑面积1280平方米，整座建筑呈别具一格的古今合璧风格。2001年，聚居在莘塍洛川的叶适后裔为纪念先贤、弘扬先辈思想，自发筹资建设纪念馆。自2003年7月4日对外开放以来，接待游客逾10万人次。2018年6月进行二次装修提升，在保留原有精华内容的基础上，增加实物场景、雕塑、多媒体、声光技术等亮点。叶适纪念馆系瑞安市爱国主义教育基地，2007年8月被中共温州市委、市人民政府命名为"温州市优秀爱国主义教育基地"。

（二）精神要素

1.道器不离的务实原则

道，即无形的法则或规律；器，即有形的事物或名物制度。永嘉学派坚持"道不离器""道器统一"，其实质是反对空谈，强调实务。永嘉学派的代表人物薛季宣反对当时理学家的空疏、离物言道，提倡讲求有关国计民生的有用之学，开启了永嘉学派"言道必就事"、学以致用的思想和学风。他认为："上形下形，曰道曰器，道无形坏，舍器将安适哉？"道没有形体，离开器就再无安身之处。道存在于人周围的事物和日常生活中，人的日常实践就是在行道。陈傅良继承了薛季宣的主张："形而上者谓之道，形而下者谓之器，器便有道，不是两样。"他认为，道器不可分，道是从具体事物中总结提炼出的规律、法则，道存在于器中，抽象的道唯有施之于实践才有价值。

2.以利和义的事功精神

永嘉学派重视事功，反对空谈大义，主张"以利和义"。永嘉学派集大成者叶适强调："利，义之和。义，利之本。""既无功利，则道义者乃无用之虚语尔。"永嘉学派认为人的欲望是与生俱来的，是人人共有的一种心理现象，只要把它置于理性的指导与控制之下，就会成为人生进取的一种自发动力，因而是值得尊重的。一个人追求个人利益的行为如果没有侵犯他人或公众的利益，其行为便是正当的。所谓"义",不是一味否定人对物质利益的合理追求,而是反对用不正当手段追求一己私欲。如果为了他人或公众的利益而能牺牲个人利益,其行为便达到了"义"的境界。在"明大义,求公心,图大事,立定论"的前提下,永嘉学派提出"工商皆本"口号,顺应当时社会发展的实际需要,对后世有积极的影响。

3. 宽民之政的治国理念

永嘉学派代表人物大多出身社会下层,对民众疾苦感受尤深,因此他们提出"宽民之政"的治国理念。陈傅良认为,要实现复兴大业,首先要"宽民力""结民心",取得人民拥护。宽民之政在实践中包括三个层面。一是轻赋税。永嘉学派主张降低负担,让百姓休养生息,政府有所为有所不为。薛季宣指出"为政之急,要在敢吏仁民"。叶适呼吁"使天下速得生养之利,此天子与其群臣当汲汲为之"。二是减少管制。主张国家不应对经济生活作过多的限制性干预,实行比较自由放任的经济政策,"使民自养于中",就能"法简而易周,力少而用博"。三是不与民争利。叶适强调"许民求富、保民之富"。富民应为政府基本原则,因为只有民富才有国富,所以政府不应与民争利,而是要藏富于民,扶助富民。永嘉学派提出的这种治理思想,与500多年后英国经济学家亚当·斯密在《国民财富的性质和原因的研究》中提出的"国富必须民先富"的思想高度一致,足可见其先进性。

二、核心基因提取与评价

基于对材料的全面、深入分析，得出本文化元素的核心基因表述为："道器不离的务实原则""以利和义的事功精神""宽民之政的治国理念"。

陈傅良、叶适、周行己与永嘉学派核心文化基因评价依据

评价项目	评价因子	评价依据（特点）	是否
生命力评价	文化基因存续的时间	自出现起延续至今，未曾明显中断	
		自出现起延续至今，但多次衰微、中断后复兴	√
		曾明显衰败，改革开放后开始复兴或历史溯源关键环节缺失，难以考证	
		文化形态主体已灭失，现存部分痕迹	
	文化基因的稳定性	在发展过程中保持相当稳定的状态	√
		在发展过程中存在明显的精神内涵、表现形式剧变	
凝聚力评价	文化基因的凝聚力及社会动员效果	曾广泛凝聚起区域群体的力量，显著推动过社会经济文化的发展	√
		曾部分凝聚起区域群体力量，对社会经济文化的发展产生过影响	
		凝聚过力量，创造过实际的发展动能，但未见对社会经济文化发展产生显著改变	
		仅在历史文献或口耳相传中存在，未见实际介入社会经济发展	

续表

评价项目	评价因子	评价依据（特点）	是否
影响力评价	辐射的范围	具有全国性、世界性的影响力	√
		具有长三角区域、浙江省影响力	
		具有市县、乡镇影响力	
	提炼的高度	已经被古代文人士大夫和当代学者提炼为精神符号和理念理论	√
		单纯的样式、造型、工艺技术规范	
发展力评价	与当代精神追求和价值观念的契合	传统文化基因得到创造性转化、创新性发展；区域革命文化基因被完整继承、广泛弘扬；区域社会主义先进文化基因成为与浙江"三个地"相适应的文化高地	√
		部分转化、部分弘扬、部分发展	
		难以转化、难以弘扬、难以发展	
说明：基因特点评价是对解码出来的基因，根据本《导则》表2的要求，围绕"四个力"逐一对表打"√"，进行定性表述			

（一）生命力评价

"道器不离的务实原则""以利和义的事功精神""宽民之政的治国理念"三大核心基因自出现起延续至今，但多次衰微、中断后复兴，且在发展过程中保持相当稳定的状态。早在立说之始的北宋年代，永嘉学派就倡导务实为国、反对空谈心性。经过清代的复兴，如今的永嘉学派精神中的重商、实干、创新已成为温州人骨内的集体潜意识。改革开放以来，温州秉持敢闯敢试、敢为天下先的创业精神，从发展家庭工业和专业市场起步，以"小商品大市场"名闻全国，创造了举世瞩目的温州模式。可见，永嘉学派已经在新时代产生了新的价值、形成了新的思想体系，具有强大的生命力。

（二）凝聚力评价

三大核心基因曾广泛凝聚起区域群体的力量，显著推动过社会经济文化的发展。永嘉学派"以利和义"的事功思想，为温州经济社会发展带来巨大推动作用。在永嘉学派思想影响下，温州人从不以经商为耻，反而以此为荣，形成独特的地域文化特色。20世纪70年代末，温州人敢为天下先，率先发展民营经济，成为改革开放之后最先富起来的一批人。得"利"后走出去的温州人始终牢记"义"字道理，在世界各国组建各种形式的侨团和同乡会组织，接济同乡，帮助新来者安居乐业，最终织就全球温商网络，最终又因为重义而获利，形成正向循环。国内的温商在事业有成后也不忘反哺家乡，在他们的支持下，温州出现红日亭、爱心屋和微笑联盟等诸多慈善公益机构，公益性社会组织数量全国领先。

（三）影响力评价

三大核心基因已经被古代文人士大夫和当代学者提炼为精神符号和理念理论，具有全国性、世界性的影响力。近200年来，学术界对永嘉学派的研究逐步深入，或解读、阐释、探索，或比较研究，大量论著得以出版，叶适思想对后世的影响广泛而深远。在近代，从全国第一家弹棉机器厂、第一家乳品厂，到全国第一批个私企业、第一批专业市场，再到全国第一座农民城、第一个"三位一体"农村合作协会等，温州一直扮演着敢吃螃蟹的探路者角色，成为中国市场经济的主要发祥地。可以说，温州模式是事功学说的生动实践，事功学说因此被称为温州模式的文化基因。

（四）发展力评价

三大核心基因与当代精神追求和价值观念的契合，得到了创造性转化、创新性发展。永嘉学派的思想和精神内涵在我国现代化建设中得到了应用和推广，最为典型的就是"温州模式"。进入21世纪，温州用创新实践破解温州模式"成长中的烦恼"，以市场化、民营化和信息化推进工业化、城市化和国际化，积极创建新时代"两个健康"先行区，重塑民营经济新标杆，续写温州创新史。同时，温州学术应运而生，温州正在迎来历史上的第三次文化高峰。温州——原本一座普通的城市，秉承事功学说的践履，经过改革开放的淬炼，已然并将继续成为一个时代的标杆。

三、核心基因保存

　　"道器不离的务实原则""以利和义的事功精神""宽民之政的治国理念"作为陈傅良、叶适、周行己与永嘉学派的核心基因，文字资料、出版物和古文古籍有《水心文集》《习学记言》《陈文节公年谱》《叶适与永嘉学派》《陈傅良传论》《宋故通议大夫宝谟阁待制陈公墓志铭》《陈傅良先生文集》《陈傅良教育思想述评》《陈傅良诗集校注》，还有《宋故通议大夫宝谟阁待制陈公墓志铭》《陈傅良先生文集》《重修石岗斗门记》《叶适与永嘉学派》等。《叶适墓》等51项图片资料保存于瑞安市文化基因解码调查组资料库。实物资料有叶适墓、莘塍洛川叶文定祠、温州市区横渎叶适祠、陈文节公祠、温州南郊城南茶院、青田石门洞石门书院等。

高则诚与南戏

天瑞地安　瑞安文化基因

高 则 诚 与 南 戏

南戏

在中国，成熟的戏曲形成于宋金时期。由于南北对峙与隔绝，中国戏剧曾分为南北两大阵营，北方是以元大都（今北京）为中心的北曲杂剧，南方是以在温州起源的南曲戏文（即宋元南戏）为中心的南戏。南戏诞生于民间，原是初级而粗糙的戏曲艺术，如明代戏剧家徐渭《南词叙录》所说"永嘉杂剧兴，则又即村坊小曲而为之"，"其曲，则宋人词而益以里巷歌谣，不叶宫调，故士夫罕有留意者"。

高则诚是位有高度文化素养的文人，他的参与创作大大提升了南戏的文化品位，把南戏推进到雅俗共赏的新境界。因此可以说，在中国戏剧史上，作品《琵琶记》是一座里程碑，高则诚是位划时代的先驱人物。

《琵琶记》的创作，标志着中国戏剧创作功能发生了质的变化。古代戏剧艺人叫弟子，编剧者叫书会才人，他们靠演戏、编剧谋生。高则诚参与戏剧创作不是为了谋生，而是为了寄托思想精神。《琵琶记》处处打上了高则诚本人的思想烙印，表达了他对社会现实的深刻理解。剧中男主人公蔡伯喈的矛盾和彷徨，体现了功名利禄和家庭幸福的冲突和对立；他的苦闷和窘境，是元朝知识分子进退维谷命运的写照；他的懦弱和屈从，是封建正统教化和严酷现实威逼的投影。因此，蔡伯喈的形象客观上起着揭露封建社会现实黑暗、封建教化桎梏人心和封建科举制度制造人生悲剧的意义。于是，戏剧创作不仅是梨园勾当，同时又是作者抒情、言志、评骘的工具，与诗词、散文、小说并列，成为中国文学创作四大板块之一。明代中叶以来出现大批有地位、有文化的文人参

与戏剧创作，他们都把戏剧作品当作呕心沥血的"千古文章"来做，这种局面的开创者就是高则诚。

从艺术形式看，《琵琶记》无论在结构布局、人物心理刻画、曲文、格律运用等方面，都树立了中国戏剧创作的成功样板，成为几百年来后继者纷纷仿效的典范。魏良辅《曲律》称《琵琶记》为"诸词之纲领"，吕天成《曲品》称高则诚"功同仓颉之造字"，"才如后夔之典音"，诚非虚评。

从思想内容看，《琵琶记》对蔡、赵故事的主题、人物关系、情节结构等，都作了重大的实质性的改造，它将古本戏文《赵贞女蔡二郎》中"弃亲背妇，为暴雷震死"的蔡二郎，改成时刻怀念双亲和不忘发妻的孝义双全的蔡伯喈；把蔡伯喈对父母"生不能事，死不能葬，葬不能祭"的"三不孝逆天罪大"和重婚牛府的负心行为，用他辞试父亲不从，辞官皇帝不从，辞婚牛府不从的"三不从"来开脱，意在表现蔡伯喈的所作所为，是由于客观现实环境的逼迫结果。从而把蔡二郎由一个被鞭挞批判的人物，改造成一个值得人们同情的蔡伯喈形象；把古本戏文对蔡二郎个人道德行为的

批判，深化为对现实弊端的针砭；把古本戏文侧重道德的评判，提升为历史的评判。道德评判是个人是非问题，历史评判是关系社会机制问题；历史评判的境界远高于道德评判。故而《琵琶记》为蔡伯喈"翻案"，不是对民间文艺创作的反动，而是扩大了蔡、赵故事题材的思想意义，是民间文学精神的升华，是南戏创作质的飞跃。

因此，高则诚的《琵琶记》代表了中国南戏的最高成就，是宋元戏文的终结，明清传奇的先声，它把中国戏剧创作引向新的阶段，开创了中国戏剧繁荣的新时代。

一、要素分解

（一）物质要素

1. 物阜民丰、祭祀盛行的自然人文环境

我国自古以来就是一个非常注重祭祀文化的国度，江南地区的"巫文化"和"祭祀文化"之风更是盛行，敬于先、敬于神、以歌舞娱人娱神是地域文化之一。同时，属"东南形胜"的江南之地自隋唐后逐步繁盛，百姓生活富足，达官显贵竞豪奢，民间伎艺品类繁多且非常流行，因此以"尚歌舞""崇祭祀"而著称的温州、杭州一带就成了多种民间伎艺发展的渊薮，南戏应运而生。

2. 建炎南渡历史大背景

建炎三年（1129），宋高宗为躲避金兵辗转到温州地区，随即温州成了"州治为行官"，即南宋政治文化中心。宋王室的南渡，影响到宗亲显达、诸色艺人也纷纷逐"王室"而迁，以临安（今杭州）为中心的地区，成了缙绅士族、恩荫显宦趋之若鹜之地，城市商业也因此得以迅速发展，"若商贾，止到台、温、泉、福买卖"。温州及杭州一带，人口骤增，不仅有大量的南人，更有大批由北而南迁的北人。城市繁荣，市民阶层迅速崛起，有记载，当时杭州人口已经超过120万，温州也成了最繁华最富庶的商业都市之一。

南北文化在这里相互影响，相互促进，相互浸润，南戏由此得以滋养，迅速成长。

（二）精神要素
以戏育人的愿景

高则诚是一位忧国忧民的封建时代的知识分子，他失意于仕途，又不甘心放弃，于是选择利用戏曲来教育民众。他选中了民间说唱《赵贞女蔡二郎》，把它改编成42出的戏曲脚本《琵琶记》，倾注了他毕生的心血。他把自己的理想和希望，都蕴藏在这部戏剧之中。高则诚把蔡伯喈这个喜新厌旧的负心郎，改写成一个"人在宦海，身不由己"的新科状元，醉翁之意不在酒，他的矛头所指只要认真思考就会明白。

（三）制度要素
1.鲜明别致的叙事结构

高则诚创作的《琵琶记》打破了一般南戏平铺直叙的单线俗套，形成了鲜明别致的叙事结构，极大地增强了作品的艺术感染力。作品中的两条线：一条线是蔡伯喈上京科考、求取功名、尽享荣华；另一条线是赵五娘在家奉养公婆、艰难度日、祝发葬亲。一面是赵五娘在家乡忍受天灾肆虐、人祸并起之悲；另一面是蔡伯喈在京城相府享受花开并蒂、月皎腾空之乐。两条线索相辅相成、相互映照，对比强烈，共同突出一个主题，叫人撕心裂肺。这是高则诚对南戏的一大突破。

2.辞工曲丽的语言表达

高则诚的《琵琶记》曲词富丽精彩，宾白接近生活，对塑造人物形象、推动故事情节具有非同寻常的作用。高则诚"用清丽之词，一洗作者之陋，于是村坊小伎，进与古法部相参，卓乎不可及已"，被尊为"曲祖"。《琵琶记》中，牛宰相、牛千金、蔡伯喈语言典雅富丽，富有文采；而蔡父蔡母、邻居张广才、赵五娘等语言朴实，极具口语化。人物语言唱词符合人物身份、性格、地位。清代学者王世贞《艺苑卮言》说："则诚所以冠绝诸剧者，不唯其琢句之工，使事之美而已。其体贴人情，委曲必尽，描写物态，彷佛如生，问答之际，了不见扭造，所以佳耳。"剧中的语言，"都性情上着工夫，并不以词调巧倩见长"，可看出《琵琶记》彻底摆脱了南戏初期"语多下尘"的低俗稚拙，走向了语言上的"清新婉丽"。《琵琶记》成为上至通邑大都，下到闾门阛闠雅俗共赏、受众广泛的佳作，语言之功实不可没。

3. 讲究宫调配合的声律

初期的南戏"固无宫调，然曲之次第，须以声相邻以为一套，其间亦自有类辈，不可乱也"。高则诚之《琵琶记》改变了早期南戏不讲究宫调配合的做法，根据剧情的推动和人物形象塑造的需要，根据曲牌缓急、粗细、哀乐的不同，配合矛盾冲突和场景交错，合理安排，妥帖穿插，在句式句格及四声的运用上，也比较严密细致。在"北曲使人神气鹰扬，毛发洒淅，足以作人勇往之志。南曲则纡徐绵眇，流丽婉转"的南北特色中，《琵琶记》融南北剧作为一体的特色，一跃成为明清传奇的标尺、准则和法度。

二、核心基因提取与评价

基于对材料的全面、深入分析，得出本文化元素的核心基因表述为："以戏育人的愿景""鲜明别致的叙事结构""辞工曲丽的语言表达"。

高则诚与南戏核心文化基因评价依据

评价项目	评价因子	评价依据（特点）	是否
生命力评价	文化基因存续的时间	自出现起延续至今，未曾明显中断	√
		自出现起延续至今，但多次衰微、中断后复兴	
		曾明显衰败，改革开放后开始复兴或历史溯源关键环节缺失，难以考证	
		文化形态主体已灭失，现存部分痕迹	
	文化基因的稳定性	在发展过程中保持相当稳定的状态	√
		在发展过程中存在明显的精神内涵、表现形式剧变	
凝聚力评价	文化基因的凝聚力及社会动员效果	曾广泛凝聚起区域群体的力量，显著推动过社会经济文化的发展	√
		曾部分凝聚起区域群体力量，对社会经济文化的发展产生过影响	
		凝聚过力量，创造过实际的发展动能，但未见对社会经济文化发展产生显著改变	
		仅在历史文献或口耳相传中存在，未见实际介入社会经济发展	

续表

评价项目	评价因子	评价依据（特点）	是否
影响力评价	辐射的范围	具有全国性、世界性的影响力	√
		具有长三角区域、浙江省影响力	
		具有市县、乡镇影响力	
	提炼的高度	已经被古代文人士大夫和当代学者提炼为精神符号和理念理论	√
		单纯的样式、造型、工艺技术规范	
发展力评价	与当代精神追求和价值观念的契合	传统文化基因得到创造性转化、创新性发展; 区域革命文化基因被完整继承、广泛弘扬; 区域社会主义先进文化基因成为与浙江"三个地"相适应的文化高地	√
		部分转化、部分弘扬、部分发展	
		难以转化、难以弘扬、难以发展	

说明: 基因特点评价是对解码出来的基因, 根据本《导则》表2的要求, 围绕"四个力"逐一对表打"√", 进行定性表述

（一）生命力评价

高则诚的《琵琶记》创作于元末明初, 是历代戏曲出版物中版本最多、流传最广、影响最大的中国古典戏曲作品, 至今依然是各地方戏曲剧种经常上演的剧目。《琵琶记》的出现, 表明了中国戏曲草创时代的结束, 是戏剧舞台从内容到形式走向成熟的标志。《琵琶记》被后人誉为"南曲之祖", 是当之无愧的。自其问世以来, 非但不曾退出人们的视野, 反而因其独特的艺术魅力被诸多学者、艺术家们不断地进行深层次的解读、流传, 仅明清两代就有诸多曲论家、点评家对其作者的问题进行研究, 发文百十篇介绍作者的写作情况。故事的流变就有六七十种。由此可见, 高则诚所创作的《琵琶记》不仅风靡明清两代剧坛, 受到广大观众的欢迎, 也成为文人学士们所关

注的焦点，同时也在中国戏剧史上留下了浓墨重彩的一笔。因此，作为高则诚与南戏文化元素的核心文化基因，"以戏育人的愿景""鲜明别致的叙事结构""辞工曲丽的语言表达"随着戏剧的流传、专家学者的研究得以长久流传，未曾明显中断，保持了较为稳定的状态。

（二）凝聚力评价

高则诚所著的《琵琶记》为南方四大声腔（海盐腔、余姚腔、弋阳腔、昆山腔）所赖以依存的传奇体制奠定了基础，而且也为中国戏剧独特的表现形态（歌舞演故事）提供了定向发展的坐标。《琵琶记》无论是关目的细腻、布局的周密、文辞的声情并茂，还是双线平行发展的戏剧结构等方面，在古典剧作中都堪称典范。明代中叶的中国就曾掀起一场有关《琵琶记》与《拜月亭》孰是中国最优秀剧作的大讨论，将当时所有戏剧理论家卷入其中，时间延续50多年。1956年，中国剧协邀集全国160多位戏剧专家、文艺工作者、历史学家和新闻媒体等对《琵琶记》开展了历时近一个月的讨论。可见《琵琶记》在推动我国戏剧事业的重要历史地位。因此，作为高则诚与南戏的核心基因，"以戏育人的愿景""鲜明别致的叙事结构""辞工曲丽的语言表达"曾广泛凝聚起区域群体的力量，显著推动过社会经济文化的发展。

（三）影响力评价

古往今来，《琵琶记》不但是舞榭歌台盛演不衰的戏曲剧本，而且也是明清以来人们不断研究和探索的热门课题，各种笔记、随笔、专论及曲学书目和文史类教科书，论及《琵琶记》的不下数百种。民国时期有冒广生辑录的《柔克斋集》。新中国成立后，有董每戡的《琵琶记简说》《五名剧论》，舒良娅的《高则诚的故事》，侯百朋的《高则诚与琵琶记》《琵琶记资料汇编》，唐湜的《民族戏曲散论》之《琵琶记》一章，胡雪冈与张宪文的《高则诚集》。瑞安籍学者孙崇涛在访问西班牙时，带回了一部《全家锦囊》，其中就有《琵琶记》古本。从80年代开始，沈不沉主编的《南戏探讨集》，就发表了多篇有关高则诚与《琵琶记》的研究文章。在瑞安还成立了高则诚研究会。此外，中国台湾、中国香港和韩国、新加坡、日本、菲律宾等地的学者，以及英语系、俄语系、拉丁语系、西班牙语系等国的汉学家，都乐于将《琵琶记》作为自己的研究课题，且不断有著作问世。从这一意义上可以说，《琵琶记》不仅属于中华民族，而且属于全世界，是世界各民族共同拥有的精神财富。因此，作为高则诚与南戏文化元素的核心基因，"以戏育人的愿景""鲜明别致的叙事结构""辞工曲丽的语言表达"等已经被古代文人士大夫和当代学者提炼为精神符号和理念理论，具有全国性、世界性的影响力。

（四）发展力评价

高则诚的作品、南戏的代表作《琵琶记》典雅、完整、生动和浓郁，体现了中国抒情文学与戏剧艺术的完美结合，无论是在思想上，还是结构上，乃至语言上，均不失为值得弘扬的优秀剧作，就其取得的其他艺术成就也足以铸就其在南戏发展史上的里程碑地位。作为高则诚与南戏的核心基因，"以戏育人的愿景""鲜明别致的叙事结构""辞工曲丽的语言表达"与当代精神追求和价值观念契合，具有创造性转化、创新性发展的潜力。

三、核心基因保存

"以戏育人的愿景""鲜明别致的叙事结构""辞工曲丽的语言表达"作为高则诚与南戏的核心基因，文字资料有《大成乐赋》《晓成偶成》《古本琵琶记汇编》《琵琶记作者高明传》《高则诚事略》《高明评传》《琵琶记历史背景》《中国文学史话》《柔克斋集》等，实物材料高则诚纪念堂、高则诚衣冠冢保存于瑞安市南滨街道柏树村。

孙诒让

天瑞地安　瑞安文化基因

孙诒让

孙诒让像

　　孙诒让（1848—1908），清代经学家、文字学家和教育家，浙江瑞安人，曾任清政府学部咨议官、浙江学会议绅、浙江教育学会会长等职。同治六年（1867）乡试中举，此后八次参加礼部会试，均未中试，遂回瑞安玉海楼埋头学问。中日甲午战争后，他受梁启超、黄绍箕等人影响，积极参加变法维新运动，把阐扬周、孔六艺之教的主张和兴学以致富强的观点结合起来，作为废除科举、兴学校为解决民族危机的主要手段。他竭力主张"广兴教育以植自强之基""富强之源在于兴学"的教育救国论，并率先在浙江瑞安创办新式学校，走上兴学育才之路。其主要著作有《周礼正义》《墨子间诂》《契文举例》，教育著作有《瑞安新开学计馆叙》《记瑞平化学学堂缘起》《周礼政要·广学》《东瀛观学记叙》《温州办学记》《学务平议》等。《东瀛观学记叙》是1905年孙诒让为刘次饶《东瀛观学记》所撰的"叙"。孙诒让在这篇文章中提出中国教育应"博观精考，采异域之长"，表达了学习外国教育之长来改革中国旧教育的思想。他主张学习日本改革教育的做法，"办好师范，发展蒙学，切切实实地从发展国民普通教育做起"。孙诒让被聘为地方教育咨询官后，于1907年写就了《学务平议》，针对清政府"兴学"中的问题，向学部提出了教育改革的具体建议，这些建议都是在他多年办学实践经验的基础上写成的。孙诒让对中国近代教育的贡献，主要体现在创办自然科学专门学校、发展地方教育和大力提倡女子教育及社会教育等实践活动上。

首先，孙诒让的教育活动是从创办自然科学专门学校和地方教育发轫

的。1895年，孙诒让与黄绍箕等九人发起创办瑞安算学书院（后改名学计馆），传授数学、物理、化学等现代科学知识。瑞安学计馆既为中国最早的算学专门学校之一，也是地方最早举办的职业学校之一。孙诒让撰写的《瑞安新开学计馆叙》和手订的《章程》《学规》曾分别在上海《时务报》和《算学报》上发表，对全国同类学校的发展有一定影响。孙诒让认为"泰西一切政教理法，无不以数学为根底"，欲学西学必先打下算学基础。孙诒让在《瑞安新开学计馆叙》中声言办馆目的是培养新式人才以适应时代需要，大处讲可"待国家之用"，小处说也可"以泽乡里"。"学计馆之开，专治算学，以为致用之本，盖古者小学六艺之一端。而造乎其微，则步天测地，制器治兵，厥用不穷。"在教学上，学计馆一方面开设中外算学、物理、化学、体操等近代课程，购置各种西学书籍、挂图和仪器设备，另一方面也十分注重对学生进行时事政治教育，经常讲授"中外交涉事务、各国记载及近时西人所著格致诸书，每日择简明切要者，讲习一、二条，以广见闻而裨实用"。由于当时瑞安县志局正

重新测绘全县地图，学计馆很多学生一毕业便被县志局聘任为测绘员。

1896年，孙诒让历赞项申甫、项湘藻兄弟在范大桥项氏宗祠（现瑞安城关二中）创办瑞安方言馆，设西文（英文）、东文（日文）两班，各招20名学生，讲授中西文及外国史地等。这也是浙江近代最早的外语学校。同年，孙诒让与友人鸠资于府城创办永嘉蚕学馆，这也是我国地方较早创办的蚕桑职业学校之一。后来杭州知府林迪臣在筹办杭州蚕学馆时，曾致书索取温州蚕学馆章程作参考，后传至苏州、常州和南京一带。1901年，永嘉蚕学馆更名为温州蚕桑学校。两所学校先后更名为温属乙种、甲种蚕业学校，温属联立中山蚕桑学校。

1899年，孙诒让与瑞安金晦、平阳杨镜澄、吴箴等人集资千金，创办瑞平化学学堂，开浙江风气之先。在孙诒让看来，算学是学西学基础，化学是致富灵丹妙药，"泰西之学，由艺以通于道，而化学尤为专家盛业，究极微妙，弥纶大用"。只要懂得了化学，农工商各业可以做到"一艺百获""其益无穷"。同年，孙诒让还为瑞安天算学社的成立撰序鼓励。

1901年，清政府发布"变法"上谕，孙诒让很受鼓舞，尽十昼夜之力，草成《变法条议》四十条（次年改名《周礼政要》），并把学计馆和方言馆合并为瑞安普通学堂。黄绍箕在京遥领总理，孙诒让以副总理主持校务，并兼任总教习，又在县城四隅开办四所初等小学堂。1902年，孙诒让将温州城府中山书院改办为温州府中学堂，开浙南地区中学教育之先声。

1903年，孙诒让发起成立师范教育研究会，重视师资培训。组织师资读书社，帮助教师学习教育理论，提高教学水平。后又开设暑期音乐、博物、理化讲习班多期，为温州、处州两府培养了一批合格教师。1905年，孙诒让被推举为地方学务处总理，主持温、处两府十六县教育事宜。孙诒让在任内积极筹集教育资金，选派优秀学生出洋留学，倡办女子学校，创办处州初级师范学堂、温州师范学堂，又领导各县成立劝学所，发动社会各界筹资赞助办学，使温处两地16县各类新式学堂总数达300余所，使浙南地方教育得到很大发展，对浙江近代教育产生了重大影响。

其次，孙诒让主张"女学与男学

兼营并进"，明确提出"男女平等，咸得入学"，"国民分子，男女皆然，不应男修学而女失业"，提倡"仿美、日学制，略为变通，女子12岁以下，可以与男生共学"。这种男女同校思想，在当时是很进步的。1902年冬，孙诒让与从弟孙诒蜮及妹夫宋恕发起成立"瑞安劝解妇女缠足会"，并为大会起草会章九条。规定"凡幼女尚未缠足，而能向本会声称从此不再缠足者，经查明确实，赠送布料鞋面一双，并将其家长及幼女姓名列榜公示，以资鼓励"，"会员家庭妇女先行放足，以示提倡"等。此外，孙诒让还与萧侃共同创办女学蒙塾。该女塾是浙南第一所女子学堂，也是浙江近代最早的女学之一。孙诒让带头将自己的女儿送至女学读书，以开风气。这些举措对封建传统"女子无才便是德"的迂腐观念产生了强烈冲击。据统计，1903—1908年间，孙诒让在温、处两地策划和创办20所各类新式女子学堂。至1908年，浙江全省共有46所女子学堂，温、处两府就有20所之多，几近一半。孙诒让还认识到培养女教师的重要性。他曾说："吾国女子无学，教育之不能普及亦其一端。今各省女学虽开办之多，然女教员甚少，办理未能完备，以致观望甚多。"此外，孙诒让还十分重视普及教育阶段的男女平等。孙诒让认为"普及教育，兼重女学。盖女子应有普通之知识，乃能相夫教学，破迷信，助营业，有以自立于天地之间"。总之，孙诒让同情女性、尊重女性，倡导妇女教育，这在当时清末新式教育中具有重大的进步意义。

第三，重视社会教育。孙诒让曾设立温州通俗教育社，参与兴办瑞安天算学社、劝解妇女缠足会、阅报社，提倡白话文、普通话和学习英文。1902年，孙诒让发起组织"瑞安演说会"，会址设于旧县学明伦堂。规定每月初一、十五定期集会，召集城郊各学堂师生及绅商、农工各界到会听讲。内容涉及科学知识、农工商实业、中外历史、中外时事、县政改革、地方新闻等专题。每专题至少有一名会员演讲。"每次演讲，坛无隙地，亦无中断，中外时事尽输各界脑筋，收效极大。"此种教育形式虽在瑞安进行，但也是地方意义上的民众教育及广泛意义的成人教育，对当地风气有相当大的影响。

据资料统计，孙诒让从1896年开

始创办学校，到 1908 年逝世，在 13 年时间里，于温、处两府兴办各类学校 309 所，其中官办学校只有 30 所，主要是中学堂、师范学堂，其余 279 所均为孙诒让本人或号令私人捐建或集资兴办。孙诒让逝世后，温州各界曾建"籀公祠"，纪念他为发展地方教育所作出的杰出贡献。

一、要素分解

（一）物质要素

1.经世致用，务实之风的家学

孙诒让所在的瑞安孙氏家族，是晚清温州书香大族。孙诒让的祖父孙希曾"家居好学，尤善书，手抄书辄数千纸，家中所藏书率多丹黄云"。孙希曾有孙衣言、孙锵鸣、孙嘉言三子。孙衣言之子孙诒让、孙锵鸣之女婿宋恕乃近代启蒙思想家。孙氏门庭显赫，对近代温州的发展产生了很大的影响。孙衣言、孙锵鸣兄弟饱读诗书、满腹经纶，均为进士出身，在看到晚清时局以后，均以永嘉学派传人自居，反对空谈义理，提倡经世致用，务实之风深深影响着孙诒让。尤其是孙诒让的叔父孙锵鸣，他较早接受西方科学，在温州"独早深信……种痘西法之善"，并且"先试于家，以劝州人"，极力劝解妇女放弃缠足，接受教育。宋恕曾说："先生（孙锵鸣）独早有见于女学之重要，时时慨然为乡士大夫引西汉诗说，述三代女学之盛，津津乎有味其言之，以期渐移积习，由是温女识字者渐多焉。"孙锵鸣重视女学教育，对孙诒让的女学教育观产生了很大的影响。孙诒让自幼勤奋好学，对时局颇有见解，他认为女子思想要得到解放，必须发展国民普通教育，"要惟是小学者，养国民之资格而导之以普通之知识"；并强调"富强之源在于兴学"，中国教育应"博观精考，采异域之长"，向西方学习。可见，孙诒让的女学教育观继承了家族永嘉学派的学风，后人赞："诒让承家学，博通经传，少有神通之目。"他针对教育时弊，提出主张，见诸施行，以收成效，是深受其家庭治学观念的影响。

2.传承永嘉学派思想的士绅

在晚清至民国时期，温州士绅对温州近代化产生了很大的影响。晚清温州士绅大多是孙衣言和孙锵鸣的学生，如宋恕、黄体芳、黄绍箕、陈虬、陈黻宸等。作为知识分子群体，他们最早接触维新思想，对西方及温州当下的教育制度看得比较透彻。孙氏兄弟授徒讲学，一方面是为了栽培乡邻，另一方面是为了传播永嘉学派思想，"务求知古如君举，尤喜能文似水心"。以宋恕、黄绍箕等为主的晚清温州士绅，传承了永嘉学派思想，使孙衣言喜称："独幸乾淳儒术在，于今乡里渐多才。"他们还成为近代温州开眼看世界最早的一批人。1895年，在黄绍箕影响下，孙诒让与黄绍箕在瑞安发起兴学运动，他们联合士绅，拟定《立案呈禀》《算学书院章程》，带头呼吁地方官吏出俸捐募支持办学。宋恕与孙诒让有很近的亲戚关系，他曾针对大清女子识字人数少的状况，提倡"今宜每保设女学馆一区，公则识字女人为师，一切如村学法，为到馆以百日为限"。1902年，孙诒让和宋恕共同发起成立"瑞安劝解妇女缠足会"，以解放妇女思想。1903年，孙诒让和萧侃共同创办了女学蒙塾。在晚清温州士绅的影响下，孙诒让越来越认识到女学教育的重要性，他带头将自己的女儿送到学校，还开始培养女性教师，其女学教育观日趋成熟。

（二）精神要素

1.强教兴国的理念

甲午之战，中国再次惨败，孙诒让进一步清醒，深感自己多年潜心研究经学犹如"刍狗已陈，屠龙无用"，平生"治经生之业"，实在"与现时不相应"。他深受康、梁等维新变法派人士的启发和鼓舞，以全身精力迈入教育兴国的道路。孙诒让以其求真务实的态度，根据自己亲身体验，博采世界各国教育兴国之长，总结数十年我国兴学育才的经验教训，逐步形成以发展地方教育为重点，推进区域教育近代化为目标的独特道路，进而谋取全国教育之改进。在他所撰写的《东瀛观学记叙》中充分表达了这种心愿和追求。他认真总结、分析了洋务运动以来兴学育才的利弊得失，"博观精考，采异域之长，以裨我之阙"是他永不停止的追求。他特别注意到瑞安、平阳、乐清等都相继兴办学堂。从事此举者"相与究心学务"，都希望"妙简俊才，激励其志气，而驯进之道艺。然而希望太骤，管理未周，授课无等，执业不恒，故陈义颇高，而于普通之知识转有所未及"。他十分赞赏刘、陈同赴日本，考察学务，"自彼东京大学以逮村町众小学，靡不周历，又与彼都贤士大夫反复商榷，折衷至当，应时记录，职稿盈箧"，回国后，择其精要著成《观学记》，并将考察所得要点"遍语其乡人，不数月而江南一乡蒙学堂创成十有四区"，学务从此大兴。他认真研读了《观学记》，钦叹玩绎，自愧弗如，决心与同仁一道，共同克服无益之高论，脚踏实地发展本地之普通教育。

2. 学以致用的精神

孙诒让认为办教育的目的就是培养社会所需的人才，因此教育要注重培养学生的实用技能。他提出向西方学习，"师夷长技以制夷"，并定期派学生到西方留学，学习西方先进知识和技术。他大兴农桑，并在乡村设立学堂书塾，教商人、农民算数识字，开发民智。他在制订课程时删掉讲经课，改中文为国文，同时增加社会时事、新闻评议等内容，还增设国语课，用来推广普通话。

3. "远法成周，近采西制"的主张

孙诒让认为西方近代政治、经济、文化、军事等制度与中国古制同样"冥符遥契"，并提出"远法成周，近采西制"的主张。1901年，清廷诏议变法，广求众议，孙诒让受盛宣怀之托撰成《变法条议》，但未被采纳。1902年，孙诒让把《变法条议》改名为《周礼政要》刊行于世。《周礼政要》是陈述变法主张的政论性著述，"以《周礼》为纲，西政为目"，共四十篇。每一条孙诒让都援引西方的制度作为例证，其中涉及官职设置、议会选举、教育制度、报刊、兵制、户籍赋税、水利农工、刑法狱讼等，还详细介绍了议院、专利、印花税、农会商会、警察制度、陪审制等西方近代制度。在孙诒让看来，"政之至精者，必协于群理之公，而通于万事之变"，不能以中西新故

画区畛以自隘。他说:"中国开化四千年,而文明之盛莫尚于周,故《周礼》一经,政法之精详,与今泰东西诸国所以致富强者若合符契。然则华盛顿、拿破仑、卢梭、斯密亚丹之伦所经营而讲贯,今人所指为西政之最新者,吾二千年前之旧政已发其端。"《周礼政要》全文贯穿着孙诒让的这种"西学中源"说。在孙诒让眼中,西方的近代制度大都与中国古制相通,因而主张"远法成周,近采西制",进行变法。他甚至认为泰西"国都则有上议院、下议院,各郡县亦皆有议院辟门而公议之,与古者谋及庶人之义符合"。他主张仿照西国议院之例,设大议院于京师、设中议院于各省会、设小议院于各郡县,"凡公举者,亦放西例,以投票多少为凭","其他详细规制,并查照西国议院章程"。

4. 倡除迷信、兴科学的科学思想

在西方科学思想的影响下,孙诒让提倡除迷信、兴科学,认为"科学主于征实,迷信涉于凭虚,其理不相容者也"。但是,对于中国传统的占星之术,孙诒让的态度则大为不同。虽然泰西人痛斥中国术数之学如选择、堪舆、星命、卜筮与天官家灾异之说全无根据,但他认为星日占验之学自商周迄今三四千年,沿袭弥盛,数百兆人信之者十逾七八,往往奇应,不可"悍然犯之"。孙诒让还试图用"以太"说来解释推极吉凶之原理,他认为以太是天地间最精之微气,弥漫大千世界,毫无间隙。"人人心中有此一事,其'以太'凝结之深固与鼓荡之力量均不可思议,机动效应,吉凶遂随之以生,故其术往往奇中,亦即此理也。"1906年,在为同乡戴筱峰写的《会吉通书序》中,孙诒让也表达了类似的看法:"近代欧美科学日盛,而术数家言稍绌。然吾中国笃信星算吉凶,以数千年之积验,往往奇应,固不尽诬者。盖弥满天地间之微气,厥曰'以太'。气之所萃,吉凶随之。此其理精妙奇辟,固难与迂阔者道也。"孙诒让的基本态度是,中国民智初开,必须渐化,不能决撤藩篱,"亦不必悍然犯之,诚恐一经说破,则心中不免微留障碍"。

(三)语言与象征符号

1. 金文、甲骨文研究巨著《商周金识拾遗》《契文举例》

孙诒让对文字的研究涉及金文、

甲骨文等。孙诒让17岁便开始研究金文,在25岁时,学习王念孙《汉隶拾遗》的体例,尝试编撰了《商周金识拾遗》三卷,并在41岁时重新修改出版了此书,且重新定名为《古籀拾遗》。《古籀拾遗》是孙诒让在研究了薛尚功的《历代钟鼎彝器款识法帖》、阮元的《积古斋钟鼎彝器款识法帖》、吴荣光的《筠清馆金文》之后,在此基础上寻疑修误的一部巨著。《契文举例》是孙诒让研究甲骨文成就的集中体现,孙诒让因此成为研究甲骨文的第一人。《契文举例》主要考释了300多个字的字形,依据甲骨文记载的材料研究殷商时期历史,使用甲骨文来纠正《说文》中有误的地方,肯定了甲骨文刻辞的真实性,是研究甲骨文的一部重大著作。

2. 经、子学研究巨著《周礼正义》《墨子间诂》

《周礼正义》大量吸收前人研究《周礼》的成果,广泛收集使用各地文献资料,对《周礼》进行了十分详细的注释和疏解,是《周礼》学的集大成之作。《周礼正义》是孙诒让用时最久、耗费精力最多的一部著作,是清人对诸多经书的新疏中出版最晚但成就最高的学术巨著,梁启超称它是"清代经学家最后的一部书,也是最好的一部书"。

《墨子间诂》是孙诒让对晚清之前墨学研究成果的重要总结,是清代墨学研究复兴的里程碑,至今还没有任何一本《墨子》校注的成就和影响能超过并取代《墨子间诂》。值得称赞的是,孙诒让在《墨子间诂》一书中一些见解,与光学、力学等近代西学的知识有相通之处,可见孙诒让思想的先进性。梁启超在《中国近三百年学术史》一书中称赞墨子领头的"先秦诸子学之复活,实为思想解放一大关键"。

3. 地方志巨著《温州经籍志》

清代学者大都关心地方文献,孙诒让也是如此,他格外关注家乡文献,在1877年编成《温州经籍志》,共三十六卷。《温州经籍志》是孙诒让整理自唐宋以来的温州六县的地方文献,收录在一起的一部目录专著,共1300多家,1759部,网罗范围十分广泛,内容相当齐全,做到了"凡遇先哲遗著,片纸只字,罔不收拾"。《温州经籍志》代表了孙诒让地方志研究的最高水平。

二、核心基因提取与评价

基于对材料的全面、深入分析,得出本文化元素的核心基因表述为:"经世致用,务实之风的家学""强教兴国的理念""'远法成周,近采西制'的主张""倡除迷信、兴科学的科学思想"。

孙诒让核心文化基因评价依据

评价项目	评价因子	评价依据(特点)	是否
生命力评价	文化基因存续的时间	自出现起延续至今,未曾明显中断	√
		自出现起延续至今,但多次衰微、中断后复兴	
		曾明显衰败,改革开放后开始复兴或历史溯源关键环节缺失,难以考证	
		文化形态主体已灭失,现存部分痕迹	
	文化基因的稳定性	在发展过程中保持相当稳定的状态	√
		在发展过程中存在明显的精神内涵、表现形式剧变	
凝聚力评价	文化基因的凝聚力及社会动员效果	曾广泛凝聚起区域群体的力量,显著推动过社会经济文化的发展	√
		曾部分凝聚起区域群体力量,对社会经济文化的发展产生过影响	
		凝聚过力量,创造过实际的发展动能,但未见对社会经济文化发展产生显著改变	
		仅在历史文献或口耳相传中存在,未见实际介入社会经济发展	

续表

评价项目	评价因子	评价依据（特点）	是否
影响力评价	辐射的范围	具有全国性、世界性的影响力	√
		具有长三角区域、浙江省影响力	
		具有市县、乡镇影响力	
	提炼的高度	已经被古代文人士大夫和当代学者提炼为精神符号和理念理论	√
		单纯的样式、造型、工艺技术规范	
发展力评价	与当代精神追求和价值观念的契合	传统文化基因得到创造性转化、创新性发展；区域革命文化基因被完整继承、广泛弘扬；区域社会主义先进文化基因成为与浙江"三个地"相适应的文化高地	√
		部分转化、部分弘扬、部分发展	
		难以转化、难以弘扬、难以发展	

说明：基因特点评价是对解码出来的基因，根据本《导则》表 2 的要求，围绕"四个力"逐一对表打"√"，进行定性表述

（一）生命力评价

孙诒让对经学、子学、文字学、校勘学、考据学以及地方文献的研究，促进了晚清学术的发展，实为清末学术的一个高峰。孙诒让虽然重视前人的研究成果，但并不迷信，他批判地吸收前人的思想精华，改进不足之处，形成自己独特的思想，并将其运用到实际救国图强中。孙诒让既是继往的学者，又是开来的学者，是历史上不可被忽略的一位人物。其思想具有强大的发展力。

（二）凝聚力评价

孙诒让倾全力兴学设教，然而他的教育活动又不局限于单

一的学校教育，而是着眼于整个区域的发展和进步。他所创办的学校除普通教育外，还有许多职业类的专门学校，而且有大量的业余初习学校和各种类型的讲习班、短训班，形成了区域教育近代化的较为完备的体系和符合实际需要的合理结构。孙诒让对社会教育给予了极大的关注，他认为没有良好的社会环境和风气，新式教育也难以真正普及，新思想、新观念、新知识都难以深入人心，广为应用。因此，他热心组织多种形式的学会或研究会，如：劝解妇女缠足会（1902）、瑞安演说会（1902）、师范教育研究会（1903）、教师读书社（1903）、普通话讲习会（1904）、私塾改良会瑞安支会（1905）、温州通俗教育社（1907）等。在社会教育中，他特别关注三大社会问题：一是女子教育，妇女解放问题；二是除迷信以兴科学问题；三是成年人文化知识和职业技能普及提高问题。孙诒让深感中国迷信繁多，沿袭甚久，其弊难以骤除。除学校严格按着"除迷信以兴科学"办理外，还要大力开展社会教育，瑞安演说会、温州通俗教育社，向广大民众广泛宣传普及科学知识。

（三）影响力评价

孙诒让一生致力于学术研究，在经学、子学、文字学、校勘学、考据学以及地方文献整理等方面有很大的成就。他的著作《周礼正义》《周礼政要》《墨子间诂》《古籀拾遗》《契文举例》《名原》《温州经籍志》等，是他各领域研究成果的集中体现，在学术界具有崇高的地位，对当时和后世都具有十分深远的影响。此外，孙诒让作为清末著名教育家，致力于家乡教育事业，创办学堂书塾，主张普及教育、职业教育、师范教育、人格教育等。孙诒让的教育实践和教育思想对近代中国的教育作出了很大的贡献，流芳万世。

（四）发展力评价

除了已经创办的职业学校，孙诒让还有许多没有来得及实现的职业教育的梦想，他曾提出要创办矿学学堂、水利学堂、农学学堂、工学学堂。孙诒让认为"矿在地内，有层次脉理，恒与地势有关涉，而矿内各质，非化合化分不能悉其纯杂，故西国矿学，既有专门传授，又兼研地学、化学以究其精，又采以机器，运以轮舟铁路，故其察矿精而得利丰厚。今宜仿西法，广开矿学学堂，……则大利日兴，地不爱宝，上可强国，下克富民，足以雄视五洲"；"宜设水利学堂，教以精究测算，详察工程，学成分发河工及各省，俾远师古沟洫之法，近仿泰西重堤之规"；"泰西诸国之务农也，莅以农部，教以农学学堂。士民又有农学会、农学报以校其优劣，究其利病，日求新理新法……宜采用其法。饬户部于京师及各省州县广开农学学堂"。1901年，孙诒让在《周礼政要》中也反复提出创办各种职业学校的建议，他说："古者大学之教，以道艺德行并举。"把道艺提高到和德同样重要的位置上，这也是他反对传统封建教育思想的一个表现。为了实现他的职业教育的目的，孙诒让又采取了很多措施，例如：破除迷信以兴科学、在初级小学中加强实用知识的教学；为了培养各类小学师资，曾先后举办唱歌传习所、理化、博物讲习所等。这些举措有力地推动了当时浙江一带职业教育的发展。孙诒让把传授科学知识、创办职业学校作为他实现教育救国理想的重要途径，在此过程中，他的职业教育课程观也不断走向成熟，时至今日仍值得我们研究和借鉴。

三、核心基因保存

　　"经世致用，务实之风的家学""强教兴国的理念""'远法成周，近采西制'的主张""倡除迷信、兴科学的科学思想"作为孙诒让的核心基因，《孙诒让的西方文化观》《孙诒让女学教育观与近代温州女学教育体系的建立》等13篇文字资料保存于瑞安市文化基因解码调查组资料库。出版物和古文古籍有《东瀛观学记叙》等。

李毓蒙与浙南机械工业

李毓蒙与浙南机械工业

李毓蒙(1891—1961),字步号,瑞安东山乡(现属城关街道)车头村人。他幼年家境贫寒,13岁在瑞安城内学裁缝,26岁发明了一台铁木结构弹棉机,从此结束裁缝生涯,专心致力于机械工业生产。1922年春,李毓蒙携机器和双麒麟牌商标图赴北京向中央农商部申请专利权和注册商标,获得批准。是年,其工厂发展到50余人,年产弹棉机达200余台,此后产品相继获上海国货展览会、杭州西湖博览会奖,声誉鹊起。

1924年,李毓蒙在上海南市开设毓蒙弹棉机器发行所,产品销路大开。1925年,他集资在温州小南门外创办毓蒙铁工厂,职工迅速发展到100余人,产品主要有内燃机、碾米机、切面机和锯板机等。1933年,为克服弹棉机销售混乱现象,李毓蒙联合瑞安华昌、庆华、兴华等几家弹棉机生产小厂,在上海成立毓蒙联华公司,任总经理。1936年,李毓蒙在湖北产棉区创办汉阳毓蒙联华分厂;次年,该厂发展到190余人,年产弹棉机1400台。

1937年,上海沦于敌手,毓蒙联华公司在沪财产全部被毁,李毓蒙亦由沪返温。1938年,工厂主要设备奉命内迁,李毓蒙带领数百员工随厂至云和、丽水,在当地创办浙江铁工厂和浙江工具厂;是年汉阳分厂亦奉命内迁四川开办重庆分厂。

1941年，李毓蒙在湖南衡阳创办毓蒙联华分厂，并亲自主持厂务；后又在湘潭等地设立6个分厂，以解决沿海来内地工人的就业。1942年，丽水沦陷，浙江铁工厂、工具厂相继停办。1944年，豫、湘、桂战起，衡阳分厂撤往广西宜山，后又迁贵州。是年瑞安沦陷，家乡老厂亦被迫解散。李毓蒙受尽战火之苦，资产损失惨重。抗战胜利后，李毓蒙撤回重庆等厂，复在武汉开办毓蒙联华分厂和大中棉机制造厂等，并在上海开办毓蒙棉机厂。

在致力工业的同时，李毓蒙十分重视人才的培养。1942年，他创办五年制私立毓蒙工业职业中学，改名浙江省立高级工业学校，1949年后并入杭州化工学校，培养学生数以千计。

1953年，李毓蒙从上海返回温州，被任命为公私合营温州铁工厂（即原毓蒙铁工厂，今温州冶金机械修造厂前身）副董事长，其在外地工厂也先后成为合营或地方国营工厂。

李毓蒙一生勤劳，公而忘私，乐于助人，创下了辉煌业绩。他发明的弹棉机，结束了浙南世世代代靠人力弹棉花的历史；他创办的温州机器制造厂——李毓蒙制造絮棉机器厂，开创了浙南机械制造工业的先河；他创立的毓蒙工业职业学校，为瑞安、温州乃至全国各地培养了数以千计的工业技术人才。实业报国义利并举，温商精神薪火相传。李毓蒙正激励着一代又一代的温商成为中国民营经济发展的拓荒者，成为历史一抹鲜亮的颜色和注脚。

一、要素分解

（一）物质要素

1.温州毓蒙铁工厂

1925年，李毓蒙集资在温州小南门创办温州毓蒙铁工厂，设有金工、铸造、锻造、木型等大小车间，经营制造弹棉、动力、碾米、制糖、打麦等各种大小机器，兼修其他动力机器。它是浙南地区创办最早的一家铁工厂。由于产品新，质量好，其生产机器销遍浙江全省，同时还销往闽、苏、赣、皖诸邻省。后来有不少人仿造他发明的弹棉机，也派人到上海推销，且出现放价争销的现象。毓蒙对于这些与他争利的人，没有运用专利权限制他们，而是把他们作为自己的晚辈生徒看待，劝导他们注重产品质量。

2.私立毓蒙小学、私立毓蒙工业职业中学

李毓蒙对培养人才极其热情。1937年，他在家乡东山办了一所小学（私立毓蒙小学），不收学杂费，所有经费由厂开支。这所小学一直办到1949年后才由人民政府接办，也就是现在东山小学的前身。1942年，他又在东山创办一所五年制私立毓蒙工业职业中学。除设有普通中学的文体、数、理、化等学科外，还增设机构学、机械制图、工场实习等学科。第一个学期开始招收学生50名，以后逐期增加，5年后学生增加

到 400 多名。1946 年，该校迁至温州西郊太平寺，改为旧温属六县联立工业学校。1948 年下半年再改为浙江省立高级工业学校，1949 年后并入杭州化工学校。这所学校培养了众多的工业技术人才，为国家建设作出贡献。李毓蒙所经营的工厂，学徒工人数以千计，1949 年以后分布在武汉、上海、杭州、温州等大中城市，有些成为专家、工程师。

（二）精神要素

1. 敢为人先、勇于实践的首创精神

李毓蒙是 20 世纪初温州科技活动家、浙南机械工业创始人，还是中国专利权人的先驱和中国职业教育的拓荒者。他发明的弹棉机，结束了浙南世世代代靠人力弹棉花的历史，他创办的温州机器制造厂，开创了浙南机械制造工业的先河，他创立的毓蒙工业职业学校，为瑞安、温州乃至全国各地培养了数以千计的工业技术人才，体现出温州地区人民勇于实践、敢为人先的首创精神。

2. 实业救国的赤子情怀

李毓蒙出生时正当中国民族资产阶级改革之初，是中国民族工业有了初步发展的时代。辛亥革命前后，群众性的反帝爱国斗争有力地推动了民族资本主义的发展；资产阶级大力提倡"实业救国"，大大刺激了国人投资近代企业的热情。当时，"抵制洋货""发展实业""实业救国"不仅是民族资产阶级的要求，也成为中国各阶层人民爱国的共同口号。当时"实业救国"和民主共和并存的两大思潮，对李毓蒙产生了极大的影响，他毅然决然走向实业救国的道路。

3. 科教兴国的卓越理念

在"实业救国"思潮影响下，李毓蒙毅然决然走向科学救国、实业强国、教育兴国的道路。他从 1937 年到 1961 年逝世时止，先后创办了私立毓蒙完全小学、私立毓蒙工业职业中学。其中，私立毓蒙工业职业中学创办于抗战最艰难的岁月。在此期间，李毓蒙依然不忘培养工业科技人才。解放前夕，社会经济萧条，办学经费越来越困难，于是他求助于旧友余毅夫先生，将学校迁至温州南郊大平寺，动员温州各界知名人士 20 多人为校董，每位校董出资 5000 元，作为办学常年经费，学校易名"旧温属联立工业职业学校"，后又改名为"浙江省高

级工业职业学校",直至 1949 年后，由温州市政府接办，后改称为"浙江化工学校温州分校"。1955 年学校迁往杭州，并入浙江化工学院（浙江工业大学前身）。

4. 海纳百川、宽容待人的胸襟

1922 年，瑞安县东山乡李毓蒙发明的"双麒麟"牌弹棉机获得专卖权不久，同村人就办厂仿造弹棉机。对此，李毓蒙的兄长李毓芳气坏了，带着学徒要去砸这一厂家的招牌。李毓蒙对兄长劝阻说："他家人多地少，没有其他生活出路，再说弹棉花的机器市场很大，单靠我们一家厂也做不完，让他去做吧，绝对不会妨碍我们的销路。"

不久，仿造弹棉机的厂家冒出了一家又一家。当李毓蒙厂生产的弹棉机在上海市场生意兴隆、供不应求之时，东山这些仿制的弹棉机也跟踪进驻上海滩，欲与李毓蒙厂家抢生意、争市场。有家同乡的厂，竟在李毓蒙眼皮下招徕生意，一时间，李毓蒙厂的内部人员议论纷纷。李毓蒙对议论者解释道："只要我们厂生产的弹棉机质量好，生意就压不倒！"他还再三嘱咐销售的工作人员说："你们切不可到人家厂家说三道四，给人难堪。相反，他们若有困难，你们还要诚心诚意地帮忙，同乡在外应相互关照嘛。"

由于李毓蒙生产的弹棉机质量上乘可靠，同时对用户兑现包用 3 年的承诺，得到用户的信赖，生意越做越红火，时常供不应求。而那些仿制的厂家则不顾产品质量，削价出售以抢占市场，使厂家亏本而濒临破产。于是，一些厂家为走出困境，特地上门求教，让李毓蒙帮他们扭转败局。李毓蒙不视同行为敌，也不幸灾乐祸，而是诚心诚意地告诫他们说："若想产品销售好，必须把好质量关，切莫为减价而降低成本，去牺牲用户的利益。"同时，李毓蒙还对这些濒临倒闭的厂家给予经济上的资助。

（三）制度要素
兼顾综合素质和技能技术的职业教育

1942 年，李毓蒙创办的"私立毓蒙工业职业中学"（以下简称工校）从培养目标的确定、学制的确定到课程的设置、办学模式等，对浙南职业教育的发展都产生了巨大影响。他的职业教育思想的核心更是中国目前职业教育改革趋势所指。工校的培养目标虽少有文字记载，但从其学制设定、课程设置和办学模式，可以提炼为：人格健全、一线生产管理、专业技术初、高级人才。从这一培养目标中可以看出，李毓蒙的职业教育思想是兼顾综合素质和技能技术的。

二、核心基因提取与评价

基于对材料的全面、深入分析，得出本文化元素的核心基因表述为："敢为人先、勇于实践的首创精神""实业救国的赤子情怀""科教兴国的卓越理念"。

李毓蒙与浙南机械工业核心文化基因评价依据

评价项目	评价因子	评价依据（特点）	是否
生命力评价	文化基因存续的时间	自出现起延续至今，未曾明显中断	√
		自出现起延续至今，但多次衰微、中断后复兴	
		曾明显衰败，改革开放后开始复兴或历史溯源关键环节缺失，难以考证	
		文化形态主体已灭失，现存部分痕迹	
	文化基因的稳定性	在发展过程中保持相当稳定的状态	√
		在发展过程中存在明显的精神内涵、表现形式剧变	
凝聚力评价	文化基因的凝聚力及社会动员效果	曾广泛凝聚起区域群体的力量，显著推动过社会经济文化的发展	√
		曾部分凝聚起区域群体力量，对社会经济文化的发展产生过影响	
		凝聚过力量，创造过实际的发展动能，但未见对社会经济文化发展产生显著改变	
		仅在历史文献或口耳相传中存在，未见实际介入社会经济发展	

续表

评价项目	评价因子	评价依据（特点）	是否
影响力评价	辐射的范围	具有全国性、世界性的影响力	
		具有长三角区域、浙江省影响力	√
		具有市县、乡镇影响力	
	提炼的高度	已经被古代文人士大夫和当代学者提炼为精神符号和理念理论	√
		单纯的样式、造型、工艺技术规范	
发展力评价	与当代精神追求和价值观念的契合	传统文化基因得到创造性转化、创新性发展；区域革命文化基因被完整继承、广泛弘扬；区域社会主义先进文化基因成为与浙江"三个地"相适应的文化高地	√
		部分转化、部分弘扬、部分发展	
		难以转化、难以弘扬、难以发展	

说明：基因特点评价是对解码出来的基因，根据本《导则》表2的要求，围绕"四个力"逐一对表打"√"，进行定性表述

（一）生命力评价

李毓蒙发明弹棉机、创办温州机器制造厂、创立毓蒙工业职业学校的历史通过书籍记载、故事流传至今，成为温州瑞安近代历史上的闪光点。同时，他奠定的近代浙南机械工业基础和职业教育基础对瑞安的文化经济事业发展起到了重要的支撑作用。

（二）凝聚力评价

李毓蒙以一款自制弹棉机开创了浙南机械工业，随后又研发了内燃机、碾米机、切面机和锯板机等产品，奠定了浙南机械工业之基础。此后，李毓蒙在上海成立毓蒙联华公司开创工业联合企业。抗战期间，李毓蒙积极为抗战活动提供后勤支持，在各地

兴办工厂，为革命事业提供了大量的铁器产品，为战乱中的百姓提供了就业机会。同时，他创办小学、职业技校，为国家的经济发展提供了大量技术人才。

（三）影响力评价

李毓蒙一生勤劳，公而忘私，乐于助人，在机械工业、教育、抗战等事业中贡献了自己的力量，为中华民族抵御外辱、奋发图强贡献了自己的力量。他发明的弹棉机，结束了浙南世世代代靠人力弹棉花的历史；他创办的温州机器制造厂——李毓蒙制造絮棉机器厂，开创了浙南机械制造工业的先河；他创立的毓蒙工业职业学校，为瑞安、温州乃至全国各地培养了数以千计的工业技术人才。如今，李毓蒙的奋斗史和传奇故事正激励着一代又一代的浙江人成为中国民营经济发展的拓荒者。

（四）发展力评价

在瑞安市东山街道，一座由著名社会学家、人类学家费孝通题名的"李毓蒙先生纪念馆"正屹立在飞云江畔。李毓蒙这位"伟范垂青史"的发明家的光辉事迹在这里得到弘扬。他积极奋斗、努力拼搏的一生是瑞安乃至温州地区人民创业精神的卓越代表。毓蒙工厂和学校培养出的机械制造人才数以千计，在温州在机械界说起李毓蒙，不少人会肃然起敬，称之为"老师公"。如今，李毓蒙传下的弹花机制作技艺已被列入瑞安市非物质文化遗产，他的嘉言懿行更是一笔珍贵的文化遗产。

三、核心基因保存

"敢为人先、勇于实践的首创精神""实业救国的赤子情怀""科教兴国的卓越理念"作为李毓蒙与浙南机械工业的核心基因，《李毓蒙与浙南职业技术教育》等5项文字资料保存于瑞安市文化基因解码调查组资料库，另外，出版物有《纪念李毓蒙》《李毓蒙传》《李毓蒙生平事略》《浙南机械工业先驱李毓蒙传》。实物材料方面，瑞安市内有纪念李毓蒙的毓蒙路、毓蒙亭和以"毓蒙"为名的多所学校，另有李毓蒙纪念馆位于瑞安市东山街道拱瑞山路。

『中国汽摩配之都』

天瑞地安　瑞安文化基因

"中国汽摩配之都"

瑞安市场机制灵活，民营经济发达，形成了汽摩配件、机械电子、塑料制品、鞋类、精细化工、纺织服装等六大支柱产业，大批名优产品在国内外享有盛誉。瑞安是国家级的汽摩配生产基地、塑料薄膜产业基地、印刷包装及医药机械全国产销基地，是全国闻名的精细化工生产基地，具有较强的行业规模和产业配套优势。

　　汽摩配行业是瑞安最具区域特色的产业集群。该行业从家庭小作坊起步，经历了"起步、发展、调整、提升"四个阶段，产业规模不断扩大，产品质量不断提高，走上了依靠科技进步、质量兴业的内涵式发展道路，打响了"瑞安汽摩配"这一区域品牌。2003年10月，中国机械工业联合会授予瑞安市"中国汽摩配之都"称号。从最初的家庭小作坊，到亮出"瑞安制造"直接参与国际竞争，瑞安汽摩配产业从小做大、化散为聚、由弱走强，成为最具活力的产业支柱之一。

　　瑞安市的汽摩配产业发源于20世纪60年代。而为瑞安汽摩配产业奠定基础的，则是瑞安制造业的开山鼻祖李毓蒙。李毓蒙发明了中国第一台弹棉机，创办浙南第一家絮棉机厂，因此享誉江南。这个瑞安制造业的开山鼻祖从此奠定了瑞安工业机械的基础。

瑞安机械工业历史悠久、根基雄厚，这为瑞安汽摩配的兴盛奠定了坚实的基础。借着这种传统优势，20世纪60年代，瑞安汽摩配产业开始起步。

1968年，城关日用工艺品厂在省汽车配件公司召开的"汽车大会战会议"，拿来了"CA-QO汽车里程表"样品，一年后试制成功，翌年即转产汽车配件。这一标志性事件，开创了瑞安汽配生产的先河，点燃了瑞安城关、华腾等乡镇（公社）企业从事各种小型机械生产的"星星之火"。而塘下镇韩田村，成为瑞安市汽摩配产业的起点。

20世纪60年代后期的韩田村可谓"一穷二白"，人均耕地仅0.3亩，人均年收入不到100元。时任塘下公社不脱产副书记、社长的陈玉兴坦言：当时韩田村的工业发展之路充满了艰辛，但他坚信只有"以工强村，兴工富民"，才能发家致富。

当时，陈玉兴是塘下区排灌站技术负责人，他所负责的排灌站修配厂是其他工厂的龙头。靠着去温州汽车南站接来的汽车钢板订单，陈玉兴开始了自己的"漫漫创业路"，而当时厂里的一台龙门刨床，是他们生产汽车配件的唯一设备。

"那时韩田村的工业发展才刚刚开始，整个生产环境非常落后，没有成功模式可借鉴，也没有产业平台可依托，只能自己一步步摸索。"从生产汽车钢板肖到汽车马达单向开关，陈玉兴逐步探索道路，经过4年时间的发展，修配厂厂房从200平方米增至1000多平方米，参加修配厂的社员由10多人增至300多人。

随着韩田村渐成气候的投资环境，不断优化的服务质量，不少村民都看中了汽摩配这块"蛋糕"，纷纷加入到"创业大军"中来。随后，韩田村的汽摩配企业如雨后春笋般冒了出来，产品销售至全国各地以及东南亚一些国家，总产值超亿元，成为浙南地区第一个亿元村。同时，汽摩配产业也以韩田村为核心，向整个塘下镇辐射，当初在国有企业工作的一些有眼光的技术骨干也开始下海创办自己的企业。此后，塘下镇许多村出现生产汽摩配产品的家庭作坊。

凭借着机械工业迅速发展的优势，以及当时国家政策的明朗、当地政府的支持，瑞安人以其独有的精明和极具市场竞争优势的价格，从只能做一道工序、一个小配件的企业,逐渐壮大,并迅速在国内汽车、摩托车市场上占领了一席之地。

20世纪80年代,素有"东南小邹鲁"美称的瑞安,形成了各类汽摩配生产集聚型块状经济。20世纪80年代后期,汽摩配规模得到扩张,形成汽摩配制造专业村,由瑞安向北面、东面等周边县市(区)延伸。20世纪90年代开始,众多的汽摩配中小企业向专业化生产发展,产品科技创新程度得到提高,形成较强竞争力的行业规模优势和良好的区域品牌,形成了"一村一品""一乡一品"的颇具特色的汽摩配生产块状经济。

过去的汽车整车厂,其上游零配件生产厂家的配套半径必须在200公里以内,但在"一乡一品"的基础上发展起来的瑞安汽摩配,打破了这一常规,从原材料辅助材料的供应、零部件到组装件的专业性分工以及储运、销售、服务,形成了完善配套的生产格局,一些与汽摩配产业紧密关联的锻造、模具、漆包线、换向器、车用装饰面料等配套行业随之迅速发展,成就了强大的行业群和完善的产业链。

2003年10月,瑞安市被中国机械工业联合会授予"中国汽摩配之都"称号,成为汽车零部件的采购基地。中国汽摩配行业第一张国字号金名片的获得,极大鼓舞了瑞安人大力发展汽摩配产业的士气,也标志着瑞安汽摩配产业迈上了一个新的台阶。

2008年,据汽摩配行业协会数据显示,温州汽摩配行业实现销售总产值380亿元,其中瑞安市汽摩配行业实现销售收入约230亿元,出口额4.8亿美元,成功蝉联"中国汽摩配之都"这一荣誉称号。2009年,中国机电产品进出口商会授予瑞安市"中国汽车零部件出口基地"称号。2013年,中国汽车工业协会授予瑞安市"中国汽车零部件(滤清器)制造基地"称号。

据悉,截至2010年,瑞安市汽摩配行业销售收入达310亿元,占全市工业总产值30%,产品达4000多种,出口额达5.2亿美元;50%配套国内主机厂,50%为国内外汽车售后维修市场服务;产超500万元以上的企业342家,5000万元以上的企业47家,超亿元企业40家,无区域集团企业23家。

为加快培育汽摩配产业群与自主知识产权产品的研发,提高产品质量,加快创业信息化和产业市场化进程,使汽摩配产业成为温州发展重要的经济增长点，将"制造汽摩配产品"顺利转换为"创造汽摩配产业"，国际汽摩配产业园区在瑞安市塘下镇建立。随着国际汽摩配产业园区建设在瑞安全面启动，一座集汽摩配件整车生产、装配、检测、研发、销售、物流配送为一体的现代化国际汽摩配工业城正在紧锣密鼓地进行建设。瑞安市汽摩配人在创业过程中折射出的不断创新、追求卓越、与时俱进的精神，正是该市在打造国际性轻工城、走新型工业化道路过程中的一个缩影。

近年来，瑞安市汽摩配生产企业已开发和正在开发的产品有汽车发动机、ABS 防抱死制动系统、汽车卫星导航系统、独立悬挂系统、电子控制自警觉点火系统、电喷系统 32 位中央控制器、镁合金零部件等汽车高端产品。瑞安市汽摩配生产企业中有很多优秀的锻造企业，他们为各行业提供锻造加工服务和锻造零部件产品，在国内市场占据很大份额，因此，瑞安市也被称为中国锻造产业基地。

当前，世界制造业正在步入"中国时代"。作为"中国汽摩配之都"的瑞安，紧紧抓住国际产业转移的机遇，充分利用"中国汽摩配之都"这一金名片，大力推进工业结构战略性调整，着力提高汽摩配行业的整体发展水平，全面建设现代化汽摩配生产基地，在新一轮区域经济竞争中抢占有利位置。

今天的中国，正在续写着伟人开创的经济奇迹。汽车工业连续四年以年均 25% 的高增长率，刷新了世界汽车发展史的新纪录。中国汽车产业的飞速发展，不仅为中国汽车零部件产业带来了广阔的发展空间，同时也为汽车零部件企业带来了更加严峻的冲击与挑战。

敢为天下先的创新精神，在新的历史环境下，将更有自信、更具活力，前进的脚步将更加坚定。在新的经济发展时期，瑞安以敢为人先的精神，勇立潮头，擂响民营经济发展的铿锵鼓点，谱写出新时代下新一轮的市场奇迹。

一、要素分解

（一）物质要素

1. 商贸发达，人文荟萃的地域环境

瑞安位居我国黄金海岸线中段，地处上海经济区和厦漳泉金三角之间，自古市井繁华，商贸发达，人文荟萃，是浙江省重要的现代工贸城市和历史文化名城，是温州大都市区版图中的南翼中心城市。作为"温州模式"的主要发祥地，瑞安市场机制灵活，民营经济发达。如此优越的环境，滋养了瑞安汽摩配行业的发展。

2. 规模庞大的汽摩配产业

今天的中国，正在续写着伟人开创的经济奇迹。汽车工业连续四年以年均 25% 的高增长率，刷新了世界汽车发展史的新纪录。中国汽车产业的飞速发展，为中国汽车零部件产业带来了广阔的发展空间，为汽车零部件企业带来了更大的机遇与挑战。在瑞安，有这样一句话让所有从事与汽摩配相关的瑞安人倍感自豪："全国道路上行驶的每一辆国产汽车、摩托车里，都有我们瑞安生产的零配件。"

3. 化散为聚、富有活力的国际汽摩配产业园区

汽摩配行业是瑞安最具区域特色的产业集群，从家庭小作坊起步，经历了"起步、发展、调整、提升"四个阶段，产业

规模不断扩大，产品质量不断提高，走上了依靠科技进步、质量兴业的内涵式发展道路，打响了"瑞安汽摩配"这一区域品牌。2003年10月，中国机械工业联合会授予瑞安市"中国汽摩配之都"称号。从最初的家庭小作坊，到亮出"瑞安制造"直接参与国际竞争，瑞安汽摩配产业从小做大、化散为聚、由弱走强，成为最具活力的产业支柱之一。

为加快培育汽摩配产业群与自主知识产权产品的研发，提高产品质量，加快创业信息化和产业市场化进程，使汽摩配产业成为温州发展重要的经济增长点，顺利进行由"制造汽摩配产品"到"创造汽摩配产业"的角色转换，国际汽摩配产业园区在瑞安市塘下镇建立。随着国际汽摩配产业园区建设在瑞安全面启动，一座集汽摩配件整车生产、装配、检测、研发、销售、物流配送为一体的现代化国际汽摩配工业城正在紧锣密鼓地进行建设。

（二）精神要素

敢为天下先的创新精神

瑞安汽摩配行业的发展壮大，离不开敢为天下先的创新精神。温州市汽摩配产业起步于20世纪六七十年代。当时，温州商人将外地汽车摩托车市场信息带回温州，点燃了瑞安城关、华腾等乡镇（公社）企业主从事各种小型机械生产的"星星之火"。刚开始的生产环境非常落后，没有成功模式可借鉴，也没有产业平台可依托，只能自己一步步摸索。后来逐渐发展壮大，产业规模不断扩大，产品质量不断提高，走上了依靠科技进步、质量兴业的内涵式发展道路，打响了"瑞安汽摩配"这一区域品牌。

瑞安市汽摩配人在创业过程中折射出的不断创新、追求卓越、与时俱进的精神，正是该市在打造国际性轻工城、走新型工业化道路过程中的一个缩影。

在新的历史环境下，瑞安汽摩配人也将更有自信、更具活力，前进的脚步将更加坚定，足音将更加清晰。在新的经济发展时期，瑞安以敢为人先的精神，勇立潮头，擂响民营经济发展的铿锵鼓点，谱写出新时代下新一轮的市场奇迹。

（三）制度要素

"三位一体"协调互动的发展格局

为有效提升产业优势，瑞安市积极对汽摩配行业的本地资源进行有效整合，加强本地企业间的横向联系，延伸拓展汽摩配产业链，进一步构建和完善产业集群分工协作体系，形成了"三位一体"协调互动的发展格局。

为有效破解土地瓶颈、开创新空间并提高使用率，瑞安市不断加大汽摩配行业载体建设，强化各大要素保障，使得汽摩配企业经营逐步步入正常轨道，并涌现出一大批品牌企业。

"国际汽配产业园区"的建立，形成了一定的规模效应和集聚效应，这种现代工业的大规模集聚所形成的经济效应和社会效应，给瑞安市汽摩配行业产业带来巨大的发展潜力。

二、核心基因提取与评价

基于对材料的全面、深入分析，得出本文化元素的核心基因表述为："化散为聚、富有活力的国际汽摩配产业园区""敢为天下先的创新精神""行业群、产业链、优势企业群体'三位一体'协调互动的发展格局"。

"中国汽摩配之都"核心文化基因评价依据

评价项目	评价因子	评价依据（特点）	是否
生命力评价	文化基因存续的时间	自出现起延续至今，未曾明显中断	√
		自出现起延续至今，但多次衰微、中断后复兴	
		曾明显衰败，改革开放后开始复兴或历史溯源关键环节缺失，难以考证	
		文化形态主体已灭失，现存部分痕迹	
	文化基因的稳定性	在发展过程中保持相当稳定的状态	√
		在发展过程中存在明显的精神内涵、表现形式剧变	
凝聚力评价	文化基因的凝聚力及社会动员效果	曾广泛凝聚起区域群体的力量，显著推动过社会经济文化的发展	√
		曾部分凝聚起区域群体力量，对社会经济文化的发展产生过影响	
		凝聚过力量，创造过实际的发展动能，但未见对社会经济文化发展产生显著改变	
		仅在历史文献或口耳相传中存在，未见实际介入社会经济发展	

评价项目	评价因子	评价依据（特点）	是否
影响力评价	辐射的范围	具有全国性、世界性的影响力	√
		具有长三角区域、浙江省影响力	
		具有市县、乡镇影响力	
	提炼的高度	已经被古代文人士大夫和当代学者提炼为精神符号和理念理论	√
		单纯的样式、造型、工艺技术规范	
发展力评价	与当代精神追求和价值观念的契合	传统文化基因得到创造性转化、创新性发展；区域革命文化基因被完整继承、广泛弘扬；区域社会主义先进文化基因成为与浙江"三个地"相适应的文化高地	√
		部分转化、部分弘扬、部分发展	
		难以转化、难以弘扬、难以发展	

说明：基因特点评价是对解码出来的基因，根据本《导则》表2的要求，围绕"四个力"逐一对表打"√"，进行定性表述

（一）生命力评价

汽摩配行业作为瑞安最具区域特色的产业集群，从家庭小作坊起步，经历了"起步、发展、调整、提升"四个阶段，产业规模不断扩大，产品质量不断提高，走上了依靠科技进步、质量兴业的内涵式发展道路，打响了"瑞安汽摩配"这一区域品牌。2003年10月，中国机械工业联合会授予瑞安市"中国汽摩配之都"称号。从最初的家庭小作坊，到亮出"瑞安制造"直接参与国际竞争，瑞安汽摩配产业从小做大、化散为聚、由弱走强，成为最具活力的产业支柱之一。

（二）凝聚力评价

三大核心基因作为"中国汽摩配之都"发展壮大的核心文

化基因，瑞安的汽摩配行业自产生以来，广泛凝聚起区域群体的力量，并且不断壮大这股力量延续至今。瑞安被授予"中国汽摩配之都"的称号，显著推动瑞安社会经济的发展，促进中国汽车行业的发展。

有100多家企业与全国60多家汽车主机厂配套，有120多家企业产品打入国际市场。瑞安的汽摩配产品不仅装到国产汽车、摩托车上，连宝马、奔驰等国外名车也对瑞安的汽摩配产品大为青睐。

（三）影响力评价

三大核心基因作为"中国汽摩配之都"发展壮大的核心文化基因，具有全国性、世界性的影响力。在瑞安，有这样一句话让所有从事与汽摩配相关的瑞安人倍感自豪："全国道路上行驶的每一辆国产汽车、摩托车里，都有我们瑞安生产的零配件。"中国汽车产业的飞速发展，为中国汽车零部件产业带来了广阔的发展空间，为汽车零部件企业带来了更大的机遇与挑战。瑞安汽摩配不仅在全国享有美誉，在世界范围内也具有影响力。瑞安汽摩配产品品种有3000多个系列，

（四）发展力评价

三大核心基因得到了创造性的传承、弘扬与发展。瑞安汽摩配行业从家庭小作坊起步，经历了"起步、发展、调整、提升"四个阶段，产业规模不断扩大，产品质量不断提高，打响了"瑞安汽摩配"这一区域品牌。在未来，瑞安也将紧紧抓住国际产业转移的机遇，充分利用"中国汽摩配之都"这一金名片，大力推进工业结构战略性调整，着力提高汽摩配行业的整体发展水平，全面建设现代化汽摩配生产基地，在新一轮区域经济竞争中抢占有利位置。

三、核心基因保存

　　"化散为聚、富有活力的国际汽摩配产业园区""敢为天下先的创新精神""行业群、产业链、优势企业群体'三位一体'协调互动的发展格局"作为"中国汽摩配之都"的核心基因，文字资料有《擦亮"中国汽摩配之都"金名片》《建设先进制造业基地，打造"中国汽摩配之都"》《汽摩配之都，内需为王》等13项保存于瑞安文化基因解码调查组资料库，图片材料有20张保存于瑞安文化基因解码调查组资料库。

供销社『三位一体』综合改革

天瑞地安　瑞安文化基因

供销社"三位一体"综合改革

构建"三位一体"农村新型合作体系是时任浙江省委书记习近平同志提出的一项重要工作部署,并于 2017 年正式写入中央一号文件。

　　"三位一体"农村新型合作体系的主要内涵是以农民合作组织为基础,广泛开展生产、供销和信用等合作,全面提升农业的专业化、组织化和规模化程度。瑞安实践表明,其对帮助农民共同致富、保障农民切身利益、推动农村经济的发展、建设社会主义新农村起着积极的促进作用。同时,理论界对"三位一体"农协模式进行了卓有成效的探讨与理论阐述。瑞安"三位一体"农协模式创始人陈林从立法的角度将综合性农业合作社设立为公法社团,并在瑞安进行相关实验性社会实践,建设生产、供销、信用"三位一体"综合农协模式。

　　瑞安是浙江"三位一体"综合合作体系的发源地和浙江省首批 7 个组建"三位一体"农民合作经济组织体系建设试点单位之一。瑞安"三位一体"合作实践整体上较为成功,许多经验具有可复制性和推广价值。瑞安农民专业合作基础扎实,农民合作意愿强烈,资金互助社、保险互助社等各类合作金融组织创新不断。以瑞安农商行为代表的农村金融机构在授信模式、业务模式、服务模式和合作模式上进行大量创新,与农民合作经济组织之间相互建立了广泛合作基础。早期的瑞安农协，以及现在的瑞安农合联，为农村合作金融提供了有效的实践平台，留下了许多宝贵的经验和教训。

瑞安"三位一体"农村合作金融的实践历程大致可以分为三个阶段：

第一阶段（2006年3月至2008年1月）：瑞安农协时期的"农协＋合作社＋农信机构"合作金融模式。瑞安农协是瑞安市农村合作协会的简称，创建于2006年3月，由瑞安农信联社、供销联社等8家核心会员单位和100余家农民专业合作社、农村经济合作社等基本会员单位组成，是瑞安"三位一体"合作的标志性产物。在农协时期，农信机构依托农协平台与合作社开展信用合作。农协下设信用部，通过成立农村信用评级委员会对农户、农户小组、基层合作经济组织进行信用评级，同时以小组联保、合作社担保等方式与当地农信机构开展授信活动。

第二阶段（2008年1月至2014年8月）：瑞安农合会时期的"合作社＋互助社＋农信机构"合作金融模式。瑞安市农民专业合作社联合会（简称瑞安农合会或农联或合作社联合会）于2008年1月25日由农业局牵头成立。农合会出现的很大一部分原因是瑞安农协体制不顺造成实际运作效率下降，最终无法顺利推进农村合作"三位一体"建设。但是农合会本身只是一个专业性农民合作组织，并不是综合协作的平台，无法取代农协在"三位一体"建设中的特殊地位。因此，这一时期政府主导的"三位一体"合作面临巨大挑战，一度停滞不前，但这并没有阻止基层合作的强烈愿望。2011年，由梅屿蔬菜专业合作社、荆谷白银豆合作社和篁社索面合作社联合发起组建马屿镇汇民农村资金互助社，这是温州市首家，也是浙江省试点的7个由银监部门批准的农村资金互助社之一。合作社成员通过资金互助社进行内部信用合作，再以社员互保联保、联合增信、互助社担保、农权抵押等方式从外部农信机构获得外源性融资。这一模式与国内各地试点并无二致，实质上并不属于"三位一体"信用合作模式。

第三阶段（2014年8月至今）：瑞安农合联时期的"农合联＋合作社＋互助社＋金融机构＋风险补偿金＋

合作基金"新型合作金融模式。偏离"三位一体"综合协作轨道的瑞安农村合作金融发展遇到了现有合作模式下的两个通病：一是仅仅依靠农民合作经济组织各自为战的低层次和小范围合作，无法满足日益成长起来的现代农业经营主体对农业社会化服务提出来的越来越多需求；二是弱小、分散、缺乏技术和资本实力的农民合作经济组织，无法满足其参与农业全产业链经营、分享全产业链利益的迫切期望。

袁亚平等指出，瑞安市在一线创造了很好的经验，建立农协是发展现代农业的必然要求，可为农民提供科技、信贷、流通和信息等服务。全志辉认为，农村政治体制改革应寻求村、乡、县三级联动，并应与一个纵向的综合农协体系相互支撑，但唐兴霖等指出，"三位一体"治理模式要得以巩固和发展所遭遇的困境随之凸现，在特定背景下所产生的"三位一体"治理模式在中国广大农村是否有推广的可能性问题。何继新则从发端和整合两个维度分析"三位一体"农协的动力机制，认为其发端动力在于合作金融，整合动力来自于多中心与公共行动合作。

浙江在建设与发展"三位一体"农村新型合作体系方面认真探索、大胆实践，创造了有益的经验，并得到中央的认可与肯定。理论界对"三位一体"理论的深入研究与探讨对实践起到了指导作用。当然，"三位一体"农村新型合作体系的发展在运行与实践中也存在不少制约因素。近年来，各种类型的合作社如雨后春笋般涌现，但总体效果差强人意，依然存在许多小、散、虚的合作社，大大削弱了成立合作社的预期效益，减缓了农业现代化进程，阻碍了农村经济的发展。我们该从利益驱动理论出发，探讨各利益主体联合发展的动力机制，结合基于"三位一体"农民专业合作组织动力机制的瑞安实践，进一步规范和加快推动"三位一体"农村新型合作体系构建，发挥其作为实现农业经济政策目标的重要载体作用，对实现保护农业生产、维护农民利益、带动农业增效和农民增收具有一定的理论指导意义。

一、要素分解

（一）物质要素

农业农村现代化的大背景

早在 1990 年，邓小平同志就指出："中国社会主义农业的改革和发展，从长远的观点看，要有两个飞跃。"第一个飞跃是废除人民公社，实行以家庭联产承包为主的责任制。第二个飞跃是适应科学种田和生产社会化的需要，发展适度规模经营，发展集体经济（很长一段时间，许多人把集体经济与合作经济是等同起来的）。

2001 年，习近平同志在清华大学的博士论文中，鲜明地提出要走组织化的农村市场化发展路子。所谓组织化的农村市场化发展路子，不仅是指农业产业的组织化，更是指农民的组织化。不仅要使农户成为市场化中的主体力量，还要使农户成为农业产业化中的首要获益者。这就指明了一条农民合作经济创新发展的道路。

（二）精神要素

风雨同担、同舟共济的精神

在瑞安农合联这个平台上，当社员需要资金，首先可以通过资金互助社，以资金互助的方式进行内源性融资，通过保险互助社为农业生产、农产品流通等环节提供风险保障；如果需要的资金体量比较庞大，则以农权抵押、社员联保互保、合作社或资金互助社担保、农信担保公司担保、保险互助社小额贷款保证保险、商业保险公司信用保证保险等方式进行信用增进，或者直接以合作社或资金互助社的名义，向农商行等金融机构获取外源性融资，农商行直接向社员或者以合作社或互助社的名义进行整体授信，以此撬动比原有体量大得多的金融资源。以瑞商行为例，该行为马屿汇民资金互助社授信 500 万元，为该社 1000 多名社员提供总额 1 亿元的授信；通过与兴民农村保险互助社签订小额贷款保证保险业务，为互助社社员提供 1000 万元的小额保证保险贷款；通过与保险公司合作，以保险资金建立风险资金池，为 804 名农户提供 1.1 亿元信用保证保险贷款；通过与瑞安农信融资担保公司合作，搭建供销合作平台，累计支持农户、龙头企业 2635 户（次），金额达 7.12 亿元，此外，瑞商行还在全国率先开展农房抵押贷款业务。体现了瑞安政府愿意与人民同舟共济的精神。

（三）制度要素

1. "三位一体"农合联制度

由于历史原因，当前我国涉农资源极为分散，在农村信用合作社、供销合作社及各类农民专业合作社等涉农资源调整和配置上，更多是割据、封闭发展，而农资、农技、农机等涉农资源配置的管理和服务部门及机构也分属不同部门，各部门都有利益所在，因而在实际运行过程中共同合力为农服务的作用发挥得十分有限。这是早已存在的痼疾，个人或组织无法改变，是原有制度的缺陷，必须由政府强制执行，使当前所拥有的涉农资源重新整合。

为了农民增收、农业增效、农村稳定，中央政府需要提升农民的组织化程度，加大农业现代化建设力度，出台国家相关"三农"的宏观政策，对地方政府及其职能部门的行为进行规范、引导和约束，同时对有关农民合作组织制度化建设及规范化运营给予宏观上的指导。政府强制力推动农村"三位一体"发展。2006 年，中共中央、国务院发布了《关于推进社会主义新农村建设的若干意见》，明确提出"引导农户发展资金互助组织，规范民间借贷"；2008年10月，在中共十七届三中全会上通过了《中共中央关于推进农村改革发展若干重大问题的决定》，明确指出"允许有条件的农民专业合作社开展信用合作"；党的十八大明确提出扶持发展新型农业经营主体；2017年更是将"三位一体"的农村改革目标写入中央一号文件。

2. 供销带动、农商合作的服务平台

瑞安供销合作社在"三位一体"合作经济组织体系中积极发挥带动作用。一是搭建多元合作平台。采取"政府投资、农合联运作"和"合作社投资＋政府补助"及"供销网点改造＋功能提升"等多种模式，先后打造马屿、上望、飞云、塘下、高楼、平阳坑等六大综合型为农服务中心。二是拓展服务合作范围。发挥自身流通优势，先后开设农资物流中心、农产品展销配送中心、农产品展示展销平台、"瑞安农产"品牌旗舰店和特色交易市场，提供销售一条龙服务。同时打通涉农合作渠道，引进有经济实力有服务资源的企业作为合作伙伴。通过打造"智慧农资"平台，发展"瑞安淘""丰收购""邮乐购"等农产品电子商务，健全庄稼医院，组建植保农机专业服务队，建立种苗繁育基地等，开展全程全方位社会化服务。三是提高服务合作水平。目前供销社引领和组织的为农服务正从点状、线状转向网状，努力做到服务无边界，实现市域全覆盖、农业产业链全覆盖；努力做到服务无止境，不断延伸服务触角，提升为农服务的层次和水平。

3. 信用联动、银农合作的共赢机制

农村信用服务在合作经济发展中具有不可或缺的资金保障作用。在瑞安，农村金融机构按照"普惠金融＋科技金融"协同创新的思路，与农民合作社进行信用合作，探索了一条为农服务、银农共赢的新型合作机制。一是弥补合作短板，打破农村金融瓶颈。农业银行推动224个金融自治村和53个信用村建设，为农户贷款预授信439亿。农商银行通过信用评级创新、金融服务"村村通"工程，建成金融便民服务点565个，发放农户贷款145.4亿元，支持6万多农户创业。他们创办了全国首家县级农信担保公司，开展扶贫和小额贷款担保业务，以及农房抵押贷款和农机具、厂房、农产品、应收账款、土地承包经营权质押贷款。二是探索互助金融。在农

合联内部成立资金互助会，构建"组织封闭、对象封锁、上限封顶"的"服务闭环"，"熟人经济"在这里发挥得淋漓尽致。农民不要担保物，只凭社员证就可得到所需的资金。三是推行农村互联网金融新模式。农户足不出村，在家"手指轻点"，便可享受"无风险、高效率"的现代金融服务。他们还组建保险互助会，开办农产品保险等七大险种，为农户提供政策性、商业性农险和多种新的保险服务。

二、核心基因提取与评价

基于对材料的全面、深入分析，得出本文化元素的核心基因表述为"'三位一体'农合联制度""供销带动、农商合作的服务平台""信用联动、银农合作的共赢机制"。

供销社"三位一体"综合改革核心文化基因评价依据

评价项目	评价因子	评价依据（特点）	是否
生命力评价	文化基因存续的时间	自出现起延续至今，未曾明显中断	√
		自出现起延续至今，但多次衰微、中断后复兴	
		曾明显衰败，改革开放后开始复兴或历史溯源关键环节缺失，难以考证	
		文化形态主体已灭失，现存部分痕迹	
	文化基因的稳定性	在发展过程中保持相当稳定的状态	√
		在发展过程中存在明显的精神内涵、表现形式剧变	
凝聚力评价	文化基因的凝聚力及社会动员效果	曾广泛凝聚起区域群体的力量，显著推动过社会经济文化的发展	√
		曾部分凝聚起区域群体力量，对社会经济文化的发展产生过影响	
		凝聚过力量，创造过实际的发展动能，但未见对社会经济文化发展产生显著改变	
		仅在历史文献或口耳相传中存在，未见实际介入社会经济发展	

评价项目	评价因子	评价依据（特点）	是否
影响力评价	辐射的范围	具有全国性、世界性的影响力	√
		具有长三角区域、浙江省影响力	
		具有市县、乡镇影响力	
	提炼的高度	已经被古代文人士大夫和当代学者提炼为精神符号和理念理论	√
		单纯的样式、造型、工艺技术规范	
发展力评价	与当代精神追求和价值观念的契合	传统文化基因得到创造性转化、创新性发展；区域革命文化基因被完整继承、广泛弘扬；区域社会主义先进文化基因成为与浙江"三个地"相适应的文化高地	√
		部分转化、部分弘扬、部分发展	
		难以转化、难以弘扬、难以发展	

说明：基因特点评价是对解码出来的基因，根据本《导则》表 2 的要求，围绕"四个力"逐一对表打"√"，进行定性表述

（一）生命力评价

生产、供销、信用"三位一体"农村新型合作经济组织发展动力有内源动力和外源动力。一是内源动力，是自下而上的发展，但其演化路径则可能各有不同，这取决于农户（合作社）对资金、技术、流通渠道的需求先后与层次不同。瑞安实践证明，一些有条件的合作社可通过自下而上的不断演化取得成功。二是外源动力，是自上而下的构建，即政府通过强制力推行"三位一体"，将多元利益主体囊括进新型农村合作体系中，所牵涉的多元利益主体错综复杂，既有合作社之间、也有农户之间、更有政府职能部门之间的利益纠葛，涉及历史遗留问题、体制机制障碍、合作社发展不规范、公共配套服务不到位及农村农业的一些痼疾等方方面面的问题，可能掣肘"三位一体"农村

新型合作体系建设与发展。因此,"三位一体"需要在政府的引导下推动,但必须坚持群众自愿的原则,处理好各主体之间的利益关系,完善利益分配机制;全面贯彻落实"民办、民管、民受益"原则,积极发挥市场在资源配置中的决定性作用,在有条件的农民合作组织内部融合发展生产、供销、信用"三位一体"综合合作。瑞安实践证明,以农村新型合作经济组织为龙头建构的"三位一体"农村新型合作体系,可惠及更多的农户。

(二)凝聚力评价

瑞安市农协于 2006 年 3 月 25 日在政府主导下成立,农协内设供销部、信用部、科技部,依托合作金融致力于为农服务,由核心会员(全市性或区域性联社、专业团体)、基本会员(各类基层合作经济组织、农业企业等)、联系会员(农户、个人或其他农业生产经营组织)、附属会员(合作社农户社员或其他农业生产经营组织)、会员小组、预备会员(全市农户)等组成。其主要功能是调动供销联社、合作银行的积极性,引入农业局、科技局、科协、农办、民政局、司法局、

经贸局和当地人民银行、银监办的支持,结合基层农民专业合作社、村经济合作社等,整合体制内外多方面的资源。瑞安市农协推动农村各类合作经济组织的培育、规范和发展,农民专业合作、供销合作、信用合作"三位一体",组织农村各级各类合作组织通过合作联合,实现自我服务、共同发展、共同维护自身的合法权益。但由于利益主体多元,每一个部门的背后都是微妙的利益博弈过程。当时,供销联社自称为先导和骨干;合作银行则强调以金融为核心;科协、科技局提出以科技为支撑;农办、农业局则定位于业务主管部门。各部门都有自己的利益诉求,企求在"三位一体"合作体系中居主导地位,导致各方利益无法得到很好的协调。瑞安市农协成立初期遇到诸多难题,无法继续推进。此时以政府强制力推进的联合,首先要理顺主体内部之间的利益关系,才能更好地将"三位一体"农村经济合作组织引向规范化发展的道路。

(三)影响力评价

瑞安作为温州模式的重要发祥地,其经济市场化和民营化程度在全国首

屈一指。20世纪80年代初期，我国农村普遍推行家庭联产承包责任制，并取得了巨大成就，瑞安亦遥遥领先，但以家庭承包经营为基础、统分结合的双层经营体制的最初构想并未在瑞安真正得到落实。特别是进入21世纪以来，原有的政策设计所带来的红利已释放殆尽，随着农村大量劳动力向城市流动，瑞安农村分有余而统不足的问题空前突出。农村新生劳动力不愿从事简单的务农活动，而真正从事农业生产的却无法形成规模生产，因而农地大量闲置。瑞安市委市政府意识到解决农村问题的紧迫性，高度重视"三农"问题，率全国之先对农村专业合作社、供销社、信用合作社进行改革，通过政策引导与物质奖励措施积极推进农民专业合作社发展。瑞安市域内农村各种合作组织迅速发展，农民组织化程度逐步提高。通过全国试点先行，对瑞安供销社进行改革，于2001年创办了全国首家经济实体型的农村合作经济联合社，探索开展信息、购销、科技、资金、政策五大服务；通过产权制度改革对瑞安农村信用社进行改制，组建农村合作银行。

（四）发展力评价

为了提高区域经济发展水平，地方政府在农业层面加强农业现代化建设，搞好地方特色产品的产业化经营，需要进一步提升农民的组织化程度，构建"三位一体"服务体系，涵盖技术、流通、金融等服务的制度框架设计。其面对的将不再是单个或某些合作社，而是辖区内所有农业部门、合作社、农业龙头企业、农村能人、种养殖大户、普通农户，甚至是金融机构、流通企业等。为了达成地方政府自身的利益诉求，一是执行和落实中央政府关于新型农民合作社发展的各项法律法规与政策措施，对农民合作社发展作出针对性的指导、扶持、服务等；二是在中央政策框架内，指导与督促有关职能部门对农户、农民合作社及有关涉农机构进行整合提升；三是通过地方治理和地方特色主导产业的引导，促进本区域经济的发展水平和农业现代化水平的提升，从而促使与时俱进的新型农民合作组织的产生与发展。

其他涉农职能部门则主要是在中央及地方政府的政策指导下，利用其在资源、人才、技术、信息等方面的优势，指导农民合作社更加规范地发展，并在不同领域给予业务协助及指导。

　　各级政府有动力去推动"三位一体"农村新型合作组织体系的建设与发展。就农民合作社发展而言，政府及其职能部门主要采取的方式为确立相关法律法规、出台政策措施，并通过采用财政、税收、金融等各种手段，整合体制内外各方面资源，引导各级各类相关组织通过合作进行联合提升，形成"三位一体"合作体系，完善金融服务、农产品流通、农业科技等多重功能的联合。

三、核心基因保存

　　"'三位一体'农合联制度""供销带动、农商合作的服务平台""信用联动、银农合作的共赢机制"作为供销社"三位一体"综合改革的核心基因,《三位一体农村新型合作经济组织的动力机制及瑞安实践》《三位一体综合合作的瑞安实践及思考》等 18 篇文字资料保存于瑞安市文化基因解码调查组资料库。

天瑞地安　瑞安文化基因

国旗设计者曾联松

国旗设计者曾联松

曾联松旧照

　　五星红旗迎风飘扬，庄严美丽、鲜艳夺目、光辉灿烂，自中华人民共和国成立之后，五星红旗作为中国国旗，是伟大祖国的象征、中华儿女的寄托。而对于五星红旗的图案设计，大多数人会认为，一定是出自闻名遐迩、才华横溢的美术大师之手，其实不然，它的设计者却只是一位默默无闻的普通员工，他叫曾联松。

　　1917 年，曾联松在瑞安城区的申明亭巷中降生。父亲是公职人员，母亲出身书香门第。家庭的熏陶和在私塾接受的开蒙教育，使曾联松小小年纪便"腹有诗书气自华"。

1928年夏末，曾联松考入瑞安县立初级中学，即如今的浙江省瑞安中学。当时年少的曾联松便展现出了对美术与书法的热忱，写得一手好字。但是，在书生意气的年纪，却遇上了民族危亡的乱世。他目睹祖国山河破碎、人民贫穷落后的悲惨境况，在外国列强肆意蹂躏，华夏大地满目疮痍、民不聊生的社会现实面前，曾联松毅然放弃了对书法艺术的爱好，立志走科学救国的道路。

后来，科学救国的道路未能走通，只好改读经济专业。1936年，曾联松考取中央大学（今南京大学）法学院经济系。国穷民弱，他的理想是，从经济中寻找有效的救助国家的方子。

青年曾联松曾亲身体验过军阀割据、八年离乱，以及国民党反动统治的白色恐怖给中国人民带来的巨大灾难。这使他更加坚定了参与革命的斗争道路。1938年5月，他光荣地加入了中国共产党，成为无产阶级先锋队的其中一员，在党的引导下，开始走上了革命的道路。

抗日战争胜利后，国民党反动派发动了全面内战。根据组织安排，他几经辗转，于1947年进入上海，在"现代经济通讯社"任专职秘书，为中共收集国统区的经济情报。随着解放战争一个又一个的胜利，全国解放已指日可待。黑暗即将过去，曙光就在前头。新中国犹如一轮喷薄而出的红日，很快出现在东方的地平线上。身居上海的曾联松不禁为此激动和兴奋。

不久，上海市也解放了，上海人民沉浸在胜利的喜悦之中。一连数日，人们敲锣打鼓，燃放鞭炮，走上街头游行、扭秧歌，欢庆胜利，欢庆解放！这动人的场面，一次又一次激起了曾联松内心的波澜。

为了设计出国旗图案，曾联松夜以继日，挥汗如雨，伏案描摹。为了绘制出他心目中的国旗图案，曾联松先是反复琢磨国旗图案征集启事的要求，接着又到街上购买了一大捆设计所需的纸张、画笔等各种材料，然后躲到不足10平方米的阁楼里，画画剪剪，度过了一个又一个不眠之夜，设计了一张又一张草图。

据家人回忆，那段时间，曾联松下班以后天天把自己关在阁楼里，看看、写写、画画，就是吃饭也非得妻子三番两次地催促才肯下来，几乎到了废寝忘食的地步。以至于年幼的儿子都对妈妈说，要不要带爸爸去看看病。

那则征稿启事被他不知看了多少遍，条例中对国旗图案的四项要求，他几乎能倒背如流：第一，要有中国特征，如地理、历史、民族、文化等；第二，要有政权特征，工人阶级领导的以工农联盟为基础的人民民主专政；第三，形式为长方形，长阔之比是三比二；第四，色彩以红色为主。从美学观点来说，新中国国旗的设计更需要一个准确、贴切而深刻的立意，他一下子还找不到它的突破口。

有一日，一阵委婉深情的沪剧唱腔从窗外飘来："盼星星，盼月亮，盼来了中国共产党……""星星，星星……"曾联松反复默念，突然找到了灵感：中国共产党是中国人民的大救星，当年红军帽上就有一颗红五星，用五角星这个革命的标志，来作为国旗的主体，很有意义。于是，他决定以五角星象征伟大的中国共产党，小星象征广大人民。人民紧紧地环绕在党的周围，团结战斗，从胜利走向胜利。

关于环绕大星之后的小星数量，曾联松想到，我们伟大祖国有着4000多年灿烂文化，还联想到毛主席在《论人民民主专政》一书中指出人民在当时包括有四个阶级——工人阶级、农民阶级，城市小资产阶级和民族资产阶级，于是决定以四颗小星象征广大人民。其中，每个小星的中心点都通过自己的一个星尖，跟大星的中心点联成一线，以大星导引于前，小星环拱于后，似"众星之拱北辰"，犹鱼水之相融洽，形呈椭圆，浑然一体。把中国共产党是全中国人民的领导核心这个历史的结论显示在旗帜上。他还把五角星设计为黄色，这不仅与象征革命的红色相协调，像红霞一片，金光灿灿，色简而庄严，也表达了中华儿女黄色人种的民族特征。

以五星结构象征政权的考虑定下以后，接着考虑如何表达中国特征。为简洁起见，他将五星结体排成椭圆形，这恰恰和我国疆土的几何图形类似，既表现了中国地理特征，也显得平稳和谐，明朗而有气势。最后设计五星在旗面上的位置。"我剪好大小五颗星，在旗面安排各种布局，注意大小呼应，疏密相间。当安置到左上方时，顿感全局豁然开朗，土地平旷。

咫尺之间，显千里之意，似辰星闪闪居高临下，金碧交辉明媚大地，神州辽阔山河壮丽。凝视着这个图案，我感觉庄严而显华丽，简明而具气势，顿时兴奋得手舞足蹈。"曾联松撰文回忆。

五星红旗的图案就这样定了下来。

接着，曾联松又起草图案说明词。旗面为红色，象征祖国蒸蒸日上。五星为金黄色，象征中华民族的肤色（黄种人）；五星中的大星代表中国共产党（星中的锤头、镰刀代表工农联盟）；四颗小星分别代表工人阶级、农民阶级、城市小资产阶级和民族资产阶级，象征中国人民紧密团结在中国共产党周围；五星构成椭圆形，象征中国疆土之形状……

1949 年 8 月中旬，曾联松将他精心设计的国旗图案，郑重地寄给中国人民政治协商会议筹备会。

在国旗图案评选中，曾联松设计的图案获得了热烈的反响。著名戏剧家田汉拿着五星红旗图案说："依我看，这个设计是不错的。"评选委员会也认为，曾联松设计的图案有新意，美观、大方、简洁，同时也指出了不妥之处，认为大五角星中大可不必出

现锤头、镰刀。负责国旗图案征集的第六小组秘书彭光涵根据大家讨论的意见，将曾联松设计图案上大五角星中的锤头、镰刀删去，并将其列入复选出的 38 个图案之中，编为《国旗图案参考资料》复字第 32 号。1949 年 9 月 27 日，中国人民政治协商会议第一次全体会议一致通过决议，中华人民共和国国旗为五星红旗。

但此时此刻的曾联松却浑然不知。自 1948 年 8 月中旬，他将图案画稿投递到新政协筹备会后不久，他被组织安排到华东供销合作社事业管理局工作。工作伊始，庶事草创，整天忙于事务，投稿一事便不放心上了。

在 1949 年 10 月 1 日开国大典上，毛主席亲手升起了象征新中国诞生的国旗。从此，五星红旗飘扬在天安门广场蔚蓝的天空上，飘扬在广袤的华夏大地上。

五星红旗先后在天安门及全国各地升起，而曾联松在《解放日报》上看到了公布的国旗图案。当时，他心里既激动又惊诧："怎么和我的图案差不多？"但是，他无法确定是不是自己的作品。因为在他设计的国旗图案的大五角星中嵌有锤头和镰刀，而

· 136 ·

公布的国旗图案比他设计的图案更加简洁、更加美观。想想可能是别人的作品，但他很难释怀，心中总留着一个结。

直至1950年9月，他因公赴京开会。会议期间，全国政协派人来找他询问国旗设计情况，他便如实介绍了当时的构思和投稿日期，这才真相大白。原来，评选委员会对曾联松的设计作了部分修改：抽掉了大星中的镰刀斧头，既可使图案简化，又避免给人以模仿苏联国旗的感觉。

曾联松激动万分，欣喜之余，他又接到了中央人民政府委员会办公厅来函，打开一看是1137号文，上书："曾联松先生：你所设计的中华人民共和国国旗，业已采用。兹赠送人民政协纪念刊一册，人民币500万元，分别交邮局和人民银行寄上，作为酬谢你对国家的贡献，并致深切的敬意。"同时，曾联松还收到了中央邀请他参加国庆1周年纪念活动的请柬和1份绸质观礼证。

至此，曾联松才确信他就是国旗设计者。迟到的喜悦令曾联松心跳加快，一个人，一个普通的人，能够为伟大的共和国设计国旗，还有什么比这更值得光荣和自豪呢！曾联松为此作《入选吟》诗一首：

> 和璧混沌璞未开，
> 幸有玉人琢剖才。
> 推敲图案三千幅，
> 五星红旗入选来。

1950年10月1日。曾联松被邀请登上天安门观礼台，胸前佩戴着长条燕尾的观礼证，上为国徽，下为座位号：（台右）0097号。还有"中华人民共和国国庆节庆祝大会观礼证"的字样。在天安门观礼台右侧的第97号座位上，曾联松目睹了由他设计的五星红旗在雄壮的国歌声中冉冉升起，他感慨万千。这位供销合作社人的名字终于和中华人民共和国国旗——五星红旗永远联系在一起。

曾联松回顾过去，"艰难困苦，玉汝于成"，展望未来，峰回路转，气象万千。他曾应一位记者的要求，作了一首《七律·咏五星红旗》，表达他对党中央方针政策的拥护和拳拳爱国的心声：

> 耸立高楼高阙巅，

天安门上舞翩翩。

袂连桃李花烂漫，

袖拂云霞彩万千。

霹雳晴空竞震扰，

滂沱冷雨更相看。

冰霜不减嫣红色，

路转峰回见新天。

此后，曾联松在自己的岗位上默默工作，不事张扬。他觉得自己为新中国尽了一份心意，履行了一个公民的职责，一切都是应该的。然而，新中国将永远记住他的名字——曾联松。

1977年，上海市政协五届二次全体会议通过，增补他为市政协委员。1979年，建国三十周年时，他再次应邀去北京参加庆祝活动。1999年10月19日，曾联松在上海病逝，骨灰暂放在当地龙华烈士陵园。2004年9月，曾联松的骨灰正式入葬上海嘉定长安墓园。电影《共和国之旗》就是讲他的故事。

2019年，瑞安市国旗教育馆建立开馆，为全国首家国旗教育馆，是集国旗科普、红色教育、特色文旅于一体的现代综合展示馆。国旗教育馆将国旗元素与瑞安地域元素、文化元素相融合，展现五星红旗与国旗设计者曾联松先生故乡之间的故事，并以此开发了百余件国旗衍生文创产品，让参观者观有所感、学有所获。

如今，五星红旗已成为我们伟大祖国的象征，祖国各族儿女，都像保护自己的眼珠一样，爱护无数先烈和仁人志士用鲜血染成的红旗；用对祖国的贡献，为五星红旗增光添彩。数十年来，中国人民以许许多多可歌可泣的爱国行为，赋予五星红旗以新的生命力和不朽的内容。

一、要素分解

（一）物质要素
现代化的国旗教育馆

瑞安市国旗教育馆建立于 2019 年，展馆将国旗元素与瑞安地域元素、文化元素相融合，展现五星红旗与国旗设计者曾联松先生故乡之间的故事，并以此开发了百余件国旗衍生文创产品。是一所集国旗科普、红色教育、特色文旅于一体的现代综合展示馆。

（二）精神要素
蓬勃的爱国情怀与激情

学生时代的曾联松就是一位充满爱国激情的热血青年。他眼见旧中国受到外强蹂躏，以及国民党反动统治给中国人民带来的巨大灾难，更加坚定了参与革命的斗争道路。"九一八"事变发生后，他曾和爱国学生一起，走上瑞安街头，宣传抵制日货。1935 年，他又在南京勇敢地参加了响应北京"一二·九"学生运动的集会游行，并且在党的引导下，开始走上了革命的道路。也正是这一份热血激情与经历，让他的心里充满了爱国情愫，也对整个中华民族的革命历程有了更加深刻的认知。满腔的爱国情怀与热血激情，为将来他能够设计出五星红旗奠定了情感基础。

在中国共产党的领导下，人民当家作主的新中国即将诞生，中国历史即将翻开新的一页。为迎接新中国的诞生，《人民日报》《新华日报》《解放日报》等刊登了征求中华人民共和国国旗图案的通知。中华人民共和国的国旗是伟大祖国的象征、中华儿女的寄托。

曾联松认真阅读征集通知，决定投身到这一具有伟大意义的设计工作中去。据曾联松所述，他不是艺术家，也不是从事美术设计的，当时之所以想到去设计国旗图案，完全是出于一种对新中国诞生的喜悦，是一种热切爱国的激情使然。

（三）语言和象征符号

庄严华丽、内涵丰富的红旗图案

曾联松的最大成就，就是设计出了中华人民共和国国旗——五星红旗。在国旗图案评选中，曾联松设计的图案得到了许多委员的好评。最后，评委会将曾联松设计图案上大五角星中的锤头、镰刀删去，其他部分未作任何修改。

曾联松设计的五星红旗图案，经过初选、复选和终选，在2992幅入围图案中脱颖而出。1949年9月27日，中国人民政治协商会议第一次全体会议一致通过决议，中华人民共和国国旗为五星红旗。

曾联松在设计中华人民共和国国旗期间，为了使整个图案更加突出全国人民紧密地团结在伟大的中国共产党周围这一特征，他将每个小星的中心点都通过一个星尖，跟大星的中心点联成一线，把中国共产党是全中国人民的领导核心这个历史的结论显示在旗上。色彩以红色为主，似红霞满天。红色表达热烈的感情，象征革命；配以黄色，灿烂辉煌，一片光明。

从美学的角度来衡量，曾联松的设计颇具特色。他自己曾总结出这样几点：

简与繁——五星的构图注意了以简胜繁，以一当十。如果把许多特征一一罗列出来，未免流于纤细，或者失之繁复，反而难以显示庄严简洁。

小与大——五星所形成的椭圆形，寓有祖国疆土之意，画面虽有限，但联想是广阔的。所谓"物小蕴大，意趣无穷"。

宾与主——五星中的大星与小星，

当然不是指现实生活中的宾主关系，但具有顾盼呼应之情，协调和谐之趣。

静与动——五星的安置，如果处于旗面的中央，由于绝对均衡，则静止呆滞，缺乏生动姿态；置于左上角，则昂然起升，静中寓动，使画面活跃，而且居高临下，带有向外伸展的气势，使视野开阔，"咫尺之内，觉千里之遥"。

长与宽——这是指比例关系。《条例》中规定，"形式为长方形，长宽三与二之比"。按此构图，旗面能适合美感的要求。旗面呈长方形，五星体呈椭圆形，两者均向左右舒展，取势协调。椭圆形作为一个整体，还给人团聚完整和饱满的感受。整个旗面上的五角星、椭圆形和长方形相互结合，比例较为协调，构图比较紧凑，在整体中富于变化而又能取得统一。

红与黄——色彩也会引起人们的联想和感情的反应。红色为暖色或热色，赤日、红光能表达庄严热烈，如革命的积极斗争行为。此外，红色也会引起希望、活跃和喜爱之感。黄色也是暖色，能表达优美、温和、珍贵之感，而且往往可与金色联系起来。我们看到黄色的五星，便有金光闪闪的联想感受。

这就是曾联松当年设计构思的基本情况。

二、核心基因提取与评价

基于对材料的全面、深入分析，得出本文化元素的核心基因表述为："蓬勃的爱国情怀与激情""庄严华丽、内涵丰富的红旗图案"。

国旗设计者曾联松核心文化基因评价依据

评价项目	评价因子	评价依据（特点）	是否
生命力评价	文化基因存续的时间	自出现起延续至今，未曾明显中断	√
		自出现起延续至今，但多次衰微、中断后复兴	
		曾明显衰败，改革开放后开始复兴或历史溯源关键环节缺失，难以考证	
		文化形态主体已灭失，现存部分痕迹	
	文化基因的稳定性	在发展过程中保持相当稳定的状态	√
		在发展过程中存在明显的精神内涵、表现形式剧变	
凝聚力评价	文化基因的凝聚力及社会动员效果	曾广泛凝聚起区域群体的力量，显著推动过社会经济文化的发展	√
		曾部分凝聚起区域群体力量，对社会经济文化的发展产生过影响	
		凝聚过力量，创造过实际的发展动能，但未见对社会经济文化发展产生显著改变	
		仅在历史文献或口耳相传中存在，未见实际介入社会经济发展	

评价项目	评价因子	评价依据（特点）	是否
影响力评价	辐射的范围	具有全国性、世界性的影响力	√
		具有长三角区域、浙江省影响力	
		具有市县、乡镇影响力	
	提炼的高度	已经被古代文人士大夫和当代学者提炼为精神符号和理念理论	√
		单纯的样式、造型、工艺技术规范	
发展力评价	与当代精神追求和价值观念的契合	传统文化基因得到创造性转化、创新性发展；区域革命文化基因被完整继承、广泛弘扬；区域社会主义先进文化基因成为与浙江"三个地"相适应的文化高地	√
		部分转化、部分弘扬、部分发展	
		难以转化、难以弘扬、难以发展	
说明：基因特点评价是对解码出来的基因，根据本《导则》表2的要求，围绕"四个力"逐一对表打"√"，进行定性表述			

（一）生命力评价

"蓬勃的爱国情怀与激情""庄严华丽、内涵丰富的红旗图案"作为国旗设计者曾联松的核心文化基因，文化基因在曾联松设计的五星红旗中得到极大程度的体现。自出现起延续至今，保持相当稳定的状态。五星红旗庄严美丽、鲜艳夺目、光辉灿烂，自中华人民共和国成立之后，五星红旗作为中国国旗，是伟大祖国的象征、中华儿女的寄托。具有强大而稳定的生命力。

（二）凝聚力评价

两大核心文化基因在曾联松设计的五星红旗中得到极大程度的体现，五星红旗广泛凝聚起了中华儿女的力量，显著推动了社会经济文化的发展。五星红旗是伟大祖国的象征、中华儿女的寄托，全国各族人民，正在不断用自己的贡献为五星红旗增光添彩。

（三）影响力评价

两大核心文化基因在曾联松设计的五星红旗中得到极大程度的体现。曾联松设计出的五星红旗作为中华人民共和国国旗，具有全国性、世界性的影响力，且已被提炼为一种精神符号，五星红旗是伟大祖国的象征。祖国各族儿女，都像保护自己的眼珠一样，爱护无数先烈和仁人志士用鲜血染成的红旗；用对祖国的贡献，为五星红旗增光添彩。

（四）发展力评价

两大核心文化基因得到创造性转化、创新性发展；区域革命文化基因被完整继承、广泛弘扬。五星红旗高高飘扬，中国正沿着科学发展的道路，以矫健的步伐，迈向富强、民主、文明、和谐的辉煌未来。同时，瑞安市建立了国旗教育馆，集国旗科普、红色教育、特色文旅于一体的现代综合展示馆。国旗教育馆将国旗元素与瑞安地域元素、文化元素相融合，展现五星红旗与国旗设计者曾联松先生故乡之间的故事，并以此开发了百余件国旗衍生文创产品。

三、核心基因保存

  "蓬勃的爱国情怀与激情""庄严华丽、内涵丰富的红旗图案"作为国旗设计者曾联松的核心基因，文字资料有《曾联松与五星红旗》《曾联松：我设计国旗图案的构思》等 12 项保存于瑞安文化基因解码调查组资料库，图片材料有 20 张保存于瑞安文化基因解码调查组资料库。

玉海楼

天瑞地安　瑞安文化基因

玉海楼

玉海楼

　　玉海楼坐落在瑞安市的东北隅，是我国江南的著名藏书楼之一，清光绪十四年（1888）太仆寺卿孙衣言创建，珍藏着十分丰富的古籍著作。在"琴西世丈以深宁叟（宋王应麟）名其书额其藏书楼，且以公诸后生之能读书者，其用心深厚也。光绪己丑季春年潘祖荫"中，便可得知玉海楼名字的出处。孙衣言之子孙诒让为清末朴学大师，在玉海楼潜心著述20年。现在，玉海楼已成为全国重点文物保护单位。

　　玉海楼如同一个文化坐标，将19世纪的瑞安文化推到了一个前所未有的高度。而玉海楼作为孙诒让的活动场所，也跟随着时间，经历过甲午战争、百日维新运动、义和团运动等重大事件。孙诒让密切关注时事发展，积极投身"兴儒救国"的行列，在寻求富国强民的道路实践过程中，著有《周礼正义》《墨子间诂》《契文举例》三部代表作，以期达到"富强之原，在于兴学"的改良目的。玉海楼为孙诒让治学、研究和发扬永嘉学派的中心和标志，对瑞安的近现代文化发展有着深远的意义与价值。

玉海楼模仿四合院结构形式建造而成，前后为楼房，左右为厢房，楼顶镶龙雕凤，具有典型的浙南大户人家的建筑风格。玉海楼主要由黑色或深灰色的瓦、灰色的墙、青黑色和偏红木色的门窗勾勒而成，凸显出质朴简约、古典深沉的美。这里的天井开阔，夏天常吹东南风，冬天阳光充裕，加之三面环水、树木葱绿，一片湿润的绿色，是少有的古朴清幽之处，给人以幽静舒畅的视觉享受。玉海楼犹如都市中的一片绿荫，繁华中的一座花园，真是青瓦绿树碧水，婉约清新透彻。

玉海楼以木结构为主，砖、瓦、石为辅构建而成。木质结构由立柱、横梁及顺檩等主要构件组成，各构件之间的结点用极富弹性的榫卯结合。从外观上看，每个建筑都有上、中、下三部分组成，上为屋顶，下为基座，中间是柱子或门窗或墙面。在柱子之

上屋檐之下还有一种木块纵横穿插，层层叠叠，错落有致，形成了斗拱特色。园内种植四季花木，古树葱翠；厅内牌匾对联，尽显大家风范。孙氏父子敬慕南宋学者王应麟之通博，取其巨著《玉海》作为楼名，以示藏书"若玉之珍贵，若海之浩瀚"，更有"玉以比德，海崇上善"之意。

从整个建筑群上看，玉海楼由玉海藏书楼、孙诒让故居和百晋陶斋组成，分别坐落在南北相向的三条轴线上，既各成院落，又相互沟通，原总占地面积约8000平方米。玉海楼左临湖滨公园，与绿荫遮天的古榕树遥相辉映；三面环河，东面紧靠古城城基和护城河，又与新玉海广场、万松路相衔接，位置优越，环境幽美。玉海楼坐北朝南，前后两进各五间，左右回廊，前后相通。其中孙诒让故居的建筑更是别具一格，平面布局由门厅、花厅、正楼三进和左右厢楼、子房、半坡廊以及后花园构成，并由天井分开，排列在同一纵轴线上，左右对称，四柱成间，继承了传统的定例。环境幽雅，景物相宜，规模宏大，保存完整，集藏书楼、优秀民居和私家园林于一体，整个建筑群古朴典雅，端庄文静

而不失大气。在清代名人纪念建筑中实不多见，形成了浓厚的浙南地方特色。

玉海楼的建筑特色还表现在其适用于藏书的安全性。孙衣言将藏书楼取名"玉海"，就包含有"以水克火"的意思。因而玉海楼在建筑设计上就考虑到了防火、防潮、通风和防盗。玉海楼的四周具有高大的防火墙，建造时又加高了台基，地势比较高亢，发挥出干燥、耐潮湿的功效。玉海楼和故居的四周都有河道和池塘，这对玉海楼的藏书和防火有着积极的作用，显示出古人强大的聪明智慧和创造才能。

一、要素分解

（一）物质要素

玉海藏书楼、孙诒让故居和百晋陶斋

玉海楼由玉海藏书楼、孙诒让故居和百晋陶斋组成，坐北朝南，前后两进各五间，左右回廊，前后相通。其中孙诒让故居的建筑更是别具一格，平面布局由门厅、花厅、正楼三进和左右厢楼、子房、半坡廊以及后花园构成，并由天井分开，排列在同一纵轴线上，左右对称，四柱成间，继承了传统的定例。玉海楼和故居的四周都有河道和池塘，这对玉海楼的藏书和防火有着积极的作用，显示出古人强大的聪明智慧和创造才能。

（二）精神要素

经世致用的永嘉学派思想

孙氏父子深受当时永嘉学派经世致用思想的影响，主张"学无中西，惟求有用"，兴教育，办实业，以振兴永嘉学派、复兴乡邦传统文化为己任。因此，广泛搜索和收藏乡邦文献，是他们父子二人尤为着力的方向。温州地区是永嘉学派的发源地，《永嘉丛书》共收录13种永嘉学派的重要著作，是了解当地历史文化、学术传统的宝贵资料和重要文献。孙衣言很重视学术氛围对地域风气的引领作用，因此辑录《永嘉丛书》时，在

资料的选择上非常严格，其所收录的作者，不仅学术成就卓著，更强调其学术人品的精纯拔萃。同时在资料的校勘上亦十分精慎，搜罗各种版本，广泛参考历代文献，精心考订，广受学术界的推重和好评，对于推动沉寂已久的永嘉之学在清代的复兴，具有积极的意义。因此可以说，孙氏父子及其玉海楼，在保存永嘉学派著作典籍、传承永嘉学派学术精神、培养永嘉学派后继人才等方面，发挥了重要作用。

（三）制度要素

1.结构紧凑、错落有致的建筑风格

玉海楼整体建筑结构紧凑，错落有致。前后三进，后有花园，其建筑集藏书楼功能、浙南优秀民居特点和私家园林风范于一体。它由藏书楼、百晋陶斋、孙诒让故居三部分组成。三组建筑均坐北朝南，从东向西依次为玉海楼、百晋陶斋、孙诒让故居，它们既自成院落，又互为贯通。整组建筑群占地面积约8000平方米，布局紧凑，环境典雅，建筑风格极富地方特色。

2.严谨的藏书秩序和规范

《玉海楼藏书规约》条目众多，内容基本可以概括为贮藏、流通、阅读三个部分。对于如何保藏书籍，孙氏可谓细致。《玉海楼藏书规约》借鉴了其他知名藏书家的先例，规范了藏书柜的形制、书柜的排序方式、防虫除垢的方法乃至曝晒、修复各方面的内容。购置及保存图书所需的经费由专款承担。"今拨入荡园二百亩，另每年租息约近二百千左右"，由孙诒让收管，每年从中支取费用以承担补买书籍、刊书、抄书等各种开支。孙衣言留下安排，命从此以后玉海楼的管理均由二房即孙诒让子孙中"择其敦书好学者一人或数人谨慎掌理之"，明言"不许分藏"，可见其对家族共产完整性的重视。

相较于保藏，对借阅流通乃至阅读方法，孙氏要求更为严格。关于借阅流程，他要求：

楼中书籍不许管书人私自携出或借出。如有各房子弟或外人来阅，先具一字条，开明何书，陈报主人，经许可后乃借之。然亦只许逐日在楼下坐阅，首函阅毕，再行换给次函，不得一次全部取出。其无函无套者，每

次给予四五本，阅过换取。管书人应备号簿一本，登明某人某日借阅楼上某书，归还之日，注明销号。所借书从何架何叠取出，归还时仍放原处，不得随手放置，致有错乱散失。

藏书家以珍藏为第一要务，孙氏亦不外于此。虽云开放，实际上只是相对于秘不示人者较为开通，一度以书不出楼为基本要求。据孙氏后人所述，直至孙衣言过世，孙诒让对来阅诸人更为宽容，方允许登记取出。

（四）语言与象征符号

"玉成桃李，海涌波澜"的形象

玉海楼始建，即耸立起一座瑞安文化地标，以孙衣言、孙诒让为代表的领军人物，将19世纪的瑞安文化推到了一个前所未有的高度。他们上接王开祖、林石、周行己、许景衡、陈傅良、叶适等开创的永嘉学派，后启晚清东瓯务实创新的事功学说。特别是孙诒让，身体力行，革故鼎新。郭沫若誉他为"启后承前一巨儒"。"先生于礼学至博，独步海内，与事虽有今古文之殊，然不能不叹服之。"这是康有为对孙诒让的褒奖。而章炳麟对孙诒让更是赞赏有加："其精专足以摩致姬汉，三百年绝等双矣。"

玉海楼具有集浙南民居住宅和私家园林风范为一体的建筑风格，是浙南地区乡土建筑的典范。孙诒让故居的台门两旁有手写对联"颐园松菊；玉海图书"；百晋陶斋里有孙衣言所写对联"务求知古如君举；尤喜能文似水心"；客厅中堂悬挂的蓝地金色大匾额上写有"兄弟重游泮水，光绪十九年浙江学政陈彝立"。郭沫若题联"玉成桃李；海涌波澜"，将玉海楼的特色表达得一览无余，也体现了玉海楼的文化气息与文化地位。

二、核心基因提取与评价

基于对材料的全面、深入分析，得出本文化元素的核心基因表述为："丰富的图书储备""经世致用的永嘉学派思想""'玉成桃李，海涌波澜'的形象"。

玉海楼核心文化基因评价依据

评价项目	评价因子	评价依据（特点）	是否
生命力评价	文化基因存续的时间	自出现起延续至今，未曾明显中断	√
		自出现起延续至今，但多次衰微、中断后复兴	
		曾明显衰败，改革开放后开始复兴或历史溯源关键环节缺失，难以考证	
		文化形态主体已灭失，现存部分痕迹	
	文化基因的稳定性	在发展过程中保持相当稳定的状态	√
		在发展过程中存在明显的精神内涵、表现形式剧变	
凝聚力评价	文化基因的凝聚力及社会动员效果	曾广泛凝聚起区域群体的力量，显著推动过社会经济文化的发展	√
		曾部分凝聚起区域群体力量，对社会经济文化的发展产生过影响	
		凝聚过力量，创造过实际的发展动能，但未见对社会经济文化发展产生显著改变	
		仅在历史文献或口耳相传中存在，未见实际介入社会经济发展	

续表

评价项目	评价因子	评价依据（特点）	是否
影响力评价	辐射的范围	具有全国性、世界性的影响力	√
		具有长三角区域、浙江省影响力	
		具有市县、乡镇影响力	
	提炼的高度	已经被古代文人士大夫和当代学者提炼为精神符号和理念理论	√
		单纯的样式、造型、工艺技术规范	
发展力评价	与当代精神追求和价值观念的契合	传统文化基因得到创造性转化、创新性发展；区域革命文化基因被完整继承、广泛弘扬；区域社会主义先进文化基因成为与浙江"三个地"相适应的文化高地	√
		部分转化、部分弘扬、部分发展	
		难以转化、难以弘扬、难以发展	

说明：基因特点评价是对解码出来的基因，根据本《导则》表 2 的要求，围绕"四个力"逐一对表打"√"，进行定性表述

（一）生命力评价

玉海楼是清代朴学大师孙诒让的藏书楼，不仅是瑞安众多藏书楼中首屈一指的私家藏书楼，更是浙江四大藏书楼之一。在鼎盛时期，玉海楼曾有八九万册书籍，大多是名家手校本、手抄本、批校本和稿本。据传，孙衣言制订的"藏书规约"非常严格，允许有志青年入楼阅读，但禁止任何人携书出楼，甚至对看书的姿势也作出一定的规定，如不能靠着看，不能侧着看，不能倚着看，不能躺着看，不能单脚站着看，不能用指甲掐书的中缝，不能用指肚蘸唾沫翻书……民间传说孙诒让曾三年不下楼，甚至练成了黑暗中摸准任何一本书的功夫。玉海楼藏书经历岁月的动荡后有所损失，现在藏书 3 万多册，其中珍

藏本 4 千册，以"多名家批校本、多瓯越地方文献，多孙氏父子手批手校本"为特色而闻名于世。

玉海楼于 2010 年申报国家珍贵古籍，在 20 部古籍材料中，15 部古籍入选"国宝"名单。其中最早的为北宋刻本《大随求陀罗尼神咒经》。另外的 14 部古籍为《五子书》八卷、《墨子间诂》十五卷、《说郛》一百卷、《唐陆宣公集》二十四卷、《朱文公校昌黎先生文集》四十卷、《昌黎先生集》四十卷、《止斋先生文集》五十二卷、《黄文简公介庵集》十二卷、《逊志斋集》三十卷、《杨文敏公集》二十五卷、《鹤泉集》不分卷、《孙琴西文稿》一卷、《孙琴西娱老词稿》一卷、《春在堂杂诗》一卷。这是瑞安市文化建设的荣誉，也让玉海楼馆藏档次达到了国家级水平，同时为后人研究温州地方历史文化提供了方便。

玉海楼不以私家藏书楼自居，在供自家阅读的同时，也对外开放，这对发展地方文化起到很大的作用。当地青年项骧出身贫寒，十分钟爱玉海楼藏书，后考入南洋公学，与邵力子、黄炎培、于右任等为同学，后赴美获哥伦比亚大学攻读经济学。牧童出身的李笠，有空便到玉海楼读书，学业大进，后历任中山、南开、复旦大学教授，为著名的校勘家。玉海楼的作用已经远远超出原来造楼的目的。

玉海藏书作为文化遗产，更有值得后人观赏、学习、研究的价值。近些年，通过玉海楼楼下 4 个居室，每年都会举办或引进内容丰富的临时展览，开展下乡巡展，宣扬玉海文化。玉海楼必将哺育一代代瑞安人，传播历史文化，同时担负起对于典籍、文物、图书的收藏、保护管理和开发利用的重任，对瑞安文化的探索、研究、发扬等作出不可磨灭的贡献。

（二）凝聚力评价

《玉海楼藏书规约》所订立的不仅是针对藏书的书籍秩序，更是针对使用者所制订的一系列阅读秩序。它的实际效用是与推广永嘉之学相配合，起到重塑家族地方形象的效用。这种通过占有藏书以塑造家族风气的做法在士绅间并不罕见，祁承《澹生堂藏书约》言："养子弟如养芝兰，既积学以培植之，又积善以滋润之。"藏书中隐含着的积学积善的文化内涵也是士绅们不惜重金开辟专门空间存储的原因之一，读书即是发挥其内涵的方法。在《玉海楼藏书规约》中，孙衣言申扬其所倾心的宋儒读书为学之法，力斥其眼中的歧途末流。一方面从学问角度抨击"今日读此册未毕，明日又欲换别书"的具体做法，一方面对由科举主导的求学体系发起质疑。相较于诒善祠塾对科举体系的遵守，藏书的个人性、私有性给予孙衣言更大的自由度以阐扬自己的个人读书见解，也给其更充足的底气以引导者之姿尝试奠定具有一定辐射力的独树一帜的学风。

玉海楼是孙衣言编织地方文化权力网络的纽带，每个参与者都是这一网络的组成部分。参与的具体形式除了使用玉海楼的藏书，还有对孙氏书籍专家身份的支持。比如，与孙氏交好且以书法著称的李文田即以题写"经微室"与"玉海楼书藏"匾额的方式表示对孙氏文化权威的认可。时任要职的潘祖荫也曾亲题"玉海楼"三字隶额，并留跋"琴西世丈，以深宁叟名其书者颜其藏书楼，且以公诸乡里后生之能读者，其用意深厚已"，表示官绅圈子对孙衣言在地方文教中领袖地位的认同。

（三）影响力评价

玉海楼建筑古朴，苍翠大树绿荫遮空，庭院整洁幽静醉人，是孙诒让藏书、治学、著述、研究和发扬永嘉学派的场所，历史源远流长，文化底蕴深厚，吸引了众多海内外专家、学者和各界人士纷至沓来，如郭沫若、胡乔木、费孝通、许嘉璐等国家领导人曾亲临视察、题词，毛昭晰、张文彬、罗哲文、张柏、史树青等知名专家、学者也相继前来参观，还有来自美国、英国、法国、德国、日本及中国港、澳、台等十多个国家和地区的数百名专家、教授，也络绎慕名来玉海楼瞻仰和访问。著名古建筑专家罗哲文教授称赞玉海楼为"国之瑰宝"。

1993年12月8日，玉海楼（含孙诒让故居）被推荐申报列于第四批全国重点文物保护单位。1996年11月20日，国务院公布玉海楼（含孙诒让故居）为全国重点文物保护单位。

（四）发展力评价

新中国成立后，瑞安政府重视文物保管，投入数百万元对玉海楼进行了7次保护维修，栽松莳花，美化环境，征集流散在外的图书以及文物、字画，收藏在楼上,楼下则作为文物陈列室。1996 年开辟孙诒让纪念馆,陈列孙氏生平事迹,举办各类展览;摆设的名人字画,悬挂的名人楹联,展现的民俗文物,增添了玉海楼文化内涵和艺术风采。同年,玉海楼被国务院列为全国重点文物保护单位,1997 年被命名为浙江省爱国主义教育基地。还相应获得"文明单位""主题教育优秀奖""浙江省文化建设示范点"等荣誉。如今玉海楼还兼作瑞安市文物保护管理所办公场所,担负文物、图书保护管理和开发利用的任务。现在走进玉海楼,河畔古树苍翠,楼前绿荫蔽空,庭院整洁清幽,四季花木,芬芳醉人。玉海楼已然成为东海之滨的一颗璀璨明珠。

玉海楼文化体现了瑞安丰富的历史遗存、深厚的文化底蕴和独特的古城风貌,以其极具个性的神韵,传承着千年文明脉络,滋养着瑞安历代百姓,招揽着五湖四海的游人墨客。玉海楼从其建造以来,不仅对瑞安文化的传承建设拥有不可磨灭的历史作用,更是瑞安经济发展、社会建设的标志核心,是孙诒让报效社会、实业救国的战斗根据地。

三、核心基因保存

　　"丰富的图书储备""经世致用的永嘉学派思想""'玉成桃李，海涌波澜'的形象"作为玉海楼的核心基因，《玉海楼藏书特色》《玉海楼》等 14 篇文字资料保存于瑞安市文化基因解码调查组资料库。出版物和古文古籍有《玉海楼藏书规约》等。

心兰书社

天瑞地安　瑞安文化基因

心兰书社

心兰书社位于瑞安市玉海街道公园路 150 号，坐落于公园路的西端。心兰书社是一座会馆式建筑，其前身是瑞安清末公共藏书之所，于清同治十一年（1872）由许启畴会同陈黻宸、金鸣昌、陈虬、陈国桢、林香史、胡调元等 26 名当地名流绅士合资创建，可谓是瑞安文化的一座丰碑。其始建时间比北京同文图书馆早 15 年，比上海强学会图书馆早 23 年，它的建立可谓开了全国公共图书馆之先河。

心兰书社的建立，与当时的历史文化背景有关。

首先，心兰书社解决了当时下层士绅图书资源极度欠缺的问题。温州地处偏僻，晚清时期藏书家少，一般读书人不易从藏书家那里借到书，因而常常无书可读。当时，在温州只有那些家资雄厚的大士绅才拥有丰富的藏书，其中尤为著名者是瑞安项家和孙家。孙延钊在《孙衣言孙诒让父子年谱》一文中写道："盖自同治戊辰，衣言复出为监司江南，清俸节余，辄命诒让购求善本经籍。力不能得者，或假校异同，未有刻本者，则传写副帙，累十余年，积数万卷。时玉海楼未建，暂庋于诒善祠塾东之逊学斋。道、咸以来，瑞安藏书人家稍著者，有项雁湖霁之水仙亭及其弟几山傅霖之株树楼等。至是逊学斋插架之盛，乃冠绝于温州一郡矣。"其中的"衣言"指的是孙衣言（1815—1894），道光三十年进士，官至太仆寺卿，"诒让"指的是晚清经学大师孙诒让。从这段材料可见，在道光、咸丰年间，项霁、项傅霖兄弟建有两个藏书楼——水仙亭和株树楼，而孙家逊学斋的藏书量则为温州第一。

与世家大族形成鲜明对照的是下层士绅的窘境。晚清著名维新志士陈虬在论及心兰书社形成原因时说："瑞安值全浙尽处，由省垣东南行，历婺、括万山入东瓯，而县治屹然斗出滨大江，风气阻上郡，故邑鲜以文学、功名自见。其奇英多之士，皆苦无书可读。邑既鲜藏书家，非雅有故者，又不易借。吾友许拙学先生于光绪壬申尝首创心兰书社，同人以为便。"文中提到心兰书社的发起人许启畴（1839—1886）一生博学多才，是当时浙南著名的中医师和书法篆刻家。他思想进步，擅中医和书画，会同邑人陈虬、陈国桢等发起创办"心兰书社"的一个重要目的就是拿出自己的藏书，让家境贫寒且好读书之青年免费到书社阅读。

心兰书社的建立，还得益于永嘉之学的复兴浪潮。下层士绅在地方社会中，由于财力的匮乏，在政治上受到政府机构的管束，在文化权力格局上受制于世家大族，其整体的性格一般比较被动。瑞安下层士绅创设心兰书社所表现出来的积极性，其精神动力来自永嘉之学。

在南宋时期，以郑伯熊、陈傅良、叶适等温州人为代表的思想家和学者群星璀璨，永嘉学派成为与陆九渊心学和朱熹理学鼎足而三的具有全国性影响的学术流派，温州也成为大宋的学术、思想中心之一。但由于复杂的政治、文化因素的影响，自元以后永嘉之学趋于消隐，著作也日渐散佚。晚清以来，随着永嘉之学复兴运动的扩展，大量"布衣士绅"也积极参与永嘉之学、永嘉精神的宣讲阐发。在永嘉之学的滋养和熏染下，温州出现了一批以天下为己任的入世很深的经世之士。永嘉之学使原本比较消极的"布衣"获得了一种异乎寻常的积极性格。概而言之，永嘉学术的复兴激活了他们的主体意识，他们积极入世，关心社会、关心国家、关心世变，显示了一种积极向上的性格。

心兰书社自建立之初，就建立起严格的运营机制，其管理模式接近现代图书馆。陈虬的《拟广心兰书院藏书引》载："定议之初，人约二十家，家先出钱十五千，合三百金购置书籍。续置有隔江涂田数十亩，岁近又可得数十千，益务恢广。"心兰书社以"三百金"的启动资金，不断购进田亩，以这些田亩出租所得收入来维持书社的正常运行和扩大规模，形成完整的资金链。比起日后那种主要靠捐款或请官员和政府的拨款来维持生存的学院图书室，心兰书社的生命力要强得多。一般的学会图书馆在成立之初，会员

们热血沸腾，表面轰轰烈烈，声响很大，当然也有些许成效，但不久之后就难以为继。心兰书社的会员们齐心协力，通过出租田地所得的租金来增购书籍，给书社的可持续性发展开辟了新的途径。另外，书社还推出了"信用借阅"的新理念，免费向瑞安以及周边人士开放，每人每次限借一本，如果所借书刊在借阅时间丢失或逾期不还，即登记在册，今后取消借书资格。

心兰书社的创办使下层士绅获得了优越的阅读条件，同时，书社也成为一个阅读者借以互相交流、互相学习、互相砥砺的处所，推动了当地文化的发展。

由于心兰书社的卓著成效，兴办不久"云江之南渐有仿行者"。这里的"云江"指的是流经瑞安境内的飞云江。心兰书社的诞生与永嘉之学有着很大的关系，反过来，心兰书社的出现也大有益于振兴永嘉之学，推进维新改革事业，对瑞安风气的形成、瑞安民智的开启起了重大作用。一个鲜明的标志是瑞安人买书、阅报蔚然成风。晚清著名思想家宋恕说："及同光间，随院书商则皆言浙属购书之数，温之瑞最多矣；乙未后新出之事

报、学报，其购书亦然云。盖昭昭之效也。"另外，《时务报》报馆的统计资料也表明，在县级行政区中，瑞安县阅读报纸的人最多。

与传统的秘不示人的"藏书楼"相比，心兰书社在我国图书馆事业发展史上迈出了关键的一步。它的创立，在世人面前呈现了一个"开放"的藏书楼，让"一人书变成万人书"，从而使心兰书社披上了具有我国近代公共图书馆特征的新装。开放的书社，广纳友人的读书联谊会不仅为会员提供了学习交流的平台，也让越来越多的有学之士加入享受瑞安文化资源的队伍中。在性质上，心兰书社已具备供读者共同使用的近代图书馆的特点，可视为近代图书馆的先声；在读者对象上，心兰书社突破了封建藏书楼"秘不示人"的惯例，扩大了读者范围——社会士大夫和部分市民；在购书资金上，心兰书社突破了封建藏书楼的购书方式，除会员合资购书外，还通过合资购买田地，用出租田地所得的资金来购买新书，这在当时是非常超前的市场化运作方式；在管理制度上，心兰书社也脱离了私人藏书楼的束缚，采取了资源共享、共同管理和维护的

初具现代规模的图书馆管理制度。

从清末到民国，心兰书社历经风雨沧桑数十年，几乎不复存在。从2011年起，瑞安市政府开始着手对心兰书社的修缮工作。2011年1月7日，心兰书社被浙江省人民政府列入第六批浙江省文物保护单位。2011年4月，心兰书社开始修缮，直至2014年9月修缮、装修完成并设立了展示功能，开始对外免费开放。

据了解，瑞安市名城办在修缮过程中严格遵守不改变文物原状的原则，秉持修旧如旧，按照原形制、原结构、原工艺、原材料进行修缮施工，最大可能保留和恢复建筑原有风貌。为保护历史文化，心兰书社地坪标高未随着周边工程建设而抬高，依旧保持原高度。心兰书社遗址修缮后和之前相比大为改观，基本恢复了原貌。书社灰瓦白墙，前门后廊，廊间立着方柱，柱与柱顶部有拱形连接，是典型的清末民初中西合璧式的风格。书社整个平面呈"凸"字形。面阔五间，进深三间，占地面积 280 平方米。

修缮之后的心兰书社遗址大门朝南，正中间是一处大厅，厅内有一面高约 3 米的平面雕塑，描绘当年文人

学子借阅图书的景象。厅中两侧有两个小间，里面放着书架，并有借书窗口。书社西面的厢房则摆放着清式桌椅，类似现在图书馆的阅览室，午后阳光透过三扇长窗照进室内，采光很好。

修缮后的书社，较好地采用了同传统协调的材料，在布展的同时保留了文物建筑原有形制。展厅布展使用可逆原则，不附加破坏原有梁架和柱子，保留了原有的地面、梁架和门窗等。展厅内的展架为独立设置的柜架，照明使用低压弱电供电照明，以及重量轻、发热量小、风貌协调、高效节能的照明设施。管线铺设尽量隐蔽，避免敷设于建筑外立面，减少与建筑本体连接点。电气电路有防潮、防火保护，采用耐火阻燃铜导线，并设金属套管保护。基础设施选择时注意与建筑风貌协调，并采取合适的隐蔽措施。

2016 年，心兰书社由旧城办转为瑞安市文广旅体局管辖。心兰书社要恢复原来的借阅功能，才算是有了生命力。于是，在靠街边的一个明亮的大房间，开辟出一个图书阅览和借阅的公共区域，心兰书社以瑞安市图书馆分馆的形式，"名正言顺"地每天向市民开放。

为了进一步复原当年心兰书社的藏书场景和氛围，还将心兰书社的一个空房间布置成了古籍展示室，将100 多册清乾隆年间至民国时期的古籍陈列在内，免费供广大市民参观。

随着"玉海缥缃"城市书房项目的启动，2017 年，心兰书社也成为瑞安市首批开放的城市书房之一。不仅如此，如今的心兰书社还兼备了文化驿站的功能，艺术文化活动丰盛，氛围浓烈。许多瑞安的知名人士走进书社，以讲座或对话、演出等多种形式，与市民进行文化的交流碰撞。

心兰书社是瑞安的文化窗口之一，是瑞安文化的宣传阵地。心兰书社不仅要做到传承文脉，还原当年浓厚的学习氛围，还要集聚民间文化的力量，分享给更多的人并帮助到他们。这也正是心兰书社创立的初衷。

一、要素分解

（一）物质要素

1. 丰富的社内藏书

温州地处偏僻，晚清时期藏书家少，一般读书人不易从藏书家那里借到书，因而常常无书可读。当时，在温州只有那些家资雄厚的大士绅才拥有丰富的藏书，其中尤为著名者是瑞安项家和孙家。心兰书社的发起人许启畴，会同邑人陈虬、陈国桢等发起创办"心兰书社"的一个重要目的就是拿出自己的藏书，让家境贫寒且好读书之青年免费到书社阅读。

2. 中西合璧的洋房建筑

心兰书社为洋房式建筑，具有浓厚的中西合璧的建筑风格和特征。书社灰瓦白墙，前门后廊，廊间立着方柱，柱与柱顶部有拱形连接，是典型的清末民初中西合璧式的风格。书社整个平面呈"凸"字形。面阔五间，进深三间，占地面积 280 平方米。书社坐北朝南，面阔五间，进深三间，通面阔 13.9 米，明间 5.1 米，次间 2.7 米，梢间 1.44 米，各间原都开拱形洞门。书社后面有廊五间，通面阔 22 米，明间 5.05 米，次间 4.19 米，梢间 4.1 米，廊宽 1.3 米，后廊山墙开椭圆形窗。屋面为歇山顶，盖阴阳合瓦。无论从建筑格局和外立面建筑特色，都具有较高的建筑艺术，对于研究浙南地区近现代建筑艺术有一定的研究价值。

（二）精神要素

1.经世致用的永嘉学派思想

心兰书社的诞生与永嘉学派之学风有着渊源的关系，反过来，心兰书社的出现也大有益于振兴永嘉学派，推进维新改革事业，对瑞安的风气起了重大作用。尤其对陈虬和陈黻宸日后成为全国性影响的维新志士，具有重要的影响。晚清以来，随着永嘉之学复兴运动的扩展，大量"布衣士绅"也积极参与永嘉之学、永嘉精神的宣讲阐发。在永嘉之学的滋养和熏染下，温州出现了一批以天下为己任入世很深的经世之士。永嘉之学使原本比较消极的"布衣"获得了一种异乎寻常的积极性格。他们感觉到有一种值得他们去投入和尽力追求的价值。正是这样的追求与价值，促使他们开设了心兰书社，也促进了永嘉之学的进一步发展与思想格局的扩大。

2.广纳贤才、共同学习的创社理念

心兰书社的创办使这些下层士绅获得了优越的阅读条件，同时，这个书社也不仅仅是一个借书还书的地方，也是一个阅读者互相交流、互相学习、互相砥砺的处所。开放的书社、广纳友人的读书联谊会不仅为会员提供了学习交流的平台，也让越来越多的有学之士加入享受瑞安文化资源的队伍中。书社成立次年，成员陈国桢中拔贡。十二年后"登贤书者踵相接"，"五科之内蝉联鹊起"。在那个时代，在仕途、学业上取得巨大成就的瑞安学者，无不得益于心兰书社。心兰书社还促进了实学的精进。光绪七年（1881），以心兰书社的同仁为核心成立了一个团体，叫求志社。主干成员有陈虬、许启畴、陈黻宸等。社员极一时之盛，皆能修明绝学，供世驰驱，自天官、舆地、典礼、乐律、文章、掌故，以及算数、医卜、书画、篆刻、刺击、骑射等，皆有所长，挟一艺以自赡。

（三）制度要素

科学高效的运营管理模式

心兰书社靠集资"三百金"的启动资金，同时又不断购进田亩，以这些田亩出租所得收入来维持书社的正常运行和扩大规模，形成完整的资金链。心兰书社的会员们齐心协力，通过出租田地所得的租金来增购书籍，

给书社的可持续性发展开辟了新的途径。另外，书社还推出了"信用借阅"的新理念，免费向瑞安以及周边人士开放，每人每次限借一本，如果所借书刊在借阅时间丢失或逾期不还，即登记在册，今后取消借书资格。

二、核心基因提取与评价

基于对材料的全面、深入分析，得出本文化元素的核心基因表述为："丰富的社内藏书""广纳贤才、共同学习的创社理念""科学高效的运营管理模式"。

心兰书社核心文化基因评价依据

评价项目	评价因子	评价依据（特点）	是否
生命力评价	文化基因存续的时间	自出现起延续至今，未曾明显中断	
		自出现起延续至今，但多次衰微、中断后复兴	√
		曾明显衰败，改革开放后开始复兴或历史溯源关键环节缺失，难以考证	
		文化形态主体已灭失，现存部分痕迹	
	文化基因的稳定性	在发展过程中保持相当稳定的状态	√
		在发展过程中存在明显的精神内涵、表现形式剧变	
凝聚力评价	文化基因的凝聚力及社会动员效果	曾广泛凝聚起区域群体的力量，显著推动过社会经济文化的发展	√
		曾部分凝聚起区域群体力量，对社会经济文化的发展产生过影响	
		凝聚过力量，创造过实际的发展动能，但未见对社会经济文化发展产生显著改变	
		仅在历史文献或口耳相传中存在，未见实际介入社会经济发展	

续表

评价项目	评价因子	评价依据（特点）	是否
影响力评价	辐射的范围	具有全国性、世界性的影响力	
		具有长三角区域、浙江省影响力	
		具有市县、乡镇影响力	√
	提炼的高度	已经被古代文人士大夫和当代学者提炼为精神符号和理念理论	√
		单纯的样式、造型、工艺技术规范	
发展力评价	与当代精神追求和价值观念的契合	传统文化基因得到创造性转化、创新性发展；区域革命文化基因被完整继承、广泛弘扬；区域社会主义先进文化基因成为与浙江"三个地"相适应的文化高地	√
		部分转化、部分弘扬、部分发展	
		难以转化、难以弘扬、难以发展	

说明：基因特点评价是对解码出来的基因，根据本《导则》表2的要求，围绕"四个力"逐一对表打"√"，进行定性表述

（一）生命力评价

"丰富的社内藏书""广纳贤才、共同学习的创社理念""科学高效的运营管理模式"作为心兰书社发展壮大的核心文化基因，自创建起得到了非常大的发展，后来经历落寞衰败，最后通过修缮和转型而复兴。在心兰书社发展的时代，比起主要靠捐款或请官员和政府拨款来维持生存的学院图书室，心兰书社通过出租田地所得的租金来增购书籍，给书社的可持续性发展开辟了新的途径，其生命力也要强得多。

（二）凝聚力评价

三大核心基因曾广泛凝聚起区域群体的力量，显著推动过社会经济文化的发展。心兰书社的创办使下层士绅获得了优越

的阅读条件，同时，这个书社也不仅仅是一个借书还书的地方，也是一个阅读者互相交流、互相学习、互相砥砺的处所。开放的书社，广纳友人的读书联谊会不仅为会员提供了学习交流的平台，也让越来越多的有学之士加入享受瑞安文化资源的队伍中。同时，心兰书社的诞生与永嘉学派之学风有着渊源的关系，反过来，心兰书社的出现也大有益于振兴永嘉学派，推进维新改革事业，对开瑞安的风气起了重大作用。尤其对陈虬和陈黻宸日后成为全国性影响的维新志士，具有重要的影响。

（三）影响力评价

三大核心基因在瑞安市范围内具有影响力。心兰书社也成为当地学者的精神符号与文化象征。心兰书社作为瑞安的文化窗口之一、瑞安文化的宣传阵地，为社会上的学习爱好者提供了公平的学习机会，影响力范围较广。

（四）发展力评价

三大核心基因在现代通过修缮与转型，传统文化得到创造性地发展与传承。随着"玉海缥缃"城市书房项目的启动，2017年，心兰书社也成为瑞安市首批开放的城市书房之一。不仅如此，如今的心兰书社还兼备了文化驿站的功能，艺术文化活动丰盛，氛围浓烈。许多瑞安的知名人士走进书社，以讲座或对话、演出等多种形式，与市民进行文化的交流碰撞。

三、核心基因保存

　　"丰富的社内藏书""广纳贤才、共同学习的创社理念""科学高效的运营管理模式"作为心兰书社的核心基因，文字资料有《心兰书社及其创始者》《心兰书社——我国近代公共图书馆的早期雏形》等4项保存于瑞安文化基因解码调查组资料库，图片材料有21张保存于瑞安文化基因解码调查组资料库。

《小马过河》与儿童文学

天瑞地安　瑞安文化基因

《小马过河》与儿童文学

一个地方有一个地方的特色，一座城市有一座城市的"名片"。在全国首个被授予"寓言大市"的温州瑞安，活跃着一大批 20 世纪 50 年代以来与共和国同呼吸、共成长的 180 多位寓言作家。2007 年，首届全国校园寓言童话大赛总共 781 名获奖者，其中瑞安占 563 人。历届我国寓言创作研究最高奖"金骆驼奖"，瑞安先后有 5 人上榜。近年来，瑞安还涌现了全国第一部童话寓言、第一篇校园寓言、第一本戏剧寓言、第一篇科幻寓言，正式出版儿童文学和寓言创作专著 30 多部。

　　瑞安儿童文学之风盛行已久，而最负盛名、流传最久的，莫过于 1955 年浙江瑞安普通乡村教师彭文席创作的经典名篇《小马过河》。它内容精练生动，给予孩子深远的心灵启迪。故事如下。

　　马棚里住着一匹老马和一匹小马。有一天，老马对小马说："你已经长大了，能帮妈妈做点事吗？"小马连蹦带跳地说："怎么不能？我很愿意帮您做事。"老马高兴地说："那好哇，你把这半口袋麦子驮到磨坊去吧。"

　　小马驮起麦子，飞快地往磨坊跑去。跑着跑着，一条小河挡住了去路，河水哗哗地流着。小马为难了，心想：我能不能过去呢？如果妈妈在身边，问问她该怎么办，那多好哇！他向四周望望,看见一头老牛在河边吃草。小马跑过去问道:"牛伯伯,请您告诉我,这条河,我能蹚过去吗?"老牛说:"水很浅,刚没小腿,能蹚过去。"

小马听了老牛的话,立刻跑到河边,准备蹚过去。突然,从树上跳下一只松鼠,拦住他大叫:"小马,别过河,别过河,河水会淹死你的!"小马吃惊地问:"水很深吗?"松鼠认真地说:"深得很呢!昨天,我的一个伙伴就是掉进这条河里淹死的!"小马连忙收住脚步,不知道怎么办才好。他叹了口气,说:"唉!还是回家问问妈妈吧!"

小马甩甩尾巴,跑回家去。妈妈问:"怎么回来啦?"小马难为情地说:"一条河挡住了,我……我过不去。"妈妈说:"那条河不是很浅吗?"小马说:"是啊!牛伯伯也这么说。可是松鼠说河水很深,还淹死过他的伙伴呢!"妈妈说:"那么河水到底是深还是浅?你仔细想过他们的话吗?"小马低下了头,说:"没……没想过。"妈妈亲切地对小马说:"孩子,光听别人说,自己不动脑筋,不去试试,是不行的。河水是深是浅,你去试一试就会明白了。"

小马跑到河边,刚刚抬起前蹄,松鼠又大叫起来:"怎么,你不要命啦!"小马说:"让我试试吧。"他下了河,小心地蹚了过去。原来河水既不像老牛说的那样浅,也不像松鼠说的那样深。

文章中小马的妈妈,鼓励小马遇事独立思考,重实践,重体验,虽是20世纪50年代意识形态领域"实践是检验真理的唯一标准"的思想体现,但半个多世纪以来,有亿万个孩子受其熏陶,可以这样说,是《小马过河》陪伴着一代又一代中国少年的成长。从这点说,彭文席老师是当之无愧的伟大作家。"河水既不像小松鼠说的那么深,也不像老牛伯伯说的那么浅。"这是小马在亲身实践之后所得出的结论。小马的妈妈鼓励小马独立思考,勇于实践,也恰恰契合了中国人敢于探索、勇于实践的精神,它在潜移默化中影响了千千万万的中国人。

1957年,《小马过河》被选入北京版的小学语文教材。《小马过河》成为全国小学语文课本的必选文本,是更新率很高的小学语文教材中的经典之作。据不完全统计,《小马过河》曾被翻译成英、法、日、德、意等 14 种文字。不过大多数人都不知道，它的作者原来是瑞安的一位乡村教师——彭文席。

1979 年，在国家八部委联合举办的第二次全国少年儿童文艺创作评奖活动中，《小马过河》荣获一等奖。然而组委会却找不到这篇文章的作者，甚至还有人说，这是从国外翻译过来的儿童文学作品。幸运的是，组委会的工作人员认真负责，到上海外国语大学等处求证无果后，又根据线索找到《新少年报》编辑部，历经艰辛，细心寻找，上上下下翻阅了 20 多年前的文章索引和作品原稿，最终发现这篇文章的作者——来自浙江瑞安的普通乡村教师彭文席。

《小马过河》是新中国成立以来影响最大的瑞安文学作品。2009 年，彭文席因病逝世，享年 84 岁。这一年，中国作协儿童文学委员会和《中华读书报》联合评选出新中国成立 60 年来 60 部（篇）优秀儿童文学作品，《小马过河》赫然在榜。儿童文学评论家李红叶教授对此作的简评为："《小马过河》优美简洁，含义深刻，是寓言又是童话，是不可多得的精品。其结构起承转合，一气呵成；语言干净利落，读来音韵优美；情境温馨，充满生活气息。从艺术形象上看，小马、老马、松鼠、老牛，无一不生动贴切，尤其是小马，言语行动，均稚态可掬；而主题则包含了哲学意义上对于经验的个体性差异的思考，又包含少儿初长成时期的主体性生成问题。整体读来，既传达出少儿生命韵律，又令成人莞尔并深思，所以能成为妇孺皆知的典故。"李红叶教授的评析，简要而准确地阐明厘定了《小马过河》的思想艺术特色及其弥足珍贵的价值。

在瑞安，钟情于寓言文学而默默耕耘的老园丁还有许多。除了彭文席先生，还有瑞安寓言创作的"领军人物"——张鹤鸣先生。他曾是瑞安越剧团的编剧兼团长，当过瑞安市文联主席，即使退休后依然忙着自己的"寓言事业"。张鹤鸣的寓言剧选集《喉蛙公主》、寓言集《醉井》、《角马公主》和儿童剧选集《海国公主》相继出版，为国内文坛寓言创新和题材的开拓作出了重要贡献。2007 年和 2008 年，中国寓言文学研究会连续两年为他举办了高规格的作品研讨会。2009 年，张鹤鸣高票当选为中国寓言文学研究会副会长，并以他的名义设立了"童彤杯"张鹤鸣戏剧寓言奖。

在瑞安市红旗实验小学，寓言文学创作氛围洋溢于校园之中。学校历来重视对学生文学兴趣的培养和寓言童话创作能力的提高，近年来，师生作文教学成绩斐然，每月定期出刊的校报上还专门开辟寓言童话专版，学生作文在全国报刊频频发表，在省、市级以上各类作文比赛中也屡获佳绩。2008年10月，学校的"清水小禾"文学社挂牌成立。中国社科院研究生院教授、中国宋庆龄儿童文学奖评委会主任樊发稼，中国寓言文学研究会副会长、著名寓言作家叶澍，中国寓言文学研究会秘书长马长山教授等数十位专家特地发来题词鼓励。

被誉为国内"寓言新秀"的冰子，原名谢丙其，现任教于瑞安马屿第二中学。2008年，冰子所著的寓言集《啄木鸟医生》成功获得第四届中国寓言文学"金骆驼奖"创作三等奖。笔者打开这本收录了他近年创作的70多篇寓言故事的心血之作，《无花果的选择》《两个营销员》《龟兔新传》……选题内容丰富，读来生动有趣。2010年，冰子再创辉煌，其作品《不愿下蛋的鸭群》荣获2010年冰心儿童文学新作奖。冰子认为，诗歌偏易于抒发情怀，阅读人群相对狭小；而寓言短小精悍，通俗易懂，老少皆宜，小故事中包含着大道理，寓意深刻，更受大众青睐。因为他勤于思考，笔耕不辍，教学之余每年都有十几篇新的寓言作品问世。在2008年，他当选为中国寓言文学研究会理事。

在一代又一代瑞安寓言文学创作者的辛勤耕耘之下，瑞安市新时期的寓言文学走过了不寻常的路程，发展呈现繁荣新局面，作者队伍建设、作品创作与出版评奖等都得到了进一步加强。寓言创作在瑞安建立起广泛的群众基础，形成了一支老中青少相结合的寓言文学作者队伍，呈现出几代作者为繁荣寓言文学创作而共同努力的局面。瑞安不仅拥有彭文席、张鹤鸣等一批老园丁，还有与新时期文学一同成长起来的冰子、谢尚江等中青年作者。值得关注的是，瑞安市90后一代也正在逐渐参与到寓言文学的创作队伍中来。瑞安现有中国寓言文学研究会员8名，首批学生会员42人。

瑞安市宣传、文化部门的高度重视，为作家营造了一个宽松和良好的寓言创作大环境。1985年，瑞安市文联接办少儿刊物《小花朵》双月刊，同时每年举办儿童文学征文活动，发掘与团结了一批儿童文学作者。至2001年，《小花朵》共办17年出刊100多期，单期发行量最高达78500多册，发行范围扩大到周边省市，在当时产生过比较大的影响。2004年5月，瑞安市儿童文学学会与宣传部、教育局、文联等单位联合举办"桂莲杯""乾有杯"（4届）校园文学系列大赛，评选优秀校园文学、校园戏剧作品和校刊校报。2007年，协办全国校园寓言童话大赛，进一步扩大了瑞安儿童文学在全国的影响。

当地报刊的支持与倡导，也促进了寓言文学创作的发展。瑞安市文联《玉海》文学季刊经常刊出儿童文学小辑、校园文学大奖赛获奖作品专辑，开辟《寓言集锦》《未来作家》等儿童文学专栏；《瑞安日报》开辟《寓言人生》专栏，刊发较多适合少年儿童阅读的作品，发现与培养了一批寓言文学作者。

许多学校、社区、企业有一定的人数在自觉自愿的基础上投入寓言创作活动中，寓言成为深受群众喜爱的文体。2007年全国校园寓言童话大赛，700多名获奖学生中瑞安籍学生占500多名；第八届金江寓言文学奖评奖，全国8名获奖小作者中瑞安籍学生占3名。

瑞安当代寓言文学创作氛围浓厚，在全国影响颇大。瑞安作为一个县级市，寓言创作有如此好的群众基础，取得这样高的艺术成就，在全国也是罕见的。正因为对中国寓言界的特殊贡献，中国寓言文学研究会决定召开表彰大会，授予瑞安市为"中国寓言大市"称号，成为全国首个"寓言大市"。同时授予8所小学为"十佳校园文学（寓言文学）创作基地"。

随着儿童文学的不断发展，近年来，中国作家"讲好中国儿童故事"的水平不断提高，其作品同时获得了高销量和好口碑。根据国家新闻出版广电总局（今国家广播电视总局）发布的《2016年全国新闻出版业基本情况》，少儿读物类在2016年累计出口729.87万册，占图书出口数量50.33%，由此可见，中国童书在国外已经广泛落地。事实上，国内许多小说和原创绘本依靠真挚而动人的故事、浓郁的中国文化元素和精湛扎实的画技，在世界儿童文学界崭露头角，有的达到了国际一流水平。

中国儿童文学走向世界的努力，首先体现为挖掘儿童故事的内容深度，与国际水准接轨。童书的意义绝不仅仅是出版受众喜闻乐见的作品，其价值还在于传递故事背后的深刻内涵。中国儿童文学海外出版和传播更是如此，作家通过对世界和人性的独到诠释引发中西方儿童受众的共鸣。

优秀的中国儿童文学讲述中国故事，运用典型的传统文化元素，使国外受众产生兴趣并逐渐接受。传统文化符号和节日习俗的精神内核作为内容元素引入小说，从这个层面上说，童书间接起到构建国家形象的作用，作者向海外受众展现一个历史悠久、和谐文明的中国形象，读者也从书中真切地感受到中国儿童文学甚至中国文化的灿烂与独特。

如今，中国儿童文学开始进入"黄金十年"。随着中国国际文化交流的不断深入和文学作品水平的不断提高，中国儿童文学逐渐显现出其强大的生命力，并在越来越多的场合中向世界发出声音，展示中国文化自信。中国文学海外推介网站"纸托邦"显示，近年来涌现出了许多优秀的中国儿童作品的英译本，青少年儿童读物英译数量较往年增长更快。2018年，中国作为主宾国参加了3月在意大利举办的第55届博洛尼亚国际儿童书展，这也是中国在海外举办的最大规模少儿出版领域的国际交流活动，中国展团包括梅子涵、朱成梁、熊亮等近50位作家、插画家出席了这次活动，极大地促进了中国与世界少儿出版同业者之间的交流。可以期待，在作家、译者、出版商和媒体的通力合作下，中国儿童文学将在世界舞台上大放光彩。

而作为"中国寓言大市"的瑞安，在未来将再接再厉，延续寓言文学创作的薪火，为繁荣我国的寓言文学事业作出更大的贡献。

一、要素分解

（一）物质要素

寓言文学氛围浓厚的环境

瑞安当代寓言文学创作氛围浓厚，在全国影响颇大。瑞安作为一个县级市，寓言创作有如此好的群众基础，取得这样高的艺术成就，在全国也是罕见的。正因为对中国寓言界的特殊贡献，中国寓言文学研究会决定召开表彰大会，授予瑞安市为"中国寓言大市"称号，瑞安市成为全国首个"寓言大市"。

（二）精神要素

1.内涵丰富、思想深刻的文学价值

儿童文学的意义，不仅仅是出版受众喜闻乐见的作品，其价值还在于传递故事背后的深刻内涵。挖掘儿童故事的内容深度，传递给孩子正能量的三观，达到教育和引领的意义。比如《小马过河》，小马的妈妈鼓励小马独立思考，勇于实践，也恰恰契合了中国人敢于探索、勇于实践的精神，潜移默化中影响了千千万万的中国少年。其主题则包含了哲学意义上对于经验的个体性差异的思考，又包含少儿初长成时期的主体性生成问题。整体读来，既传达少儿生命韵律，又令成人莞尔并深思，所以能成为妇孺皆知的成语和典故。

2. 以群众为创作基础的发展理念

寓言创作不仅仅是专职作家的工作，在瑞安，儿童文学创作建立起广泛的群众基础，形成了一支老中青少相结合的寓言文学作者队伍，呈现出几代作者为繁荣寓言文学创作而共同努力的局面。瑞安不仅拥有彭文席、张鹤鸣等一批老园丁，还有与新时期文学一同成长起来的冰子、谢尚江等中青年作者。随着儿童文学的不断发展，近年来，中国作家"讲好中国儿童故事"的水平不断提高，其作品同时获得了高销量和好口碑。国内许多小说和原创绘本依靠真挚而动人的故事、浓郁的中国文化元素和精湛扎实的画技，在世界儿童文学界崭露头角，有的达到了国际一流水平。

3. 丰富的中国文化元素创作题材

优秀的中国儿童文学讲述中国故事，运用典型的传统文化元素，使国外受众产生兴趣并逐渐接受。传统文化符号和节日习俗的精神内核作为内容元素引入小说，从这个层面上说，童书间接起到构建国家形象的作用，作者向海外受众展现一个历史悠久、和谐文明的中国形象，读者也从书中真切地感受到中国儿童文学甚至中国文化的灿烂与独特。

（三）语言和象征符号

1. 干净利落，音韵优美的语言

儿童文学的内容优美简洁，含义深刻，是寓言又是童话，是不可多得的精品。其结构起承转合，一气呵成；语言干净利落，读来音韵优美；情境温馨，充满生活气息。

2. 诸多经典的篇目

中国儿童文学经典众多，有许多故事传承了一代又一代。包括彭文席的《小马过河》、张鹤鸣的校园剧选集《海国公主》和寓言集《角马公主》等。

二、核心基因提取与评价

基于对材料的全面、深入分析，得出本文化元素的核心基因表述为："内涵丰富、思想深刻的文学价值""以群众为创作基础的发展理念"。

《小马过河》与儿童文学核心文化基因评价依据

评价项目	评价因子	评价依据（特点）	是否
生命力评价	文化基因存续的时间	自出现起延续至今，未曾明显中断	√
		自出现起延续至今，但多次衰微、中断后复兴	
		曾明显衰败，改革开放后开始复兴或历史溯源关键环节缺失，难以考证	
		文化形态主体已灭失，现存部分痕迹	
	文化基因的稳定性	在发展过程中保持相当稳定的状态	√
		在发展过程中存在明显的精神内涵、表现形式剧变	
凝聚力评价	文化基因的凝聚力及社会动员效果	曾广泛凝聚起区域群体的力量，显著推动过社会经济文化的发展	√
		曾部分凝聚起区域群体力量，对社会经济文化的发展产生过影响	
		凝聚过力量，创造过实际的发展动能，但未见对社会经济文化发展产生显著改变	
		仅在历史文献或口耳相传中存在，未见实际介入社会经济发展	

续表

评价项目	评价因子	评价依据（特点）	是否
影响力评价	辐射的范围	具有全国性、世界性的影响力	√
		具有长三角区域、浙江省影响力	
		具有市县、乡镇影响力	
	提炼的高度	已经被古代文人士大夫和当代学者提炼为精神符号和理念理论	√
		单纯的样式、造型、工艺技术规范	
发展力评价	与当代精神追求和价值观念的契合	传统文化基因得到创造性转化、创新性发展；区域革命文化基因被完整继承、广泛弘扬；区域社会主义先进文化基因成为与浙江"三个地"相适应的文化高地	√
		部分转化、部分弘扬、部分发展	
		难以转化、难以弘扬、难以发展	
说明：基因特点评价是对解码出来的基因，根据本《导则》表2的要求，围绕"四个力"逐一对表打"√"，进行定性表述			

（一）生命力评价

"内涵丰富、思想深刻的文学价值""以群众为创作基础的发展理念"作为《小马过河》与儿童文学发展壮大的核心文化基因，自出现至今从未出现中断，且在发展过程中保持相当稳定的状态。同时，儿童文学在近年来不断发展，国内儿童文学开始进入"黄金十年"。随着中国在国际文化交流中的不断深入、中国文学作品水平的不断提高，中国儿童文学逐渐显现出其强大的生命力，并在越来越多的场合中向世界发出声音，展示中国文化自信。中国文学海外推介网站"纸托邦"显示，近年来涌现出了许多优秀的中国儿童作品的英译本，青少年儿童读物英译数量较往年增长更快。

（二）凝聚力评价

两大核心基因广泛凝聚起区域群体力量，显著推动社会经济文化的发展。《小马过河》自1957年选入北京版的小学语文教材，历经50多年，成为全国小学语文课本的必选文本，是更新率很高的小学语文教材中的经典之作。《小马过河》以及一大批优秀经典的中国少儿文学陪伴着一代又一代中国少年的成长，推动了社会经济文化的发展。

（三）影响力评价

两大核心基因具有全国性、世界性的影响力，且被当代学者提炼为精神符号和理念理论。瑞安当代寓言文学创作氛围浓厚，在全国影响颇大。瑞安作为一个县级市，寓言创作有如此好的群众基础，取得这样高的艺术成就，在全国也是罕见的。瑞安市被评为"中国寓言大市"，成为全国首个"寓言大市"。而中国儿童文学也将中华优秀传统文化元素带向了世界，向海外受众展现一个历史悠久、和谐文明的中国形象，读者也能从书中真切地感受到中国儿童文学甚至中国文化的灿烂与独特，中华文化也将在世界儿童文学界大放异彩。

（四）发展力评价

两大核心基因具有世界性的强大的发展潜力。随着儿童文学的不断发展，近年来，中国作家"讲好中国儿童故事"的水平不断提高，其作品同时获得了高销量和好口碑。国内许多小说和原创绘本依靠真挚而动人的故事、浓郁的中国文化元素和精湛扎实的画技，在世界儿童文学界崭露头角，发展潜力无限。

三、核心基因保存

"内涵丰富、思想深刻的文学价值""以群众为创作基础的发展理念"作为《小马过河》与儿童文学的核心基因，文字资料有《全国首个寓言大市的幕后故事》《尚留"小马"在人间——彭主席遗稿及纪念文存》等 8 项保存于瑞安文化基因解码调查组资料库，图片材料有 22 张保存于瑞安文化基因解码调查组资料库。

浙江省瑞安中学

天瑞地安　瑞安文化基因

瑞安中学

　　浙江省瑞安中学是浙江省一级重点中学。1959 年被列为浙江省重点中学，1981 年被列为浙江省首批办好的 18 所重点中学之一，2005 年被评为全国文明单位。

　　瑞中校史，是一部艰苦奋斗和不断发展的历史。19 世纪末期，孙诒让、黄绍箕、项崧、项湘藻等乡贤开新学之先，创办学计馆与方言馆，开启了瑞中跨越三个世纪的光辉历程。经历了初创的维艰、抗战的流徙、内战的磨难、新中国成立后的新生和新时期的振兴，一代代瑞中人深思力行，以报效祖国为己任，承先贤之志，取俊杰之长，志存高远，勇往直前，实现了跨越式的发展。

19世纪中叶，清廷腐败堕落，外敌凭凌，民族危机进一步加剧。朴学大师孙诒让怀着"自强之道，莫先于兴学"的信念，于1896年牵头创办学计馆。学计馆择址当时的瑞安县前卓公祠开馆授业，专授算学，兼修理化。这是浙江省创办最早的新式学校，也是我国创办最早的数学专门学校之一。同年，孙诒让又力赞项崧、项湘藻创办方言馆，专修英文、日文，兼修史地，是浙江省近代创办最早的外语专门学校。学计、方言两馆的创办，开启浙江新学先声，奠定了瑞安中等教育的基石。

1902年，学计、方言两馆合并为温州第一所官办学堂——瑞安普通学堂，以学计馆原址卓公祠为校址，有学生80多人，分中文、西文、算学三个班级。1906年更名为瑞安公立中学堂，校址迁至县学校士馆（今市实验小学），是浙江最早的公立中学之一。1908年，公立中学堂爆发续办还是停办的"存废之争"，存废两派严重对立。宣统元年（1909）正月十四日，瑞安绅学界投票议决停办中学堂。主存派项崧、项湘藻捐资续办中学堂，改学校为私立。1911年恢复为公立。1912年定名瑞安县立中学校。

1925年，瑞安县立中学校旧学制结束，易名为瑞安县立初级中学校。20年代末，为推行平民教育，瑞中创办附设民众学校，开初由学生自治会主管，校长由学生自治会派学生担任，后改由县政府委任瑞中校长兼任，教员全部由瑞中学生担任，学员为文盲、半文盲的社会青年，按程度分班教学。

1934年，浙江省教育厅计划将瑞安县立初级中学改办为瑞安县初级农科职业学校，省督学张行简来瑞安实地考察后，拟定改制具体方案，因遭到瑞安各界人士和瑞中教师的极力反对而中止。

1939年，瑞安初中在节孝祠创设分部，拓展校舍。为扩大办学规模，历任校长积极擘画，合并女校，创建分部，创办高中，拓展校舍，修建运动场。浙江省教育厅于1942年7月批准瑞中建立高中部，实行"三三"学制，升级为完全中学，校名改为瑞安县立中学，成为温州地区第一所县级完全中学。抗战期间辗转迁徙，先后在大峃（今属文成县）、碧山创建分部，在常宁寺设临时校舍，坚持办学，备尝艰辛。

1949年5月，瑞安解放，瑞中喜获新生。瑞安解放后，县人民政府接管了瑞中，任命县人民政府筹委会委员管文南为瑞中解放后首任校长，校名一度又称瑞安人民政府县立中学，对教师队伍及教育教学管理制度进行改造整顿，实施旧教育向新教育的转变。

新中国成立后，教育事业飞跃发展。陆续建造了五好楼、跃进楼、科学馆、教工宿舍等。1959年，学校跻身浙江省16所重点中学之列。60年代前期，开启学英雄人物、为人民服务等活动，形成蔚成良好的校风学风。

20世纪80年代以来，瑞中的基本建设驶上快车道。1984年电子计算机教学中心正式投入使用。1985年至1999年，图书馆、文艺馆、办公楼、学生宿舍、餐厅、教学主楼"勤业楼"、学生公寓相继落成，校容校貌和办学条件有了很大的改观。

迈向新世纪，面对21世纪的教育，瑞中革故鼎新，强化优势，深化课改，坚持创新。2000年，瑞中择址瑞安西郊陶尖山畔建设新校园，2003年完成整体搬迁，成功创办瑞阳中学和国际部。新校园占地220多亩，建筑面积约80000平方米，枕山傍水，清幽秀丽，分区明确，设施齐全，既充满现代学校的蓬勃生机，又饱含历史名校的文化底蕴，为实施现代化教育奠定坚实的硬件基础。迁入新址的瑞安中学形成鲜明突出的办学风格和特色，积极发挥名校示范作用，办学成果显著。在各级各类评比活动中频频得奖，获得全国文明单位、全国百强中学、国际发明特色学校、全国十佳创新型学校、全国优秀品牌学校、首届全国最具内涵特色学校、全国百所最具特色中学和全国绿化先进单位等荣誉。

新时代的瑞安中学展现出了新时代的青春活力。学校通过精心组织登山、趣味运动会、教工排球赛、三八妇女节活动、外出参观学习等各类活动，既放松了心情，又开阔了视野，感受瑞中大家庭的温暖，增强了团队的凝聚力。一年一度的体育节、科技节、文化节及各类别开生面的文化创意活动极大地丰富了学生的精神生活，为学生提供自我成长、展示才艺的舞台，谱写了一曲精彩的青春乐章。

回顾瑞安中学的百年历程，在中国社会大变革的时代，瑞中师生受到辛亥革命、五四运动等民主革命思想的熏陶，也经历了抗日战争、解放战争的炮火洗礼，始终站立时代前沿，积极投身民主革命运动，砥砺奋进，百折不挠，用热血和生命谱写了波澜壮阔的革命斗争史。

经过新文化运动和五四运动的洗礼，以及革命思潮的启迪，瑞中师生和校友积极探索拯救国家命运的道路，投身于推翻旧制度、创建新中国的革命洪流之中，与时代同呼吸，与国家共命运，与人民齐奋斗，坚持不懈地开展可歌可泣、艰苦卓绝的斗争。在瑞中涌现出郑敬衡、张志玉、林去病、郑馨、黄得中、竺忠定等一大批革命先烈。

抗日战争爆发后，中华民族面临生死存亡之时，瑞中师生和校友以"图存救亡、复兴民族、为国争光"为己任，同仇敌忾，众志成城，积极投身抗日救亡的洪流，以青春和热血，以意志和毅力，为中华民族的独立和复兴，不屈不挠，誓死抗争。林凯、洪彦湜就是从瑞安中学走出的革命烈士。

光荣革命传统是弥足宝贵的精神财富。一代代瑞中学子继承弘扬先辈的优良传统，勇于担当时代责任，以报效祖国为己任，为建设祖国、保卫祖国一马当先，奋发有为。在社会主义现代化建设和精神文明建设中意气风发，勇往直前，谱写了光荣革命传统的新华章。

办好瑞中是瑞安社会发展的需要，是全市人民的共同心愿。各级领导、社会各界及广大校友心系瑞中，情系瑞中，一如既往地关心与支持瑞中的建设和发展，或鼓与呼，或捐款捐物，为瑞中步上高速发展的快车道、扩大知名度和影响力作出巨大的贡献。

校友作为母校文化、母校精神、母校优良传统的传承者和传播者，也是母校最热情的关注者和最坚定的支持者。百年瑞中发展，孕育出无数兼具国家情怀和国际视野的杰出人才，著名学子若群星璀璨。国旗设计者曾联松，院士伍献文、孙义燧、伍荣生、方国洪，航天专家黄本诚，国家科技进步一等奖获得者林成鲁，美国终身教授林景瑜、蔡天文，"长江学者"吴联生、陈积明等校友为国为校争得荣光。

瑞中校友文化自20世纪80年代初发轫，以校友会为平台，凝聚校友情谊，传承母校精神、扩大母校影响、反哺母校，造福桑梓，成为瑞中学校文化的一抹亮色。经过30多年的精心打造，瑞中校友文化以团结、和谐、创新、实效而闻名遐迩。上海、南京、北京、杭州、天津等地都建立了瑞中校友会。校友会扎扎实实地开展校友活动，组织不断地发展壮大，活动更为活跃规范。

瑞安中学邀请卓有建树的校友到母校讲学，特别是近年来开设的"籀园讲坛"，为学生作生涯规划讲座。校友以自己的人生历练和奋斗经历，讲述他们的成长故事，与同学们分享对职业与人生的思考，帮助引导学生树立正确的人生观、价值观和择业观。

捐资助学，功在当代，利在千秋。莘莘学子"饮水思源、勿忘母校"，为回报母校培育之恩，广大瑞中校友慷慨解囊，或助建教学楼，或增添教学设施，或设立奖教奖学助学基金；社会贤达也纷纷捐款捐物，全力支持瑞中的建设与发展。2013年1月8日，浙江省瑞安中学教育发展基金会经浙江省民政厅批准建立，并获得公益性捐赠税前扣除资格。为鼓励和吸引社会与校友捐赠，基金会广开资金筹集渠道，管好用好捐赠资金，建立与健全奖学助学的长效机制，发挥积极的作用。

一直以来，瑞安中学坚持特色办学，打造特色品牌。发挥办学历史悠久、人文积淀丰厚的潜在优势，通过长期的积累、充实、提炼和升华，在办学理念、校园环境、课程体系、人才培养模式等方面形成了鲜明突出的风格和特色，获得全国优秀品牌学校、首届全国最具内涵特色学校等称号。

瑞安中学以"精致校园，人文瑞中"为目标而精心打造的校园文化，树立了百年瑞中的文化形象，凝练为办学的又一特色。坚持德育为先，以"敢担当、有智慧、能做事"为育人目标，以"担当"为德育的切入点，打造循序渐进、卓有成效的德育体系结构，构建"一体两翼三级"的德育培养模式，以"担当"为核心目标的德育培养模式辐射广泛，结出了累累硕果。

今日瑞中，生机盎然，气象万千，以悠久的历史传承、厚重的文化积淀、鲜明的办学特色和辉煌的办学业绩而遐迩闻名，每个瑞中人都为此而感到光荣与自豪。

历史昭示未来。"蓬莱定不远，正要一帆风"。瑞中人正以全新的姿态，在新的征程上昂首阔步。

一、要素分解

（一）物质要素

1.悠久的历史传承与厚重的文化积淀

19世纪中叶，民族危机进一步加剧。在这样的历史背景之下，朴学大师孙诒让怀"自强之道，莫先于兴学"的信念，于1896年牵头创办学计馆，又力赞项崧、项湘藻创办方言馆。学计、方言两馆的创办，开启浙江新学先声，奠定了瑞安中等教育的基石。悠久的历史传承与厚重的文化积淀，滋养了一代又一代的瑞中人。深思力行，以报效祖国为己任，承先贤之志，取俊杰之长，志存高远，勇往直前。

2.优美的校园环境

2000年，瑞中择址西郊陶尖山畔建设新校园，2003年完成整体搬迁，成功创办瑞阳中学和国际部。新校园占地220多亩，建筑面积约80000平方米，枕山傍水，清幽秀丽，分区明确，设施齐全，既充满现代学校的蓬勃生机，又饱含历史名校的文化底蕴，为实施现代化教育奠定坚实的硬件基础。

3.优质名师队伍

"振兴教育，教师为本。"在瑞中这座教育殿堂，有优秀校长的引领和一流师资队伍的配备，名师荟萃，青蓝相继，他们循循善诱，诲人不倦，兢兢业业，精益求精，用自己的涓涓汗水和殷殷爱心，浓墨重彩地写下教书育人的壮丽诗篇。

4. 辉煌的办学业绩

瑞安中学在 1959 年被列为浙江省重点中学，1981 年被列为浙江省首批办好的 18 所重点中学之一，2005 年被评为全国文明单位，且同年 12 月，国际小行星中心和国际小行星命名委员会命名国际永久编号为 4073 的小行星为"瑞安中学星"。

（二）精神要素

1. "深思力行"的学校精神

"深思力行"出现于 1938 年瑞中第一首校歌里："深思力行，好学毋荒，青年之责，图存救之，复兴民族，为国争光。"瑞中师生不仅要善于坐而论道，做到"深思慎取"，更要负起经世致用的担当精神，竭力而行。几代瑞中人对这一精神的坚守与执念，凝聚成绵延不息学校精神，成为百年名校的灵魂。

2. "瑞中星"的价值追求

瑞中与"星"有着不解之缘。2005 年 12 月，国际小行星中心和国际小行星命名委员会命名国际永久编号为 4073 的小行星为"瑞安中学星"。"瑞中星"代表着学校办学的价值追求，即每个学生如同星河中平凡而又闪亮的星星，放射出自己的光芒，追求卓越，做最好的自己。

3. "学与道合""开物成务"的教育哲学

学校的生命力在于办学历史过程中形成的价值认同。瑞中先贤筚路蓝缕，弦歌不辍，致力为国储才，倡导事功之学，这与永嘉学派"学与道合""开物成务"的传统一脉相承。"敢担当、有智慧、能做事"，"博学、甄微、创新、致用"这一系列教育哲学的提出，既是瑞安中学继往开来、积极应对教育变革的写照，也为学校的发展提供了生生不息的源头活水。

4. 团结、和谐、创新、实效的理念

校友作为母校文化、母校精神、母校优良传统的传承者和传播者，也是母校最热情的关注者和最坚定的支持者。百年瑞中发展，孕育出无数兼具国家情怀和国际视野的杰出人才，著名学子若群星璀璨。国旗设计者曾联松，院士伍献文、孙义燧、伍荣生、方国洪，航天专家黄本诚，国家科技进步一等奖获得者林成鲁，美国终身教授林景瑜、蔡天文，"长江学者"

吴联生、陈积明等校友为国为校争得荣光。瑞中校友文化自20世纪80年代初发轫，以校友会为平台，凝聚校友情谊，传承母校精神、扩大母校影响、反哺母校，造福桑梓，成为瑞中学校文化的一抹亮色。经过30多年的精心打造，瑞中校友文化以团结、和谐、创新、实效而闻名遐迩。

（三）制度要素

1."甄综术艺，以应时需"的校训

综合明辨各种知识技能，培养致用人才，引导社会和个人从困境走向通途，以适应时代发展的需要。"甄综术艺，以应时需"作为校训，同时也是学校的办学理念，期望瑞中人，以学术精神对待自己的学习领域，做到严谨细密；勇于承担国家与社会发展的重任，与时俱进，敢于创新。

2."敢为人先、文化厚重"的办学目标

瑞安中学深受永嘉学派"贯穿古今，通经致用"思想的影响，汲取反对空谈义理、实践事功的思想精华，秉承永嘉学派爱国、务实与创新的传统，发扬温州人敢为天下先的精神，建设具有地域特征、文化积淀、时代精神的示范性高级中学。

3."敢担当、有智慧、能做事"的育人目标

"敢担当""有智慧""能做事"这三个词语既是育人目标，是学校对各个历史阶段瑞中毕业生形象的精练概括，也是学校对未来瑞中毕业生的殷切期望。

4.国际化教育，培养兼具家国情怀和国际视野的人才

瑞安方言馆曾为家乡培养了不少外语人才，开启国外留学风气之先。在新的历史时期，瑞中加强与国外学校的交流与合作，创办国际部，与美国瓦萨奇高中联办浙江省最早获教育部批准的中美国际高中课程项目，培养了一大批兼具家国情怀和国际视野的人才。引进国外先进教育理念和优质教育资源，培养具有家国情怀和国际视野的复合型人才。2009年，经浙江省教育厅批准并报教育部备案，瑞中与美国犹他州瓦萨奇高中合作举办瑞安中学中美合作高中课程项目（简称"中美班"），这是浙江省最早获得教育部备案的中美国际高中课程项目。为加强国际间教育交流，曾先后

与西班牙、德国、意大利、英国、美国、日本、马来西亚等国的教育集团或学校开展国际交流。

5. 鲜明的办学特色

瑞安中学坚持特色办学，发挥办学历史悠久、人文积淀丰厚的潜在优势，通过长期的积累、充实、提炼和升华，在办学理念、校园环境、课程体系、人才培养模式等方面形成了鲜明突出的风格和特色。包括在省内外享有盛名的科技创新教育，以"精致校园，人文瑞中"为目标而精心打造的校园文化，独具特色的社团活动与丰富的校园艺术文化生活。获得全国优秀品牌学校、首届全国最具内涵特色学校等称号。

（四）语言和象征符号

1. 瑞安中学校徽标志

浙江省瑞安中学校标主体为镂花古玉，由"瑞"字首字母 R 变化抽象后作中心对称而成，同时又是汉字"中"字的抽象变化，既取"瑞"字美玉吉祥，可比于德，又巧合"瑞中"校名，俊雅方正。下面深色月牙以长城垛口为创意，突出百年前建校强国，以图振兴的深意，上方一颗五角星代表"瑞安中学"星，居于长城上空，寓意瑞安中学与祖国的命运息息相关。俯视整体又像一面大鼓，警示广大师生要时刻不忘历史，为中华民族的复兴努力自强。阿拉伯小数字"1896"标注建校年代，突出悠久办学历史。

2. 浙江省瑞安中学校歌

飞云涛声，涤荡心胸，西岘岚光，照映晴空；艰难创业，永怀孙公，群贤继起，势大声宏。我们歌于斯，我们诵于斯，沐化雨，浴春风，携手并进，心丹气雄，如川之东，如日之升，歌唱我们亲爱的瑞中。

二、核心基因提取与评价

基于对材料的全面、深入分析，得出本文化元素的核心基因表述为："悠久的历史传承与厚重的文化积淀""'甄综术艺，以应时需'的校训""鲜明的办学特色"。

浙江省瑞安中学核心文化基因评价依据

评价项目	评价因子	评价依据（特点）	是否
生命力评价	文化基因存续的时间	自出现起延续至今，未曾明显中断	√
		自出现起延续至今，但多次衰微、中断后复兴	
		曾明显衰败，改革开放后开始复兴或历史溯源关键环节缺失，难以考证	
		文化形态主体已灭失，现存部分痕迹	
	文化基因的稳定性	在发展过程中保持相当稳定的状态	√
		在发展过程中存在明显的精神内涵、表现形式剧变	
凝聚力评价	文化基因的凝聚力及社会动员效果	曾广泛凝聚起区域群体的力量，显著推动过社会经济文化的发展	√
		曾部分凝聚起区域群体力量，对社会经济文化的发展产生过影响	
		凝聚过力量，创造过实际的发展动能，但未见对社会经济文化发展产生显著改变	
		仅在历史文献或口耳相传中存在，未见实际介入社会经济发展	

评价项目	评价因子	评价依据（特点）	是否
影响力评价	辐射的范围	具有全国性、世界性的影响力	√
		具有长三角区域、浙江省影响力	
		具有市县、乡镇影响力	
	提炼的高度	已经被古代文人士大夫和当代学者提炼为精神符号和理念理论	√
		单纯的样式、造型、工艺技术规范	
发展力评价	与当代精神追求和价值观念的契合	传统文化基因得到创造性转化、创新性发展；区域革命文化基因被完整继承、广泛弘扬；区域社会主义先进文化基因成为与浙江"三个地"相适应的文化高地	√
		部分转化、部分弘扬、部分发展	
		难以转化、难以弘扬、难以发展	

说明：基因特点评价是对解码出来的基因，根据本《导则》表2的要求，围绕"四个力"逐一对表打"√"，进行定性表述

（一）生命力评价

瑞安中学校史是一部艰苦奋斗和不断发展的历史。19世纪末期，孙诒让、黄绍箕、项崧、项湘藻等乡贤开新学之先，创办学计馆与方言馆，开启了瑞中跨越三个世纪的光辉历程。经历了初创的维艰、抗战的流徙、内战的磨难、新中国成立后的新生和新时期的振兴，瑞中实现了跨越式的发展。在中国社会大动荡、大变革的时代，瑞中师生受到辛亥革命、五四运动等民主革命思想的熏陶，也经历了抗日战争、解放战争的炮火洗礼，始终站立时代前沿，积极投身民主革命运动，砥砺奋进，百折不挠，用热血和生命谱写了波澜壮阔的革命斗争史。瑞安中学不断发展壮大，展现出蓬勃的生命力。

（二）凝聚力评价

三大核心基因作为浙江省瑞安中学的核心文化基因，在每一个历史阶段都广泛凝聚起了区域群体的力量，显著推动社会经济文化的发展。在清廷腐朽、民族危亡的历史背景之下，朴学大师孙诒让怀"自强之道，莫先于兴学"的信念，于1896年牵头创办学计馆，又力赞项崧、项湘藻创办方言馆。学计、方言两馆的创办，开启浙江新学先声，奠定了瑞安中等教育的基石。从此，这里聚集了一代又一代瑞中人，深思力行，以报效祖国为己任，承先贤之志，取俊杰之长，志存高远，勇往直前。

（三）影响力评价

三大核心基因具有全国性、世界性的影响力。瑞安中学不仅在全国范围取得了辉煌的办学业绩，还积极推动国际化教育。在新的历史时期，瑞中加强与国外学校的交流与合作，创办国际部，与美国瓦萨奇高中联办浙江省最早获教育部批准的中美国际高中课程项目，培养了一大批兼具家国情怀和国际视野的人才。瑞安中学文化已经被提炼为精神符号和理念理论。"学与道合""开物成务"的教育哲学，发展到如今"甄综术艺，以应时需"的校训，"敢为人先、文化厚重"的办学目标，"敢担当、有智慧、能做事"的育人目标。一代又一代瑞中人秉承瑞中文化，不断成长。

（四）发展力评价

三大核心基因得到创造性转化、创新性发展。瑞安中学的百年发展历程，具有厚重的文化积淀。在新时代得到了创造性的转化与发展，创新性的继承与弘扬。

三、核心基因保存

　　"悠久的历史传承与厚重的文化积淀""'甄综术艺，以应时需'的校训""鲜明的办学特色"作为浙江省瑞安中学的核心基因，文字资料有《瑞安中学校史》《瑞安中学：名校本色，百年奇葩》等6项保存于瑞安文化基因解码调查组资料库，图片材料有20张保存于瑞安文化基因解码调查组资料库。

瑞安鼓词

天瑞地安　瑞安文化基因

瑞安鼓词

瑞安鼓词

　　瑞安鼓词，浙江曲种之一，流行于温州地区，所以又称"温州鼓词"。旧时多为盲人演唱，称为"瞽词"或"盲词"，因以唱为主，又称"唱词"。

　　按《中国曲学大词典》解释，鼓词为曲艺的一种，是由古代民间口头文学和歌唱艺术，经过长期发展演变形成独特的艺术形式。其渊源与古代民间的"说故事""笑话"及叙事诗的"歌唱"有关，以里巷风俗的民间故事、巫医魇祝的神仙故事、战国游说的世说故事等为来源，通过说唱，对故事人物进行刻画，在地方曲艺流派的发展中形成。

瑞安鼓词，其声腔、道白、对话，一向以瑞安方言为标准音，俗语纯正，乡音浓郁，吐词稳健，表达清楚，使听者明白易懂。鼓词特别讲究平仄和押韵。口头文学的传艺者、词本作家、学艺者、演唱者都严格按照瑞安腔押韵，使听众听起来有节奏美。从前曾以标准方言编有《瑞安词韵韵谱》流传，为一先、二东、三江、四支、五歌、六鱼、七扬、八庚、九箫等十四声韵。鼓词编者，依此韵谱编写曲目。艺人登台演唱，敲打扁鼓，配奏牛筋琴，用木拍小板来调谐，能奏出一曲美妙的音乐之声。根据故事情节发展，抒发喜、怒、哀、乐之情，时而高亢激越，时而低沉悲怨，表演自如，声色俱佳，倾倒听众，尤为妇孺所爱。

瑞安素有"鼓词之乡"之称，古来唱词艺人大都集中在瑞安，分为南北二派。飞云江南北，以大词见长，称为"港乡派"；县城之东塘河两岸，以平词为优，称为"河乡派"。两地各有艺人数以百计，分布在乡村。抗日战争之前，塘河派老艺人陈宝生曾发起召开一次"唱词艺人大会"，与会者达数百之众。乐清县每年正月，各地乡村都有定额演唱"新春词"之俗，被邀请的词师数以百计，大都是瑞安鼓词艺人，足见瑞安唱词行业之盛。瑞安著名艺人亦大多出身瑞安，解放前瑞安一带民间流行一个唱词谣："赵岩儿劲，管华山琴，杨岳生文。"赵岩儿即善唱武词名家林朝藩；管华山在1949年后为瑞安县曲艺协会主席；杨岳生以唱《江南四杰》古文词著称。以上三人是各流派的代表人物，林、管两艺人已在官修地方志书上列了传。港乡有个艺名叫"曹村春"的郑明钦和后起之秀阮世池，名闻"瑞安词坛"，皆已成为名家。其他名师有东山德、吴希郎、陈宝生、陈宝焕、郑余弟、王水贤等，他们既是演唱者，又是口头文学的传艺家。还有三代"世艺之家"善唱"灵经"的校场法、唱《袍》的迎春和唱《万花楼》的阿荣。祖孙唱词，代代相传。两代唱词人有海安阿林杨氏父子，梅头金友仁、岩方父子，瑞安校场木、王阿坤父子，在唱词上子承父业，颇有艺名。

温州鼓词分为两大类：大词和平词。所谓大词，又称经词。大词都在庙宇中演唱，其形式颇似一种祭祀仪式。唱词之日，庙内张灯结彩，设经坛，立香案，扎纸神，搭庐山景，另有篾骨纸糊的白蛇公婆盘缠戏台的左右两柱，威武森严。全村户户屋外挂红，以示隆重。艺人身穿素色长衫，前置大鼓，旁置大锣，词鼓和牛筋琴的摆放位置不变，要连唱七日七夜。演唱期间，有专人在旁焚烧纸马敬佛。演唱结束后，送神船，请诸神归位，颇具迷信色彩。

由于老艺人相继过世，而今遗留原汁原味的东西很少。大词代表作是《娘娘词》，在浙南乡村遍地是娘娘宫，故此《娘娘词》最为流行且受人欢迎。

平词是指演唱历史故事、言情小说和武侠传说的鼓词。凡遇庙会、集市、宗族完谱、小儿满月对周、红白喜事、火灾后消灾请神或禁约及争端认错等，总要请艺人去演唱鼓词。多则连台数日，少则一夜即止。平词曲调文雅、抒情达意。演唱时，艺人端坐台上，左手执板（三粒板），右手持鼓签，不断敲奏琴、鼓和抱月（梆）等乐器，身兼生、旦、净、未、丑各角色，吐字清楚，情节分明，神态准确，人物逼真，绝非一日之功。

一、要素分解

（一）物质要素

风韵独具的鼓词乐器

鼓词乐器，有大鼓、大锣、扁鼓、牛筋琴、三合拍和小板等，为唱词伴奏之用。扁鼓是唱词最初的乐器，"负鼓盲翁"所指就是"扁鼓"，俗称"唱词鼓儿"，用单面皮制作，其形颇似北方曲艺的"书鼓"，用小竹枝敲打，其音像古波斯传入的、为维吾尔族歌舞伴奏的一种"纳格拉鼓"，音频较高，音色优美。牛筋琴是鼓词伴奏主要乐器，呈长方形，用细牛条筋作琴弦，固定在梧桐板框架上，其状如"扬琴"，初时五条弦，以古乐官、商、角、徵、羽五音为琴谱，后增至七弦和十二弦等，琴声可根据鼓词艺人唱音频率的高低进行调节，可调出高、中、低几档声音来。用牛筋作琴弦十分奇特，在中国乐器史上是独一无二的。拍、板二器用紫檀木或黄杨木制成，其音清亮，与戏班和吹打班的拍、板相同，用作打鼓敲琴的调节。

（二）精神要素

不断探索的创新精神

瑞安鼓词一直在不断地发展。新中国建立之后，女子开始唱鼓词，还有男女搭档对唱形式；后来党和政府高度重视，成立了曲艺协会；20世纪五六十年代，人们开始演唱现代鼓词；20世纪80年代初，人们创作了更多的鼓词词曲；改革开放后，鼓词受到人们的欢迎，在开会的时候，都会用鼓词来召集群众；现在，鼓词又与流行音乐相结合，逐渐成为年轻人喜爱的形式。

（三）制度要素

丰富的传统唱词词本

唱词的传统词本十分丰富，估计达数百种之多，大部分属于口头文学。先辈艺人东山德就有长篇词本10余部。陈宝生以短折曲目为优，约60本，有些已经失传。词本曲目之名以楼、亭、图、记、案定名为最多。旧时戏文，专门以剧本之名，编有《百戏传》作演唱。艺人们也效法此举，编者按一套词本录，有"十字上""十字落"等，便于记忆。如"十字上"：单刀会、双珠凤、三门街、四面貌、五虎平西、六出祁山、七星剑、八美图、九龙柱、十粒金丹、百鸟图、千里驹、万花楼。"十字落"：万里长城送寒衣、千里送京娘、百鸟围缸、杜十娘怒沉百宝箱、九莲灯、八义记、七子十三生、六国拜相、赵五娘吃糟糠、秦怀玉杀四门、

三击掌、二度梅、李一仙刺目等。此外，还有以颜色为序和以古典建筑物之名为曲目的。

（四）语言和象征符号

1. 以瑞安城关方言为标准口音

瑞安鼓词是一项地方特色的文化遗产。称瑞安鼓词也好，称温州鼓词也罢，它的演唱或道白口音完全是以瑞安城关方言为标准，即使是周边兄弟县市区的词师，也毫无例外地必须使用同一口音，否则就不是纯正的鼓词。

2. 节奏规整、变化多样的音乐结构

鼓词在旋律的组织形式和运用方法上比较自由灵活。它不像曲牌音乐那样，由多段牌子构成唱腔，而是以上下腔句组成基本音乐腔调。这种音乐结构适应于"七字句""十字句"的文词格式，节奏整齐，朗朗上口；在衬字的运用上也很灵活。同时，这种音乐结构加以自如运用各种节拍形式，更能充分发挥节奏变化的戏剧性功能。总之，鼓词的音乐旋律是以变奏方式向前发展的，不但音乐的段落结构规整，节奏变化多样，而且音乐的调式、调性既有对比又有统一。

3. 优美柔和的曲调

鼓词常用曲调有《太平调》《吟调》《大调》等。《太平调》分正《太平调》和反《太平调》两种，前者为徵调式，后者为宫调式。《太平调》是瑞安鼓词的基本曲调。历代艺人在此基础上根据故事情节的需要，予以发展创新，衍化出诸如"游春腔""哭皇天腔""上巫山腔"等不同腔调。《吟调》亦称"田歌"，节奏自由，乡间民众多会吟唱。他们在田间锄草、上山打柴，或划船摇橹时都会情不自禁地吟唱此曲调。下属有"相思腔""赞叹腔""诗赋腔"等。《大调》亦称"灵经大调"或"娘娘词"，属徵调式，上下句式演唱时，其上句落音一般为"do"。《大调》专在大词演唱中使用。大词以演唱《南游》最多，且在特定的宗教仪式上演唱，其曲调有很多旋律类似道教音乐，自始至终贯穿着一种庄严肃穆的气氛。但也有一些气势磅礴、高亢激昂的唱腔，大多表现"妖魔被擒"等情节。大词唱腔中，还有一种变徵调式为羽调式的曲调，来自以白代唱、类似哼调的道场音乐。随着时代的发展，瑞安鼓词的音乐也在不断创新，变原始的"上下句式"为"四句式"唱腔，这种唱腔旋律不像原始唱腔那样呆板，而是时有变化，错落有致。

4. 丰富多变、抑扬顿挫的板式

鼓词的板式变化丰富多变、抑扬顿挫。大致可归纳为"原板""慢板""快板""紧板""泛板""倒板""清板""散板""数板"等。"原板"也称"中板"或"流水板"，速度为中速，是鼓词的基本板式，其他板式大多由它衍化而来。它在鼓词音乐中往往设计在曲目的首句或首段，俗称"开场四句头"。原板唱腔出现在"以唱代白"的场面时尤为动听。"慢板"亦称慢原板，4/4拍，速度为慢速，字少拖腔多，听起来婉转、优美，适宜于抒情唱段。"快板"亦称"快原板"，速度较快，唱腔的旋律上下句连贯性很强，给人以欢快、活泼、跳跃之感。"紧板"亦称"迭板"，速度快，紧板唱腔是在快板唱腔基础上的再发展，大多出现在故事情节突变、矛盾冲突最尖锐的地方，为情节高潮的到来制造强烈的音乐气氛。"泛板"是一种紧打慢唱的板式，唱腔的特点是：唱句或拖腔可以自由延长或缩短，但节奏仍稳定，速度较快。泛板是瑞安鼓词的一个重要板式，老艺人们都非常重视泛板的运用，以提高自己的演唱水平。"倒板"亦称导板，速度自由，适宜于"三三四"的十字句，多在情节突变、矛盾激化时之用。"清板"唱腔不用牛筋琴伴奏，也无过门音乐，仅仅敲打三粒板与小抱月以控制节奏，速度为中速，清板唱腔在瑞安鼓词的演唱中运用较多。"散板"亦称叫散，节奏自由，其拖腔音调的高低、节拍的长短，全由演唱者的嗓音条件决定。"数板"俗称打快板，无音乐旋律，近乎朗诵。数板宜于描摹丑角的人物形态和叙述这些人物的道白（包括内心独白）。

5. 质朴而幽默的语言风格

瑞安鼓词根植于民间土壤，是为广大普通劳动者服务的，但同时它的词本经过文人修饰润色，形成了质朴又不失典雅，平实又不乏幽默的语言风格。瑞安鼓词受温州方言影响较大，词本中常含有温州方言词和民间谚语，比喻、双关等辞格的大量运用使得鼓词语言质朴动人，具有强劲的生命力。

如在《水晶瓶》中的唱句："我看他，石臼没有翻身日，你还是，另择新人结和同。"上例中"石臼没有翻身日"一语双关，借石臼的特性指徐志文家道没落、一贫如洗没有翻身的时候。瑞安鼓词中多有这类平实质朴的语言，贴近民众的日常生活，方便观众的理解和接受。同时，民间语言来源于劳动人民日常生活的交流和创造，普通民众文化水平不高但是有丰富的想象力和创造力，他们往往能运用身边最贴近生活的事物来打比方、做比喻，使得词文显得富有幽默感。如《思想赋》中的念白："哈……我只当你父亲做什么大官，原来是仓官仓老鼠，不吃谷就吃米。可惜我不讲，若讲出来比你父亲的官大十来级。"句中的念白是婢女梅燕为捉弄书生钱秀林而故意糗他，她将钱秀林父亲的官职比作"仓老鼠"，说起"不吃谷就吃米"。此类比喻十分契合梅燕的设定形象，语言贴近民众生活现实，在突出人物性格的同时又能引起听众的欢笑。

二、核心基因提取与评价

基于对材料的全面、深入分析，得出本文化元素的核心基因表述为："以瑞安城关方言为标准口音""优美柔和的曲调""丰富的传统唱词词本"。

瑞安鼓词核心文化基因评价依据

评价项目	评价因子	评价依据（特点）	是否
生命力评价	文化基因存续的时间	自出现起延续至今，未曾明显中断	√
		自出现起延续至今，但多次衰微、中断后复兴	
		曾明显衰败，改革开放后开始复兴或历史溯源关键环节缺失，难以考证	
		文化形态主体已灭失，现存部分痕迹	
	文化基因的稳定性	在发展过程中保持相当稳定的状态	√
		在发展过程中存在明显的精神内涵、表现形式剧变	
凝聚力评价	文化基因的凝聚力及社会动员效果	曾广泛凝聚起区域群体的力量，显著推动过社会经济文化的发展	
		曾部分凝聚起区域群体力量，对社会经济文化的发展产生过影响	√
		凝聚过力量，创造过实际的发展动能，但未见对社会经济文化发展产生显著改变	
		仅在历史文献或口耳相传中存在，未见实际介入社会经济发展	

评价项目	评价因子	评价依据.(特点)	是否
影响力评价	辐射的范围	具有全国性、世界性的影响力	
		具有长三角区域、浙江省影响力	√
		具有市县、乡镇影响力	
	提炼的高度	已经被古代文人士大夫和当代学者提炼为精神符号和理念理论	
		单纯的样式、造型、工艺技术规范	√
发展力评价	与当代精神追求和价值观念的契合	传统文化基因得到创造性转化、创新性发展;区域革命文化基因被完整继承、广泛弘扬;区域社会主义先进文化基因成为与浙江"三个地"相适应的文化高地	√
		部分转化、部分弘扬、部分发展	
		难以转化、难以弘扬、难以发展	

说明:基因特点评价是对解码出来的基因,根据本《导则》表2的要求,围绕"四个力"逐一对表打"√",进行定性表述

(一)生命力评价

温州鼓词历史悠久,源远流长。关于它的具体形成时代,一说始于南宋。以当时历史背景和地理环境作为分析论证的依据。金兵入侵,宋室南迁,随之而来的宋代政治、经济、文化中心的南移。曲艺作为民间喜闻乐见的说唱形式,也随着民族的迁移而南下。宋朝陆游的《小舟游近村·舍舟步归》:"夕阳古柳赵家庄,负鼓盲翁正作场,身后是非谁管得,满村听说蔡中郎。"就生动地描绘了江南农村演唱鼓词的盛况。另一说认为,温州鼓词始于明代,由横阳里巷之曲与词曲合并而成。横阳,即今平阳;里巷之曲,指的是民间小调。当时在野的文人与聪明的盲艺人,承受了古乐的衣钵,并吸收了当地的民间小调,创造了说唱形式。明末清初,温州鼓词流传于浙南瑞安

一带是可以肯定的,温州鼓词在300年前已非常流行。在方鼎锐《温州竹枝词》中有"此日豆棚人共坐,盲词听唱蔡中郎"之句。再如戴文隽的《瓯江竹枝词》中写道:"风鬟袅袅夜来香,艳说荆钗枉断肠,三十六方明月静,无人解听蔡中郎。"说是夏夜街巷喜唱盲词,昼鼓咚咚,往往侵晓。可见温州鼓词当时的盛景。新中国成立后,温州鼓词在"双百方针"政策的指引下,焕发出新的活力。1958年进京参加全国曲艺汇演,这一宝贵的艺术形式第一次登上首都的舞台。温州鼓词在新中国成立后,在温州得到较快发展。2006年5月20日,温州鼓词还被评为第一批国家级非物质文化遗产保护名录项目。

(二)凝聚力评价

瑞安鼓词具有良好的群众基础。瑞安鼓词完全是地方方言,当地群众都能听得懂,乡音有亲切感,它不仅是一项民间娱乐活动,还是知识、文化、伦理道德的传播媒介。瑞安鼓词在很大程度上丰富了广大城乡人民群众的文化生活,尤其是年龄段较大的群众。新中国成立后,为宣传党的各个时期各项方针政策,瑞安鼓词上山下乡,及时将方针政策传播给广大人民群众,也为地方语言的延续、传统民风、民俗的继承起到非常大的作用。

(三)影响力评价

瑞安鼓词是流行于浙南地区最大的曲艺种类,也是浙江省的主要曲种之一。在其问世后的300余年里,一直以广大群众喜闻乐见的形式活跃于民间,特别是20世纪60年代至80年代发展鼎盛,当时瑞安市有曲艺队9支,固定曲艺场馆90余处,词师200多人,并形成多个流派。如今,瑞安市作为"中国曲艺之乡",目前有瑞安市曲艺家协会、瑞安市罗阳曲艺团、瑞安市陈春兰鼓词文化发展有限公司等3个传承团体,传承人群达200余人,从事温州鼓词艺人达100余人。有瑞安市职业中等专业集团学校、瑞安市马鞍山实验小学等2处传承基地,累计培训学员400余人。有莘塍街道下村村、陶山镇沙洲村、曹村镇东岙村等3处鼓词演唱基地,在江浙闽地区以及海内外温州人群体中具有极强的影响力。

（四）发展力评价

瑞安鼓词一般由一人担纲，道具简单轻便，对表演场所的要求不高，不需要很大的舞台、很多的灯光与音响等设备，是名副其实的文艺轻骑兵，很适合在当前条件不是很好的山区海岛活动。瑞安市每年春节送文艺下乡，在一些偏远的山区或交通不便的地方，鼓词发挥了很好的宣传作用。至今，瑞安鼓词有一定的演唱市场。近几年来，诸如农村会市、宗祠集庆、地方庆典、前辈祝寿，乡亲们都要请一些知名度高的词师来演唱，而且一唱就是三五天。瑞安市有一家公司专门制作名家演唱的鼓词音乐，产品销往东南亚及欧洲，效益颇为可观。

三、核心基因保存

　　"以瑞安城关方言为标准口音""优美柔和的曲调""丰富的传统唱词词本"作为瑞安鼓词的核心基因，文字资料有《明代词话》《瑞安近百年大事记》《郑志强鼓词集》《瑞安鼓词十八本》《温州鼓词》《瑞安市志》等，实物材料演奏乐器等保存于瑞安市非遗馆。

姜立纲

天瑞地安　瑞安文化基因

姜立纲

姜立纲像

　　姜立纲（1444—1499），字廷宪，号东溪，明朝瑞安梅头镇东溪村（今龙湾区海城街道东溪村）人。明天顺七年（1463），20 岁的他开始从政，官至中书舍人，到弘治四年（1491），他累官至太仆寺卿。为官几十年间，他为人谦恭谨慎，生活俭朴，虽是朝中重臣，但是仍过着一般老百姓人家的日子，所以后人对姜立纲这样评价："位徙清华，布素如塞士；至于周急解纷，视弃金帛若尘土。"这样的生活作风和做人品格，使他深受朝野人士和乡梓戚友所敬重，这种品格在其日后的书法作品中也得到了体现。姜立纲很喜爱游历各地，了解各地的文化和风土民情，游历的过程中遇到优美的风景，他会流连忘返，驻足欣赏，感受大自然的鬼斧神工，这对他书法的艺术造诣与风格的形成产生了重大的影响。他日后的书法作品中透露着一种浑然天成的大气和朴素，同时又有着一种尊严与高贵，都与他的人生经历有重大的关系。在书法创作中，他将自身的生活经历的感悟融合其中，形成了独树一帜的风格。在何乔远《名山藏》中，曾有这样的记载：姜立纲尝临湖舍作"皆春"二字，适有操舟过其前，冲涛骇浪，字遂写成风波行舟之势。从这段文字记载中就能体会到，姜立纲能随着情势的变化，将自己对当时的情景的感悟与书法关联起来形成字随情而变的独特的风格。

对于姜立纲书法天赋的传说有很多，其中有一则是这样记载的：在明英宗正统年间，有一户住在瑞安梅头东溪村叫姜秀山的人家。这一天，姜家大摆筵席，好像遇到了什么喜事，贺客盈门，热闹非凡。原来，7岁的姜立纲因写得一手好字，经官府推荐选拔，他被朝廷破格录取为翰林院秀才。一个7岁大的儿童能入选皇家最高学府，这让所有人打心底感到钦佩和羡慕。酒宴结束后，在众乡友的欢送下，姜立纲坐上一辆官轿在一名官员的护送下，踏上了京城求学的路程。

据传说描述，姜立纲很小的时候就显露出惊人的书法天赋，三四岁便能模仿成人的样子"临池习字"。他不仅白天勤学苦练、乐此不疲，甚至在夜晚烛光下仍挥毫不息。传说，姜秀山见儿子如此钟情书法，便四处打听为其寻访名家指点，后来听说仙岩寺觉禅和尚是位书法高手，遂带着儿子前去拜访。觉禅初见此儿想试试其是否有传说那么神奇，于是就递给他一支笔，命其写几个字看看。姜立纲毫不推辞，大笔一挥，写下几个颇见功力的径尺大字。觉禅看后连连称奇，对姜秀山说："令郎真是奇童，小小年纪就有如此高的天分，若能持之以恒，将来必成大器。"觉禅收姜立纲为徒后，传授其临摹、研习同邑黄蒙

（又名养正，明永乐年间书法家，其时宫殿榜署及国子监题名大多出自他的手笔，曲阜孔子墓碑碑文即出于其手）的书法。姜立纲聪颖好学，在觉禅和尚的悉心指导下，将当时风行的"台阁体"练得出神入化，与此同时，他的名气也越来越大，连朝廷也知道温州出了一个书法神童，所以才会破格录取7岁的姜立纲为翰林秀才。

通过此传说可以看出，姜立纲对书法真是具有得天独厚的天赋。虽然他跟觉禅大师习字的故事目前并没有得到史实的考证，或许只是将姜立纲的天赋进行了夸大，但是他7岁因练得一手好字而入选翰林院却是一个无可争辩的事实。

书法种类中，姜立纲最擅长楷书，这是因为他最先临摹的是黄蒙的字体，之后取颜、柳楷书精髓，自成一派。姜立纲所写的字体浑厚方正、清劲凝重，世称"台阁体"，也称作"诰敕体"。也正因如此，明朝英宗、宪宗、孝宗三代帝王的内廷制造、宫殿碑额，大都出于他的手笔，可谓名倾天下。当时在民间，姜立纲的字被称为"姜字"，如谁要是能偶得一二字都会视为至宝，当时有记载"人得片纸，争以为法"。可见姜立纲当时墨迹多么珍贵、难得。他的字的价格与当时书法名家祝枝山、王宠不相上下，由此在民间临摹其作品、冒名顶替者也比比皆是。在明人话本《醉醒石》中曾有个这么一段记载：话说明成化年间，有一人专以模仿姜立纲的书法为生，打着出售"姜字墨宝"的旗号，到处行骗，且屡屡得手。可见当时他的字的影响力是多么巨大。

一、要素分解

（一）物质要素
稀少珍贵的存世佳作

姜立纲作为一代书法大家，很可惜他的墨迹极少留传下来。目前，瑞安市博物馆珍藏一幅《李太白梦游天姥吟留别》草书中堂和三方楷书墓志碑石，全国其他地方包括故宫所收藏的姜立纲作品也是寥寥无几，诚可宝贵，这更凸显出他墨迹的珍贵。谢国桢《天爵堂文集·笔余》记载，北京前门六必居的匾额，乃姜立纲所书。姜立纲不仅在书法的创作上造诣深厚，在书法理论方面更是有独到的见解，他编著的《东溪书法》一书，内容包括《论八法》《八病》等篇，以及字式二百二十四条，此书汇集他一生创作经验及对书法的感悟。

（二）精神要素
钟情翰墨、笔耕不辍的精神

姜立纲不仅擅长写楷书，还精通草书和行书，并且尤其擅长扇面书法。众所周知，在纵 18.7 厘米、横 48.5 厘米的纸面上书写，同时还要讲究运笔及走位，是十分有难度的。而现今珍藏于南京博物馆的 1480 年成化庚子仲夏姜立纲创作的扇面作品《行书朱熹咏易诗二首》，整幅作品章法疏朗，长短穿插，错落并行，大小参差，尽显"台阁"之书的方正、光洁、乌黑、齐整的特色。每一个字都是蘸一次墨一气呵成，使整字墨气均匀，墨色温润饱满，不盈溢，对用墨的"度"把握得恰到好处。能有此种运墨的成就绝非一天两天就练成的。

（三）语言与象征符号

精谨、端严的"台阁体"书风

"台阁体"的兴起同时也体现了明初独特的时代社会特征，它虽然没有鲜明的个性特色，但有着理想化、正统性以及精谨、端严的特点，且作为明代威权政治的产物，"台阁体"成为官方书法风格样式，直接影响了当时书法的走向。明初最为流行的书风便是"台阁体"。"台阁体"注重书法的法度，力求遵守应规入矩的规范，同时也重视精心营造书法内在的静态之美和外在的端严之美。"台阁体"书法是明朝专制统治下的产物，明代科举制度的发展与统治者的喜好是促成其发展的重要因素，"台阁体"书法必然也要服务于当朝政治，因此，可以说明代政治是"台阁体"书法形成的不可忽视的因素。中国古代自唐代之后，科举制度就作为一项选拔人才重要的制度，深刻影响着政治、经济和文化等方面，书法这一科目是科举考试不可缺少的重要科目，能够书写精致的楷书甚至被当作任用官吏的先决条件。

二、核心基因提取与评价

基于对材料的全面、深入分析，得出本文化元素的核心基因表述为："稀少珍贵的存世佳作""钟情翰墨、笔耕不辍的精神""精谨、端严的台阁体书风"。

姜立纲核心文化基因评价依据

评价项目	评价因子	评价依据（特点）	是否
生命力评价	文化基因存续的时间	自出现起延续至今, 未曾明显中断	√
		自出现起延续至今, 但多次衰微、中断后复兴	
		曾明显衰败, 改革开放后开始复兴或历史溯源关键环节缺失, 难以考证	
		文化形态主体已灭失, 现存部分痕迹	
	文化基因的稳定性	在发展过程中保持相当稳定的状态	√
		在发展过程中存在明显的精神内涵、表现形式剧变	
凝聚力评价	文化基因的凝聚力及社会动员效果	曾广泛凝聚起区域群体的力量, 显著推动过社会经济文化的发展	√
		曾部分凝聚起区域群体力量, 对社会经济文化的发展产生过影响	
		凝聚过力量, 创造过实际的发展动能, 但未见对社会经济文化发展产生显著改变	
		仅在历史文献或口耳相传中存在, 未见实际介入社会经济发展	

评价项目	评价因子	评价依据（特点）	是否
影响力评价	辐射的范围	具有全国性、世界性的影响力	√
		具有长三角区域、浙江省影响力	
		具有市县、乡镇影响力	
	提炼的高度	已经被古代文人士大夫和当代学者提炼为精神符号和理念理论	√
		单纯的样式、造型、工艺技术规范	
发展力评价	与当代精神追求和价值观念的契合	传统文化基因得到创造性转化、创新性发展；区域革命文化基因被完整继承、广泛弘扬；区域社会主义先进文化基因成为与浙江"三个地"相适应的文化高地	√
		部分转化、部分弘扬、部分发展	
		难以转化、难以弘扬、难以发展	
说明：基因特点评价是对解码出来的基因，根据本《导则》表2的要求，围绕"四个力"逐一对表打"√"，进行定性表述			

（一）生命力评价

姜立纲是成化年间书坛名家，也被认为是"台阁体"的代表书家之一。他在书法的运笔、用墨和间架结构上建树很高，且能把书法作为一种自我修行的方法，将情感与书法融为一体，不断升华，逐渐达到较高的艺术境界。他作为历经五朝的重臣，为官几十年一直为人谦恭谨慎，生活朴素，他的为人处世作风和品格深受朝野敬重。姜立纲书法呈现了稳重端正、刚劲浑厚的艺术特色，甚至被当时民间称为"姜字"，清代《三希堂法帖》都收有他的墨迹。他将自己的人生感悟与亲身经历融入自己的书法创作中，逐渐形成了独具特点的艺术面貌，在当时获得很高的评价，以至于明成化和弘治年间的宫廷殿匾、碑文大多出自其笔下，他甚至被日本人称为"一代书宗"，就连日本的国门大字也是出自姜立纲之手。姜立纲创造的"台阁体"迎合了明朝官廷公文书写的需求，他的字更是中国几千年书法艺术中的一个重要组成部分，他的字端正拘恭之态，点画精到，匀称工整，形成自己独有的"台阁体"——姜字面貌，也开创了明朝朝廷书法的新样式。

（二）凝聚力评价

明后期乃至清代，"台阁体"都承姜立纲楷书一脉。姜氏的楷书不仅纠正了时人书法学习中多偏于柔弱无力的流弊，对当朝学书者来说也大有裨益，而且其楷法端正严谨，对于后世人的楷书初学入门而言，具有较高价值和深远意义。姜立纲不但在书法创作上造诣深厚，而且在书法理论方面也有自己独到的见解，他所著的《东溪书法》一书，汇集了他一生的创作经验。他还撰成了《中书楷诀》，该书不仅是一部实用法帖，对书法初学者提供了临摹范本，而且十分全面地介绍了汉字的构造及其组合规律，系统地总结了汉字的间架结构，并按照汉字的特征与属性列出了典型字例，在对楷书结构的研究上有着重要意义。

（三）影响力评价

姜立纲书法艺术对后世的影响，主要集中体现在他的书法作品字体笔墨的运用和心境修为的独特开式上，后世的书家能将二者兼而取之者，必能使整幅作品一气呵成，笔墨均匀饱满。同时，姜立纲身为朝廷中人，其做事严谨、认真，而书写公文时又要求文字必须美观、谨严、规范。练习他的字体，不会如"颠张醉素"，飞扬恣肆，天马行空；也不会像敦煌小楷，个性十足，千人万面。不张扬、无夸饰，坚毅刚韧、劲健峭拔的力感，无鹏搏九万里、扶摇直上的气势，只是收敛锋芒，以柔和的笔调贯穿始末，以不懈的裹束攒起每个字的挺拔、俏丽。俗话说字如人，姜立纲能侍奉几任皇帝，这与他低调做人的行事风格有很大的关系，这种品格也渗入他的书法中。后世很多书家虽然临摹其字体但是仍无法达到他的水平，其重要原因之一就是心境的修为没有学到。姜立纲虽为朝廷中人，但是却依然过着布衣素食的生活，淡泊名利，虚怀若谷，书法已经成为他的一种修行。这种将书法与自身的修为融于一身起源于宋代，宋代黄庭坚的"山谷书法"

的意境，其书法作品大气磅礴，兼具鬼斧神工之感，黄庭坚所形成的此种意境就是将书法与自身的修为结合在一起，他自封为山谷道人也表现出了他修行的目的。此种修行与书法结合的境界从宋代影响到明代，所以姜立纲也受此影响，他居庙堂之高，却还能做到深居简出，同时将这种意境融汇到书法中，形成自己独有的风格。

（四）发展力评价

姜立纲作为一个书法家，已经独立形成自己的风格，世人已经接受姜体字，说明他有不同于赵董及沈度的地方。就是在明朝中后期，其字的价格也不减吴门书家。明收藏家项子京在《书画跋》里说，"姜立纲自置身金紫，今遗迹至京都价亦不见不减希哲祝枝山，履吉王宠。效之者多白衣跻显贵"。一些人专靠练姜字发家，

这并非虚传。《万历野获编》载，"嘉靖间，吾乡有谈相号木拉者，幼而门役，长而伟仪，工书，习姜太仆立纲体。入京师值也庙西内修醮，因得以书供事斋官，丈被宠眷。积官工部左侍郎"。其次，姜立纲书法创作绝非食古不化，泥古不前。他也注重师造化，得天然之旨趣。瑞安市博物馆藏有姜立纲草书立轴《李太白梦游天姥吟留别》，从整体上看，近沈度体格，但又比沈氏豪放舒展，颇得章草三昧；又取怀素之筋络，长线如戟短笔有锋，连带婉转有度，节奏疾迟间优雅从容；整篇气息雍容高贵古意盎然。在艺术道路上，姜立纲有着较宽的根基，有了迥乎常人的艺术体验，为以书入画，或以画入书，以篆法入行草，这就使得他在创作的道路上会比别人站得更高，看得更远。

三、核心基因保存

　　"婉丽端庄的台阁体""钟情翰墨、笔耕不辍的精神""精谨、端严的台阁体书风"作为姜立纲的核心基因，《明朝书法家姜立纲的艺术成就探析》《姜立纲及明代台阁体书法》等7篇文字资料保存于瑞安市文化基因解码调查组资料库。出版物和古文古籍有《名山藏》等。

利济医学堂

天瑞地安　瑞安文化基因

利济医学堂

利济医学堂旧址

　　利济医学堂于清光绪十一年（1885），由祖籍浙江乐清的光绪举人陈虬等人创建。陈虬出身贫苦，祖父曾以更夫为业，父业漆匠，他主要是通过自学而成学问，生平与宋平子和陈介石最是契好。因三人学问等身，时人誉之温州三杰。他青年时就悉心钻研中医经籍，医术高超，是温州近世最有声望的名医，三十岁就撰写出《蛰庐诊录》等传世中医名著。

　　陈虬主张变法维新，以求民族自强，是清末浙江改良派代表人物。1892 年著《治平通议》，提出设议院、兴制造、奖工商、开铁路等主张,同年参加保国会。1895年,作为中坚人物曾全力参与"公车上书"活动,得到康有为的高度器重。后与蔡元培等在京筹立"保浙会"。戊戌政变失败后,曾遭清廷通缉。为了推行改革主张,他利用自己的医学知识和社会声望,于1885年在瑞安发起创办利济医学堂和利济医院,开启现代中医之先河。

光绪二十一年(1895),利济医学堂和利济医院在温州小高桥下开设分院,次年出版发行《利济学堂报》。光绪二十七年(1901)因经费亏绌,医学堂停办,医院继续开诊。抗战初期因战乱,医院解散,院舍并入瑞安社会救济院,直至1949年新中国成立。

1949年至1958年,利济医学堂所在瑞安社会救济院改称瑞安社会福利院。1958年8月,瑞安社会福利院利用利济医学堂址创办瑞安福利电器设备厂,作为企业用房,其后一直沿用至2000年春。2000年,瑞安市对利济医学堂进行抢救维修,至次年7月16日,利济医学堂门厅、西厢房和主楼得到维修,东厢房和药物种植园得以恢复,并在主楼前东西两侧新辟花苑药物种植园,北面增建文保管理用房。所有工程于2001年8月竣工。2006年5月,利济医学堂被国务院确立为全国重点文物保护单位。

利济医学堂是我国第一所新式中医学堂,有一套严格的管理制度。陈虬手定《习医章程》五十条,从入学察看、毕业考试到试医过程直至最后开业行医,条规清晰,巨细分明。教学过程有完善的教学方法,教学内容分专业课和普通课。学校制订的医藏书目录将医书分为必读、必阅、必备三类,普通课有国文、历史、体操等十八门之多。学校注重培养学生的实践能力,除在医学院进行临床实习外,还要求学生在校园内种植药草,陈虬称其为"读遍图经千部,不如栽药一区"。

作为我国第一所新式中医学堂,利济医学堂因其教育思想和教学方法的创新,为浙南地区培养了大批中医医学人才,影响深远。

一、要素分解

（一）物质要素

1. 中西结合的医学堂建筑群

利济医学堂整体建筑群坐北朝南，占地面积 2000 平方米，平面布局呈中国传统的四合院式。建筑群南北分为三个部分，南北依次为门屋、主楼和中草药圃，建筑群的单体建筑中西结合，体现了创建者鲜明的改良思想以及对我国封建办学制度从内容到形式强烈的改革要求。学堂部分占地 700 平方米，由门屋、东西厢房和主楼组成。门屋建于清光绪十一年（1885），砖木结构，五开间，面阔 16.25 米，进深两间共 6.13 米。结构形式为梁架抬梁式。门屋正南面砌墙，明间设台门，台门有青石门框，高 5.10 米，宽 4.44 米，台门顶部做成如意头，曲线优美，具有浓郁的瑞安地方特色。台门门额上嵌有孙衣言楷书撰就刻写的利济医院青石匾一块。厢房砖木结构，三开间，面阔 15.65 米，进深四间，深 5.50 米，梁架穿斗式。

主楼砖木结构，二层，采用西式柱廊形式结合传统歇山屋顶。主楼的梁架为中国传统形式，抬梁式，前后金柱为通柱，六架梁，天花板采用灰麻条拼成，屋顶四坡顶，第二层用车木栏杆。明间原挂有陈虬等四位创业先生的画像，整组建筑装饰简洁。隔扇门窗已使用玻璃，山墙上的窗户均有窗罩，塑成几何状，屋面均覆盖小膏瓦。天井、通道青砖铺就，呈人字纹。利济医学堂建筑群布置简约，格局清晰，功能合理。单体建筑中西合璧，轻灵典雅，传统地方特色与外来文化结合自然和谐，是中国近代中西文化交融贯通的杰作。

2.丰富的医学研究著作

利济医学著作主要有：陈虬撰《蛰庐诊录》二卷、《元经宝要》三卷、《瘟疫霍乱答问》一卷，张烈演谱、陈虬订正《利济卫生经天函》一卷，陈葆善撰《白喉条辨》一卷、《燥气总论》一卷、《燥气验案》二卷、《本草时义》一卷，利济师生论文汇编《利济医谈》一卷，相关规章制度《利济章程》一卷。部分著作汇辑为《利济医集》，收于《温州文献丛书·温州近代医书集成》，丰富了我国中医理论，推进了医学学术的进步。

（二）精神要素

1.以浙东事功学派思想为办学渊源

瑞安历来文风鼎盛，产生了对现在的经济发展都有深刻而广泛影响的浙东事功学派。在研究历史、考察古今成败教训时，浙东学派的学者们认为统治者只有奉行济世安邦的政治路线，才能使国力强盛，而空谈心性道德理学，则于事无补，最后只会使国家积贫积弱，内忧外患。这种强烈的功利主义色彩，主要表现在事功务实、知行合一、经世致用等方面。晚清之际，社会矛盾激化，士人以救国救民为己任，积极寻找改变中国落后面貌的办法，瑞安人孙衣言、孙锵鸣提倡陈叶之学，校刻永嘉丛书，永嘉之学遂盛。

宋恕、陈黻宸与陈虬私交甚密，人称"东瓯三先生"。清末永嘉之学复兴之时，东瓯三先生既有深厚的传统文化根基，对西方的制度、社会、文化等又有一定的了解，加之受永嘉之学的影响，为社会做一点实事会成为他们的人生不二选择。他们认为"办学办报办议院"是解决中国问题的出路。利济医学堂及利济学堂报无疑是他们为此付诸的实践，陈虬还与章太炎、宋恕等主编《经世报》，该报是戊戌变法运动期间浙江维新派的报刊。总之，浙东事功学派是利济医学堂创办的文化渊源，创始人都深受浙东事功学派的影响。

2.兼收并蓄的教学内容

教学内容兼收并蓄，注重自我创新和发展。陈虬手订《习医章程》，规定学制和教学内容。学堂教材分普通课和专业课，普通课有国文、历史、音韵、书算、术数、制造、种植、体操、词章著作、时务游历等；专业课除中医经典外，还有学堂自编的《利济教经》《教经问答》《利济元经》《中星图略》《利济文课》《卫生经》《蛰庐诊录》《新瓯文七音铎》。其中，陈虬刊于1894年的《利济教经》是我国近代最早的自编教科书，比南洋公学自编教科书还早三年。学堂把医书分为必读类21种，必阅类50种，必备类32种，要求必读之书当循序渐进，必阅之书当择善而从，并将西方新医书分作"三学"（解剖、心灵、卫生）介绍给学生。此外，学堂1896年创办学报《利济学堂报》，每月两期，是师生倡议变法维新、开展医学争鸣的园地，在全国各大城市都有发售，深受各界重视。

（三）制度要素

1. 现代西方的教育理念和办学制度

利济医学堂采用现代西方的教育理念和办学制度，有一整套的教学方法和管理模式，形成专门机构，其内部组织、习医章程、教学计划、办刊宗旨、股份分派、人员组成、经济核算、运作过程等，都有规划设想，大多出自创办主持人陈虬之手，具有鲜明的特色。

2. 课堂与实践并重的教学方法

教学和医疗实践相结合，注重实际知识和技能。学堂实行教学和医疗实践相结合，《习医章程》规定招收14岁以上有志学医者为生徒，学习年限10年，前5年攻读医学课程，后5年边学习边诊病。自第6年起发给一定的薪水，后逐年增加，课业有成，即给予试医图章。学堂聘请浙南各地的优秀中医人才任教，陈虬亲自主教，平日授课之余，特别注意培养学生的自学阅读能力。陈虬为学生指明学习方法："读书之道当由源及流，流别一清，须再治流溯源，回环往复，左右逢源，将所得无一非书矣。"临床实习中，指导学生"每临一症皆要认病和辨证"，如伤寒，"头痛恶寒项强为太阳病，发热汗出则为症"；要认真写好脉案，"医必有案，方能于脉因症治有所发明"；严格考核疗效，"立案以明治法，而医稿又当记其此方服后应有何效，视其验否，方可考其功夫深浅"，以此了解学生水平，考稽其优劣。此外，为贯彻陈虬"读遍图经千部，不如栽药一区"的主张，学堂开设生药局和鲜药圃，注重引导学生掌握实际知识技能，知医识药，同时也方便了临床用药。

二、核心基因提取与评价

基于对材料的全面、深入分析，得出本文化元素的核心基因表述为："中西结合的医学堂建筑群""以浙东事功学派思想为办学渊源""课堂与实践并重的教学方法"。

利济医学堂核心文化基因评价依据

评价项目	评价因子	评价依据（特点）	是否
生命力评价	文化基因存续的时间	自出现起延续至今，未曾明显中断	
		自出现起延续至今，但多次衰微、中断后复兴	√
		曾明显衰败，改革开放后开始复兴或历史溯源关键环节缺失，难以考证	
		文化形态主体已灭失，现存部分痕迹	
	文化基因的稳定性	在发展过程中保持相当稳定的状态	√
		在发展过程中存在明显的精神内涵、表现形式剧变	
凝聚力评价	文化基因的凝聚力及社会动员效果	曾广泛凝聚起区域群体的力量，显著推动过社会经济文化的发展	√
		曾部分凝聚起区域群体力量，对社会经济文化的发展产生过影响	
		凝聚过力量，创造过实际的发展动能，但未见对社会经济文化发展产生显著改变	
		仅在历史文献或口耳相传中存在，未见实际介入社会经济发展	

续表

评价项目	评价因子	评价依据（特点）	是否
影响力评价	辐射的范围	具有全国性、世界性的影响力	√
		具有长三角区域、浙江省影响力	
		具有市县、乡镇影响力	
	提炼的高度	已经被古代文人士大夫和当代学者提炼为精神符号和理念理论	√
		单纯的样式、造型、工艺技术规范	
发展力评价	与当代精神追求和价值观念的契合	传统文化基因得到创造性转化、创新性发展；区域革命文化基因被完整继承、广泛弘扬；区域社会主义先进文化基因成为与浙江"三个地"相适应的文化高地	√
		部分转化、部分弘扬、部分发展	
		难以转化、难以弘扬、难以发展	

说明：基因特点评价是对解码出来的基因，根据本《导则》表2的要求，围绕"四个力"逐一对表打"√"，进行定性表述

（一）生命力评价

清光绪十一年（1885），陈虬与陈黻宸、何迪启、陈葆善在瑞安城东杨街里创办利济医院、利济医学堂。学堂教学灵活，设有实习基地，设立图书馆，介绍传入的西方医学给学生课外阅读，开阔学生眼界，开中西医结合之先河。学堂后又在温州各地设立分校，前后办学18年。虽然学堂最终因经济原因停办，但陈虬先生尝试采用西式办学模式来改革我国封建教育制度，培养大批优秀中医师，对中医事业的发展作出了积极贡献，为我国留下了宝贵的精神财富和借鉴意义。利济医学堂旧址经过抢救性修复亦成为学堂历史文化的纪念物，因此，利济医学堂的核心基因"中西结合的医学堂建筑群""以浙东事功学派思想为办学渊源""课堂与实践并重的教学方法"自出现起延续

至今，但多次衰微、中断后复兴，保持稳定的状态。

（二）凝聚力评价

利济医学堂是我国近代第一所中医专门学校，刊发了第一份中医药学报和综合性学报，并催生浙江和温州地区的医学教育热潮；利济医学堂还培养了一大批基础扎实、有理论水平有实践经验的医学人才，有姓名可稽者尚有数十人，此后数十年间成为浙南中医力量的中坚，形成了医学流派；利济学员陈刚纂辑《尊生纪要》，李芑以西法科属分类著《东瓯本草》八卷，章宜著《河间医话》，唐灏墀著《缘督子伤寒论述注》，郑骏父子编纂《乞法全书》，郑叔纶编纂《修正丸散膏丹配制法全集》等，推进了医学学术的进步。利济精神传承，永嘉普安施医施药局本着施医施药救济贫病之宗旨，开展慈善医疗。利济医院的良医、学员成为普安施医施药局常驻医师或义务医师，治病救人，做了不少善事。纵观历史，利济医学堂在我国浙南地区医学事业以及全国中医教学事业上具有举足轻重的地位，其核心基因曾部分凝聚起区域群体力量，对社会经济文化的发展产生过影响。

（三）影响力评价

陈虬与陈黻宸、陈葆善等人在瑞安创办利济医院、利济医学堂，此为浙南最早的医院与我国近代第一所中医专门学校。光绪二十二年（1896），陈虬主编《利济学堂报》，发行全国各地，为我国中医药学报之始，传播维新思潮，交流医学心得，兼及时事、洋务诸多方面，亦我国综合性学报之始。利济医学堂培养了一大批基础扎实，理论与实践兼备的医学人才，此后数十年间成为浙南中医力量的中坚。以陈虬为首，以利济医学堂为中心，医疗卫生、医学教育、医学编辑出版并举，由此形成的医学流派，被称为利济医派。因此，在过去利济医学堂的影响力扩展至全国，其核心基因"中西结合的医学堂建筑群""以浙东事功学派思想为办学渊源""课堂与实践并重的教学方法"已经被当代学者提炼为精神符号和理念理论，具有全国性、世界性的影响力。

（四）发展力评价

陈虬的生平以维新变法思想和中

医实践两方面的光辉成就载入史册。利济学堂对改革我国封建教育制度，对浙南地区及我国中医药事业的发展，起过不可磨灭的积极作用，可以说是我国一处含有丰富文化内涵与重要社会价值的历史遗迹，值得进一步的深入研究。利济医学堂旧址，现辟为利济医学堂博物馆，2006 年被列为第六批全国重点文物保护单位。因此，利济医学堂的核心基因，"中西结合的医学堂建筑群""以浙东事功学派思想为办学渊源""课堂与实践并重的教学方法"与当代精神追求和价值观念契合，具有创造性转化、创新性发展的潜力。

三、核心基因保存

　　"中西结合的医学堂建筑群""以浙东事功学派思想为办学渊源""课堂与实践并重的教学方法"作为利济医学堂的核心基因，文字资料有《中国医学史》《温州近代医书集成》《浙江省教育志》《温州市卫生志》等，实物材料医学堂旧址保存于瑞安忠义街。

圣井山石殿

天瑞地安　瑞安文化基因

圣井山石殿

圣井山石殿

　　圣井山石殿位于浙江省瑞安市马屿镇，历史悠久，在明嘉靖前就以浓厚的宗教色彩和绚丽的景色著称于民间。圣井山石殿始建于南宋景定元年（1260），现存部分为明代万历至清代光绪年间所筑，为规模庞大、保存完整的石构建筑群，是全国重点文物保护单位。

　　圣井山石殿的建造与当地的自然环境特点、人文思想历史有着一定的历史渊源。由于受当地地理环境因素影响，木构建筑极易腐烂。而这里石料较丰富，所以这里的人们擅长搬石筑屋。筑石屋历史可以追溯到新石器时代：从瑞安的石棚墓到郭璞用石筑白鹿城，石建筑星罗棋布于瓯江、飞云江、楠溪江、清江沿岸。主要材料为白石、青石、花岗石等，用以建造城堡、桥梁、亭榭、宝塔、牌坊、墓葬和殿宇等。温州地区的石构建筑有坚实的士大夫思想基础，也有丰富的外来形态流入，更有能工巧匠出神入化的创造，成为中国建筑园地上一朵绚丽的奇葩。

圣井山石殿为道教建筑，它的选址秉承了道教理论。其一，石殿营建于名山之上。圣井山地处东海之滨，飞云江畔，登临远眺，五县山河和东海烟波尽收眼底。圣井山，原名许峰山，传说，晋朝著名道士、道教净明派祖师许逊在此山修炼，得道成仙。山上"丹灶尚存，石宝下有井，深广尺许，水无盈涸，传为海眼"。此井原名青龙泉井，终年不溢不涸，水位不变，泉水清冽甘甜。此后因经常"显圣"而名"圣井"，山也由井得名。其二，石殿建于山巅，意思是与天接近，利于升仙。其三，石殿选址也考虑了青龙白虎等四神兽式地形。但由于自然因素北边为缺口和悬崖，所以四个山头没成围合状。

圣井山石殿由石殿和玉泉塔组成，为人们祈雨之所。因殿宇梁、柱、檩、椽、斗拱、山墙、屋面及殿内陈设之案、床、凳等均用石料刻成，且位于圣井山巅，故称圣井山石殿。有传说称圣井山石殿是为纪念许真君而建。相传许真君曾在此山修炼，灶井尚存。许真君，名逊，字敬之，晋汝南（今河南汝南县）人，做过旌阳县令。他感晋室纷乱，弃官浪迹江湖，为民排忧解难，于东晋宁康二年（374），举家42口拔宅飞升。宋封"神功妙济真君"，世称"许真君"或"许旌阳"，故圣井山石殿又名许府圣庙。

圣井山石殿占地面积480平方米，建筑面积229平方米，坐西朝东，平面依次由山门、石牌坊、前殿和左右厢房组成，布局对称。此石殿梁架、设施均用石料制成，风格独特。山门单开间，二柱三楼，为光绪二十八年（1902）冬重建。牌坊四柱三楼，仿木楼阁式，重檐悬山顶，鸱尾吻，明间石匾上刻有"万历庚子岁七月壬子吉日，住持僧募造"题记。前殿三开间，穿斗式梁架，悬山顶。明间金柱上刻有修理题记"康熙十七年孟秋"。正殿三开间，明间抬梁式，次间穿斗式梁架。明间后金柱上刻有"明万历时林元深等捐银修建"题记。厢房六开间，门楣石额有清道光年间题记。在前殿明间后檐墙的后面下方嵌有三方石碑：左为宋景定元年（1260）《松庵术从龙记》碑；中为明万历三十六年（1608）《许峰许真君记》碑；右为宋代《许峰龙塔记》碑。同时殿内还有明"天启元年辛酉岁次"纪年石香炉一件。

玉泉塔（旧称龙塔），总占地面积150平方米，由石头砌墙围合而成，由亭式塔和拜坛组成。亭式塔平面为不规则六边形，三重檐，上面置塔刹，塔内五面均设神龛，南面出入。总高10.50米。该塔造型独特，结构复杂，工艺精湛。

圣井山石殿有非常高的建筑设计、工艺美学研究价值与观赏价值。

圣井山石殿建筑群虽然全用石材而筑，但石匠在营建时仍忠实地保留了中国古典建筑的特点，而不同于欧洲古典建筑的高腾，没有呈现刚劲有力的直线。这种曲线，除产生特殊的美学效果之外，尚有其不可忽视的构造效果。石殿的前、后殿屋盖由两条石板缀成，成跌落状，整体下凹使两块石板搭接较为紧密。进深方向，木构建筑近脊处陡，近檐处缓。石殿的建筑因受到材料的限制，举折相差不大，相对说比较平缓。从全国范围看，唐代以后有檐椽之上加飞椽的做法，形成更大的"反宇向阳"增加室内采光量。在寒冷灰暗的北方，这肯定是一种建筑处理上的进步，在温暖多阳的南方，结果另当别论。温州民居木构建筑由于出檐较大，檐口本身不高，加上飞椽则更降低檐口高度，"反宇向阳"的效果就达不到了，因此石殿没刻飞椽。这体现了温州工匠的睿智，飞椽之有无，理应出于功能考虑。

在装饰上，瓯越文化由于好古，对龙特别崇拜，所以整组建筑的正吻均为龙吻，只不过样子各异，前、后殿上为鱼龙吻，厢房为龙头吻，样子各异，比例匀称。除龙吻外，山门正脊当中为双鱼戏水，反映当地人民捕鱼为生，殿上正脊当中的火焰宝珠又显示了这组建筑的特性，不难看出营造者的匠心。

从平面布置上，石殿平面空间序列依次由山门、石坊、前殿、后殿和左右厢房等部分组成。前殿和后殿成围廊天井式，坐落在一条朝东偏北15度的曲线上，厢房左右对称。而山门和石坊坐落在一条朝东的轴线上。平面上看，轴线折了一下，这种布置有两种因素，其一，主要是受风水影响。殿宇的轴线刚好和主峰九龙头对准，成为倚靠，山门的轴线和气口对齐，而气口所在的山头和主峰不在一条轴线上，所以形成这种布置。二是历代修建结果。从题记和现状看，此建筑群经历三次大的变更，据殿内《许峰灵迹记》碑刻所载，当时石殿规模不大，大概只有牌坊后部分。第二次扩展，为明中叶时期，牌坊、山门成一条轴线，牌坊题款就是"明万历庚子岁七月壬子吉里住持僧法静募造"，至今没有改动。第三次为清代至民国进行过一次较长时间修理，前殿中柱刻有"康熙十七年孟秋吉日本县方山乡，三十三都狮子祈嗣有感答愿，恩弟子金光华全妻郑氏重整宝殿永保子孙昌盛福有所归"，脊檩刻有"民国丙子年仲冬日重建"，厢房刻有"道光廿一年"。由于石构件不可能全毁掉，所以增加了此建筑的复杂性。但山门例外建筑构件和风格全为清式，

据考原山门比较简陋，和原建筑不配套，所以于"光绪二十八年冬重建"。至此，圣井山石殿建筑群除厢房的后檐墙和山墙用石块堆砌外，其均由约三千块石板构筑而成，规模恢宏，风格古朴。

圣井山石殿还有许多特色。

首先是立柱。中国历代建筑立柱普遍从粗向细发展，从立柱的长细比中我们也可以看出建筑的时代先后。石殿整组建筑立柱粗细各异，大致有三种规格。其中后殿明间前的两根圆角金柱显得墩厚古朴，其下有石柱础分石质和覆盆两部分。专家认为此柱为宋代遗构，以后改建时为增加高度加了柱础。石质部分石柱全为素面但表面磨损程度不一，柱子除山门外均有抹角，抹角面呈微凹曲面，为明中叶特征，可以看出此坊自明万历后没重修过。石柱年代愈早，抹角愈大，万历以后，抹角逐渐趋小，且已出现正方柱，清代不见抹角。从此论点看，整组建筑除山门外，石柱大部分为明以及明以前制成，部分清代更换时，仿制明代做法，柱子抹角。

其次是举折。中国古典建筑的横断面上，撩檐枋水平距离同其连线至

脊檩高度之比，谓之举折。以全国论，早期平缓，晚期陡峭。石殿前殿的举折沿袭明制又接近清式三五举，后殿虽为明制，但宋风依旧保留，这也体现了建筑文化中的延续性。针对石殿来说还有一点，由于地处沿海高山，台风大，建筑物举折因平缓，阻挡风力就会小。

另外是斗拱。由于圣井山石殿属晚期石构建筑，石头做复杂的斗拱具有相当的困难。所以石殿中的斗拱比较简单，主要为丁头拱，没有显示出斗拱在建筑中的地位。但在这组建筑群中石坊用的斗拱还是相当有特点的。石坊的斗拱经历了从整体雕凿到分块拼装的过程，早期石坊由一石凿成，其上架三角形石板作为蚂蚱头或梁头的象征承托屋面板，结构坚固，符合石结构的叠砌原则。随着斗拱做法的简化，整石雕凿的规模缩小，出现拼装做法，但由于角科构件多，拼装困难角拱板等构件逐渐淘汰，只保留与正心瓜拱相列的外侧拱板，平身科之拱板与坐斗已分块雕凿。到万历年间，分块拼装法成熟，自此后，整体雕凿法不再使用。石殿石坊为四柱三楼式，只保留了外侧拱板，正心瓜拱则用月梁代替，起连结作用。明间柱头科外侧拱板由两块石板雕凿而成，出三跳。补间辅作二朵，坐斗上置两个拱成联珠状，外拽二跳。次间柱头科出二跳，由一块石板雕凿而成，补间辅作一朵，坐斗上置一个斗拱，外拽二跳。明间补间辅作最上斗拱为一斗三升承托脊檩，檐檩置于柱头科的十八斗上，上铺一块屋面板。由此可见，石殿石坊时间正是拼装法成熟时代。

最后是装饰。石殿整组建筑除厢房山墙和后檐墙用乱石堆垒，其余均由石板打制而成，加工精湛，它经过打剥到褊棱几道工序，保持古制。屋顶忠实地显示了木构屋面的特征，刻出瓦垄、滴水、檐椽。梁架中并没有出现叉手、托脚之类的构件。在梁枋的主要部位均雕有彩画，施以卷叶纹、暗八仙图等。整组建筑古朴而不呆板，朴素而不失简单。

圣井山石殿从建筑特征上看，有继承也有突破，同时，由于工匠技艺的延续，建筑的手法和形式得到多样化、综合化的表现。石殿建筑以单体而论并不算大，但以建筑群而论，则是浙南现存规模最大、保存最完整、年代最早的一座石构建筑群。此建筑群在全国也为数不多，它对研究我国古代石构建筑、道教建筑及雕刻艺术和地方建筑的特色都有重要的价值。

2006 年，圣井山石殿被列为第六批全国重点文物保护单位。

一、要素分解

（一）物质要素

1.规模庞大、保存完整的石构建筑群

圣井山石殿是规模庞大、保存完整的石构建筑群。它的所有构件，殿宇梁、柱、檩、椽、斗拱、山墙、屋面及殿内陈设之案、床、凳等，都是用石料雕刻而成，殿内陈设也都由石块刻制，全殿不见寸木块砖。

2.丰富的建筑石料

温州地区属瓯越文化，普通建筑依旧逃脱不出两千年轻柔缓慢的木构窠臼，由于受地理环境因素影响，木构建筑极易腐烂。而圣井山石料较丰富，所以这里的人们擅长搬石筑屋。这历史可以追溯到新石器时代：从瑞安的石棚墓到郭璞用石筑白鹿城，石建筑星罗棋布于瓯江、飞云江、楠溪江、清江沿岸。主要材料为白石、青石、花岗石等，用以建造城堡、桥梁、亭榭、宝塔、牌坊、墓葬和殿宇等。温州地区的石构建筑有坚实的士大夫思想基础，有丰富的外来形态流入，更有能工巧匠出神入化的创造，是中国建筑园地上一朵绚丽的奇葩。

（二）精神要素

1. 秉承道教理论的选址观念

圣井山石殿为道教建筑，它的选址秉承了道教理论。其一，石殿营建于名山之上。圣井山地处东海之滨，飞云江畔，登临远眺，五县山河和东海烟波尽收眼底。圣井山原名许峰山，传说，晋朝著名道士、道教净明派祖师许逊在此山修炼，得道成仙。山上"丹灶尚存，石宝下有井，深广尺许，水无盈涸，传为海眼"。此井原名青龙泉井，终年不溢不涸，水位不变，泉水清冽甘甜。此后因经常"显圣"而名"圣井"，山也由井得名。其二，石殿建于山巅。意思是与天接近，利于升仙。其三，石殿选址也考虑了青龙白虎等四神兽式地形。

2. 极高的建筑技术和美学研究价值

圣井山石殿整个建筑群设计和安装所具有的技术水平，在当时已达到一个空前境界，石与石之间的衔接如此精细完美，实在令人惊叹不已，在山顶打造出这样的建筑更属奇迹。殿宇的梁、柱、檩、斗拱、山墙、屋面及殿内陈设之案、床、凳等均用石料打制和雕刻而成，不用一木一砖一瓦，共用去3000多条（块）的花岗岩，其在建筑学上的独创性由此可见一斑。

3. 寄托人们祈雨、祈福的美好心愿

圣井山石殿由石殿和玉泉塔组成，为人们祈雨之所。殿内保存多方记载温、瑞宋、明时期百姓到此"求雨"碑刻，记录多次大旱时间及灾情，留下珍贵史料。有传说圣井山石殿是为纪念许真君而建。相传许真君曾在此山修炼，灶井尚存。许真君，名逊，字敬之，晋汝南（今河南汝南县）人，做过旌阳县令。后感晋室纷乱，弃官浪迹江湖，为民排忧解难，传说于东晋宁康二年(374)，举家42口拔宅飞升。宋封"神功妙济真君"，世称"许真君"或"许旌阳"，故圣井山石殿又名许府圣庙。

（三）制度要素

布局规整、雕饰精致的建筑风格

石殿坐西朝东，由山门、牌坊、前殿、后殿和左右厢房等五大部分组成，布局规整，镌刻精致，华丽秀韵。其后为高4.65米的牌楼，四柱三间三楼，悬山顶。额枋上刻"万历庚子岁月壬子吉日，住持僧法静募造"铭记。前殿和后殿是圣井山石雕建筑群的精

华所在，屋宽约 6.6 米，高约 5.7 米，栋梁采用花岗岩穿斗抬梁结构。悬山顶屋面由花岗岩石板雕成阴阳复合瓦片覆盖。前、后殿之间为封闭式院落，两侧沿墙设单坡檐廊，十分精美。

（四）语言和象征符号
风格独特、做工精细的石刻装饰造型

圣井山石殿的建筑群内，还保存着明天启元年（1621）的两座石刻狮子、香炉及多方明清碑刻和精美浮雕等，做工精细。另外，石殿整组建筑除厢房山墙和后檐墙用乱石堆垒，其余均由石板打制而成，加工精湛。屋顶忠实地显示了木构屋面的特征，刻出瓦垄、滴水、檐椽。梁架中并没有出现叉手、托脚之类的构件。在梁枋的主要部位均雕有彩画，施以卷叶纹、暗八仙图等。

二、核心基因提取与评价

基于对材料的全面、深入分析，得出本文化元素的核心基因表述为："规模庞大、保存完整的石构建筑群""秉承道教理论的选址观念""极高的建筑技术和美学研究价值"。

圣井山石殿核心文化基因评价依据

评价项目	评价因子	评价依据（特点）	是否
生命力评价	文化基因存续的时间	自出现起延续至今，未曾明显中断	√
		自出现起延续至今，但多次衰微、中断后复兴	
		曾明显衰败，改革开放后开始复兴或历史溯源关键环节缺失，难以考证	
		文化形态主体已灭失，现存部分痕迹	
	文化基因的稳定性	在发展过程中保持相当稳定的状态	√
		在发展过程中存在明显的精神内涵、表现形式剧变	
凝聚力评价	文化基因的凝聚力及社会动员效果	曾广泛凝聚起区域群体的力量，显著推动过社会经济文化的发展	
		曾部分凝聚起区域群体力量，对社会经济文化的发展产生过影响	√
		凝聚过力量，创造过实际的发展动能，但未见对社会经济文化发展产生显著改变	
		仅在历史文献或口耳相传中存在，未见实际介入社会经济发展	

评价项目	评价因子	评价依据（特点）	是否
影响力评价	辐射的范围	具有全国性、世界性的影响力	
		具有长三角区域、浙江省影响力	
		具有市县、乡镇影响力	√
	提炼的高度	已经被古代文人士大夫和当代学者提炼为精神符号和理念理论	√
		单纯的样式、造型、工艺技术规范	
发展力评价	与当代精神追求和价值观念的契合	传统文化基因得到创造性转化、创新性发展；区域革命文化基因被完整继承、广泛弘扬；区域社会主义先进文化基因成为与浙江"三个地"相适应的文化高地	
		部分转化、部分弘扬、部分发展	√
		难以转化、难以弘扬、难以发展	

说明：基因特点评价是对解码出来的基因，根据本《导则》表 2 的要求，围绕"四个力"逐一对表打"√"，进行定性表述

（一）生命力评价

作为纪念许真君、保佑当地一方水土、祈求风调雨顺的殿宇，自古至今仍然为当地人民所参拜，保持着长久且稳定的生命力。

（二）凝聚力评价

作为纪念许真君、保佑当地一方水土、祈求风调雨顺的殿宇，凝聚起当地百姓的群体力量，对社会经济发展产生过影响。

（三）影响力评价

三大核心基因在当地具有影响力，殿内保存多方记载温、瑞宋、明时期百姓到此"求雨"碑刻，记录多次大旱时间及灾

情，留下珍贵史料。另外，圣井山石殿的石建筑群体现了坚实的士大夫思想基础，有丰富的外来形态流入，更有能工巧匠出神入化的创造，成为中国建筑园地上一朵绚丽的奇葩。

（四）发展力评价

石殿至今仍然是当地百姓祈福之所，同时其在建筑技术和美学上具有极高的研究价值和观赏价值。但是作为一处古遗迹，其文化价值的转化、弘扬能力相对困难。

三、核心基因保存

  "规模庞大、保存完整的石构建筑群""秉承道教理论的选址观念""极高的建筑技术和美学研究价值"作为圣井山石殿的核心基因，文字资料有《瑞安圣井山石殿》《圣井山石殿建筑初探》等 4 项保存于瑞安文化基因解码调查组资料库，图片材料有 21 张保存于瑞安文化基因解码调查组资料库。

三孙五黄

天瑞地安　瑞安文化基因

三孙五黄

受永嘉之学的滋养和熏染的温州，原有一批以天下为己任的经世之士，其中有出身殿堂的名门贵胄，也不乏躬耕陇上的市井布衣。在近代，他们很快适应了中西文化交融的环境，积极传播西学，宣传维新思想，寻求救国道路。素称"东南小邹鲁"的瑞安，是温州乃至浙江地区维新思潮的重镇，晚清时期，瑞安黄家和孙家都出了不少人才，其中黄体正、黄体立、黄体芳以及黄绍箕、黄绍第，与孙衣言、孙锵鸣、孙诒让被世人称为"三孙五黄"。

　　"三孙"中的孙诒让（1848—1908），字仲容，号籀庼，浙江温州瑞安人，清代语言学家，近代新教育的开创者之一。孙诒让自幼好学，十岁时读《汉魏丛书》，十三岁著《广韵姓氏刊误》，嗜好金文，十八岁著《白虎通校补》，同治六年（1867）中举人，光绪元年（1875），三应礼部试不第，遂埋首读书，有"晚清经学后殿""朴学大师"之称，章太炎赞誉他"三百年绝等双"。

　　孙衣言（1815—1894），是孙诒让的父亲，字劭闻，号琴西，后自署逊学老人，浙江瑞安人，道光三十年（1850）中进士，选庶吉士。咸丰初年散馆授编修，入直上书房，后升侍讲。同治四年（1865）主杭州紫阳书院讲席。同治十一年（1872）升安徽按察使。光绪五年（1879）任太仆寺卿。后称病致仕归里，创办家塾，培养人才。

孙锵鸣（1817—1901），孙衣言仲弟，字绍甫，号蕖田，晚年自号止园、止庵、退叟，浙江瑞安人。道光二十一年（1841）辛丑恩科进士，选庶吉士，散馆授编修。官至侍读学士，年未满五十即罢归，曾任金陵、龙门等书院主讲。

"五黄先生"，即指瑞安翰林世家的黄体正、黄体立、黄体芳三兄弟和体芳之子黄绍箕、体立之子黄绍第五位先生。清嘉庆十五年（1810）正月，瑞安县城厢振文坊（今小沙巷）黄吉人家，长子黄体正出生。二十年后，道光十年（1830）十一月，次子黄体立出生。再过两年，道光十二年（1832）八月，三子黄体芳出生。

道光十四年（1834）九月，黄体正参加浙江乡试，考取了举人第十五名。六年后参加会试，成绩优异，却因考官选荐时不慎遗失其试卷而被列为副榜（候补）。此后滞留京城，以诗文书法名噪一时。九年后，正值壮年的他在瑞安病故。

咸丰元年（1851）九月，黄体立、黄体芳同赴杭州贡院参加乡试，兄弟俩同时中举。咸丰六年（1856）五月，黄体立登进士第，殿试二甲入翰林院。散馆后，累官至刑部福建司主事（六品）兼河南司主稿总办。同治二年（1863）四月，黄体芳高中会元，殿试为二甲第九名进士，钦点翰林院庶吉士。至此黄体正、黄体立、黄体芳三位先生之后，黄家又有绍箕、绍第兄弟先后金榜题名，执掌文衡。光绪二十三年（1897），兄为湖北乡试正考官，弟为福建乡试副考官，一时曾传为佳话。绍箕先生更因在湖北提学使任内，推动当地近代教育事业发展，所著《中国教育史》为我国教育史研究开山之作，尤为后人称道。因此，《永嘉诗人祠堂丛刊》又将黄绍箕、黄绍第称为"二黄先生"。

光绪元年（1875）四月十六，黄体立在京城去世，享年四十六。他去世后五年和十五年，其侄黄绍箕、其子黄绍第先后科场折桂，续写了瑞安黄家的历史传奇。留下了"书声传百年""一门四翰林"的历史佳话。

孙、黄两家都是晚清瑞安著名的官宦门第、世家望族。孙氏兄弟、黄家父子都是进士出身，两家比邻而居，关系甚笃。黄体芳比孙衣言小十八岁，少时曾从孙衣言游，受其影响颇深，黄向以师视之，孙衣言也非常赏识黄体芳。孙延钊（孙衣言孙）曾称两人之间有"数十载师弟子之雅"，黄体芳曾言"吾师孙太仆先生，最服膺乡先正水心叶公。体芳昔在左右，或语及经济文章，必为言水心"。据孙延钊的《五黄先生年谱》记载，黄体芳的大哥黄体正与孙衣言、孙锵鸣"同读书城西薛氏江上楼""游处甚洽"；金田起义后，黄体芳曾辅佐孙锵鸣办团综，并著有《钱虏爱书》。非但如此，孙氏兄弟回乡创办私塾之后，黄绍箕与其弟黄绍第也均为孙氏诒善祠塾的入室弟子，受到孙衣言、孙锵鸣的教导与鼓励，与孙家私学的学员都建立了良好关系。

由于孙黄两家交情笃厚，黄绍箕与孙诒让从少年起即是知己挚友，治学上互相帮助，共同切磋，又同好金石、志趣相投。黄绍箕带动孙诒让接受西学新知、走上维新道路，黄氏也是孙诒让回乡创办新式学堂的强力后盾，二人配合默契，情谊终生，被并称为瑞安"二仲"。

"三孙五黄"，他们所代表的是温州士人从"天朝大国"的迷梦中惊醒，力行思考与探索强国新路。如孙诒让所言："一国文明的表征，不在一二个有大名的通儒，要在全国人民个个都有普通智识，程度不相上下。总而言之，国民普通智识总要人人平均，才能够共同努力，以谋文明进步。""三孙五黄"，他们更是用自己的实际行动从教育入手推动着温州的文化建设与发展。

一、要素分解

（一）物质要素

1.历史悠久的玉海楼

瑞安玉海楼是由孙衣言、孙诒让父子创建于清光绪十四年（1888）的私家藏书楼，是浙江四大藏书楼之一。其藏书颇丰，孙衣言在《玉海藏书记》中写道："十余年间，致书约八九万卷。"主要以乡邦文献、名家批校本闻名，尤以孙氏父子手批手校本为特色。与其他私家藏书楼不同的是，孙氏能将私家珍秘，向外人开放，实属难能可贵，"乡里后生，有读书之才，读书之志，而能无谬我约，皆可以就我庐，读我书，天下之宝。我固不欲为一家之储也"。孙诒让殁后，玉海楼藏书开始逐渐散失。到抗日战争前夕，幸孙诒让次子孙延钊，深恐珍本秘籍散失殆尽，遂亟携随身保管，才未继续损失。

2.构造精致的籀园图书馆

籀园图书馆是温州市图书馆的前身。为纪念孙氏的功绩，1913年，由郭凤诰发起，温州学界商议筹资建立籀公祠，同时决定于祠旁建立六县公共图书馆。同年，温州师范学堂改归省立，原温州府属地永嘉、乐清、瑞安、平阳、泰顺、玉环六县议会议员集议，设立学款经理处，将师范与中学（1911年改归省立）两校的原有经费（府学田租、戏捐等）提出两千余元，作为建立六县公立图书馆启动资金。后因温州师范学堂附属模范小学经费短缺，遂将图书馆规模缩小，改为藏书室。与我国现代图书馆活动大致同步，促使它诞生的直接原因，则是追念本地区的朴学大师孙诒让先生。1918年3月，图书馆舍落成。1919年5月9日，图书馆正式对外开放，定名旧温属公立图书馆，因为图书馆在籀园内，习惯上称为"籀园图书馆"。

籀园位于温州城区松台山麓，落霞潭畔。山光水影，交相辉映，环境幽雅，风景秀丽。籀园图书馆建成后，本地文人士绅经常聚会于籀园，煮酒论文。社会公众及学校师生也可以到馆阅书读报，获取新知。自此，籀园就成了老一辈文化人的精神家园，被视为近代浙南的文化圣地和学术摇篮。

（二）精神要素

1. 清廉耿直、注重气节的精神

从同治四年（1865）至光绪七年（1881），黄体芳长期任职于翰林院、詹事府（辅导东宫太子之机构，后为翰林院辅佐机构，其官职专备翰林院迁转之资，有些职位与翰林院互兼），历任翰林院编修、侍讲、侍读、侍讲学士、侍读学士，以及日讲起居注官等职，并于同治年间先后充任了顺天乡试同考官、贵州乡试副考官。同治皇帝驾崩，光绪皇帝继位，朝廷一度宣称广开言路，鼓励臣下遇事敢言。翰林院一些有专折奏事权力的官员，纷纷上疏谏诤，评议朝政，参劾官吏，对内主张改革弊政、整饬纪纲，对外主张抵抗侵略，形成了"清流派"，史称"前清流"。黄体芳是"前清流"的重要成员。他清廉耿直，注重气节的精神，敢言人之不敢言，直声远震中外，与张之洞、宝廷、张佩纶被合称为"翰林四谏"。"五黄先生"中，以"翰林四谏"著称于世的黄体芳，被时人直接称为"瑞安先生"。他立朝清廉，不附权贵，敢于挺身而出、仗义执言，被誉为那个时代的"清流巨子"。出朝为官后，又致力于地方文化教育事业的振兴。他创办的南菁书院，在学术界独树一帜，为南方数省造就了大批优秀人才，因而成为晚清时期我国知识群体的重要代表之一。

2. 弘扬教育精神，献身教育事业

光绪十一年（1885），黄绍箕在京结识康有为。光绪十四年（1888），康有为以监生身份第一次上书光绪帝，

得黄绍箕相助。康有为十分感激，终身视黄绍箕为知己。戊戌变法期间，光绪帝诏谕开办京师大学堂。光绪二十四年（1898），黄绍箕被派充京师大学堂提调。十月接任京师大学堂总办。他筹划改制，推广学额，亲订管理、教学章程。十一月，京师大学堂正式开学。光绪二十五年（1899）正月，黄绍箕辞去京师大学堂总办一职。光绪二十六年（1900），受聘赴任两湖书院监督。任职期间，将两湖书院先后改办为两湖大学堂、两湖总师范。其间，辅佐张之洞办理湖北学务，倡议成立学务处，规划管理一省教育事业，贡献颇多。光绪三十二年（1906）四月，黄绍箕出任湖北提学使。赴任前，受学部委托，于六月率各省提学使考察团东渡日本，考察日本学务。被日本"汉学统一会"推为名誉会长。黄绍箕赴日考察归国后，患病不起。光绪三十三年（1907）十二月廿三，黄绍箕去世，终年五十四岁。留给世人的遗言是："当今中国，权利之说，深得人心，而道德日益沦丧，当复宋诸儒讲学之风，挽回士习。转移学风，看似空言，实乃是重，须有真实精神贯注，方有转机。"湖北学界送殡者数千人，各省纷纷致哀。黄绍箕去世后，康有为流亡海外，作哭祭文（今藏上海博物馆），纪念知遇之恩。

（三）制度要素
创立两湖大学堂

1900年，受张之洞之聘，黄绍箕赴湖北，主持两湖书院。该院制订了学规，学科设经学、史学、地质学、算学，办学卓见成效，学生被选往日本留学的多达七八十人，那时科举制度尚未废止，学生考取举人的人数很多，最后一次乡试是在1903年，中举者有六十多人。书院向近代学堂过渡，改为两湖大学堂，这是新式学校的先声。为推进新式教育事业，黄绍箕还向张之洞建议成立学务处。湖北省最早创设学务处后，全国各地竞相仿效。

（四）语言和象征符号
意义非凡的永嘉学派

永嘉学派最早出现在孙诒让的《永嘉学派》一书中。从当时文化的先进性来看，永嘉学派在当时就处于全国文化的巅峰，赋予了时代引领与创新的意义。从历史地位上说，它是浙东学派的先导性学派，是源头，并且超越了浙东学派的地域局限性，属于全国性的学派而不是地方学派。从周行己到叶适再到孙诒让等一大批永嘉学派学者，对于社会经济发展都有自己独特的思想见解和实践经验，对后世影响深远。

二、核心基因提取与评价

基于对材料的全面、深入分析，得出本文化元素的核心基因表述为："历史悠久的玉海楼""构造精致的籀园图书馆""弘扬教育精神，献身教育事业""意义非凡的永嘉学派"。

三孙五黄核心文化基因评价依据

评价项目	评价因子	评价依据（特点）	是否
生命力评价	文化基因存续的时间	自出现起延续至今，未曾明显中断	√
		自出现起延续至今，但多次衰微、中断后复兴	
		曾明显衰败，改革开放后开始复兴或历史溯源关键环节缺失，难以考证	
		文化形态主体已灭失，现存部分痕迹	
	文化基因的稳定性	在发展过程中保持相当稳定的状态	√
		在发展过程中存在明显的精神内涵、表现形式剧变	
凝聚力评价	文化基因的凝聚力及社会动员效果	曾广泛凝聚起区域群体的力量，显著推动过社会经济文化的发展	
		曾部分凝聚起区域群体力量，对社会经济文化的发展产生过影响	√
		凝聚过力量，创造过实际的发展动能，但未见对社会经济文化发展产生显著改变	
		仅在历史文献或口耳相传中存在，未见实际介入社会经济发展	

评价项目	评价因子	评价依据（特点）	是否
影响力评价	辐射的范围	具有全国性、世界性的影响力	
		具有长三角区域、浙江省影响力	
		具有市县、乡镇影响力	√
	提炼的高度	已经被古代文人士大夫和当代学者提炼为精神符号和理念理论	√
		单纯的样式、造型、工艺技术规范	
发展力评价	与当代精神追求和价值观念的契合	传统文化基因得到创造性转化、创新性发展；区域革命文化基因被完整继承、广泛弘扬；区域社会主义先进文化基因成为与浙江"三个地"相适应的文化高地	
		部分转化、部分弘扬、部分发展	√
		难以转化、难以弘扬、难以发展	

说明：基因特点评价是对解码出来的基因，根据本《导则》表2的要求，围绕"四个力"逐一对表打"√"，进行定性表述

（一）生命力评价

在温州瑞安，以孙衣言、孙锵鸣、孙诒让为代表的文化精英，成为当时温州文化的领军人物。他们传承王开祖、林石、周行己、许景衡、陈傅良、叶适等开创的永嘉学派，实践晚清东瓯文化务实创新的事功理念。尤其是孙诒让于社会大变革之际，身体力行，革故鼎新，以整个后半生的精力，将弘扬传统学术作为己任，让经世致用的学说广布于世。这些领军人物的存在从而也凸显了瑞安是一座历史悠久、底蕴深厚的千年古县，素有"理学名邦"之美誉，人杰地灵，文风鼎盛，不管在古代还是在现代，都是人才辈出，在当时"开风气之先"的江浙地区，瑞安人先行探路，走在了推进早期现代化建设的前列，使得瑞安成为中国早期现代化的排头兵之一。

（二）凝聚力评价

以瑞安"三孙五黄"为代表的知识精英们走教育救国、实业兴邦之路，推进中国近代文明的繁荣发展。瑞安人在推进近代的变法维新、图强求富的实践中走在了前列，创造了数十个中国第一，瑞安人具有一种探路人的性格，瑞安先贤不断赋予瑞安精神新的内涵和活力，坚定文化自信，继续让瑞安走在改革发展的前列，在推进早期现代化中形成了一种新的文化传统，这种传统一直影响到 20 世纪 80 年代的改革开放。现在的瑞安人继续保持着探路人的性格，还在续写着创新史。

（三）影响力评价

强国之计，莫如树人。孙诒让、黄绍箕是中国新式教育的开拓者。1901 年，孙诒让在著作《周礼政要》中提出变革主张，被列入第一批国家珍贵古籍名录。在他的倡导下，温州地区兴办新式学堂 300 多所，走在整个浙江省的前列。1896 年，黄绍箕、孙诒让、项湘藻、项崧等一起兴办的算学专修学校"学计馆"和浙江省最早的外国语学校——瑞安方言馆相继开学，这两所新式学堂的创办时间比京师大学堂还早两年。黄绍箕还将德智体三育思想写入他编著的我国第一部《中国教育史》书稿，对中国教育史学科的建立有开创之功。

（四）发展力评价

孙衣言和弟弟孙锵鸣、儿子孙诒让、学生黄体芳等人重振永嘉之学，为保存大量温州乡邦文献，1888 年建玉海藏书楼对外开放，使中断了 600 多年的永嘉学派得以复活延续。之后，孙衣言又开办诒善祠塾，在 10 年间培养了一批经世人才。作为早期维新士人——孙诒让、黄绍箕等人捐资办报，使得偏于海隅的瑞安可以开眼看世界，吸收先进思想，这种事功主义的态度，使得温州人的思想更容易转变为早期现代化所需要的"世俗理性"，在温州地区不断成长的"现代化"，也让瑞安人在推进早期中国现代化进程中占据了举足轻重的地位。

三、核心基因保存

　　"历史悠久的玉海楼""构造精致的籀园图书馆""弘扬教育精神，献身教育事业""意义非凡的永嘉学派"作为三孙五黄的核心基因，《孙诒让与玉海藏书楼》《论永嘉学派的近代命运》《黄体芳研究》等 16 篇文字资料保存于瑞安市文化基因解码调查组资料库。

温瑞塘河（瑞安段）

天瑞地安　瑞安文化基因

温瑞塘河（瑞安段）

温瑞塘河早在东晋时就已基本形成，其主河道古称南塘河，明清时称为七铺塘河。温瑞塘河是温州境内十分重要的河网水系，分属于鹿城、瓯海、龙湾、瑞安等管辖。位于瓯江以南、飞云江以北的温瑞平原，其水系主要来自瞿溪、雄溪、郭溪（通称三溪）以及大罗山和集云山的山涧溪流，主河道北起鹿城区小南门跃进桥，向南流经梧埏、白象、帆游、河口塘、塘下、莘塍、九里，再向西至瑞安市城关东门白岩桥，全长 33.85 千米，水位正常时河面平均宽度为 50 米，最宽处 200 多米，最窄处仅 13 米。温瑞塘河在瑞安市域范围内共有大小河道 600 多条。其中重要河道 15 条，河网长 401.3 千米，正常蓄水量 2020 万立方米，流域面积约 227.5 平方千米。温瑞塘河是温瑞平原上的一条生命线，同时也是凝聚着文化、自然景观的综合体。近年来，塘河流域致力于开发塘河文化价值，创造塘河文化品牌，结合月光经济，使塘河文化产业化、市场化，并以此作为当前深入开展温瑞塘河综合整治的崭新目标。

温瑞塘河是温瑞平原 48.2 万亩农田主要灌溉和排涝河道，也是沿河 100 万居民生活用水和城乡工矿企业的主要水源，更是温州至瑞安内河航运的重要水道，航运能力为 20—30 吨。温瑞塘河河水流向，以帆游为界，帆游以北，水北流通瓯江，帆游以南，水南流，除部分由沿海浦沥入江外，经流在九里、瑞安壕河入飞云江。1985 年瓯江翻水站建成，引瓯江水入温瑞塘河，水位全面提高，河水均南流瑞安。

温瑞塘河纵横交错的水系河道，对防洪、排涝、供水、航运、灌溉、景观及生态环境保护，特别是温瑞平原的经济和社会发展起着十分重要的作用，温瑞塘河由此被温州人民称为"母亲河"。但温瑞塘河日趋严峻的水环境态势，引起了社会广泛的关注，沿河百姓要求治理温瑞塘河的呼声十分强烈。从 1998 年开始，市政府把治理温瑞塘河作为一项重要工作来落实，提出"大力治水疏河，再现江南水乡风采"，实现"河水变清、河道变宽、河岸变美、河床变深"。2000 年 5 月，市人大常委会作出《关于治理温瑞塘河的决议》，决定对塘河进行综合整治，实现温州人民还我"江南水乡"的美好愿望。

2000 年 7 月，温州市成立了以市长为组长、市委副书记和副市长为副组长、市各有关部门一把手为成员的温瑞塘河整治领导小组，专门成立了市温瑞塘河整治工程指挥部，三区一市也相应成立了领导小组和指挥部。为了使综合整治更加科学、合理、可行，温州市政府委托清华大学组织编制了《温州市温瑞塘河综合整治规划》，科学研究与规划了温瑞塘河综合整治工程。市政府还颁布了《温洲市温瑞塘河综合整治与保护管理暂行办法》《温洲市温瑞塘河综合整治奖励办法》，规范和推进整治工作。2014年，温瑞塘河整治各项工程建设和管理，在市委、市政府的统一领导和部署下，已在温瑞平原持续、深入地开展，并取得了初步的成效。

温瑞塘河整治以治水为中心，以水污染防治、改善水质为根本，通过清障、清淤、截污、治污、护岸、绿化、景观建设等综合整治措施，使温瑞塘河达到"河面变宽，河床变深，河岸变绿，河水变清"，真正成为温州的城市塘河、生态塘河、文化塘河、景观塘河，为温州提供河道水环境的支撑和保障。

一、要素分解

（一）物质要素

1. 布局多样、形态各异的桥梁

历史上温瑞塘河上的桥梁，布局多样，形态各异，有平桥，有曲桥，不仅是重要的基础设施，更是江南水乡的景观要素。塘河人，在桥上相见，在桥上誓盟，又在桥上离别。抬眼间，是白云舒流，俯首时，是塘水缓走。

温瑞塘河流域现存的古桥大多为石梁桥，木桥已无迹可寻，石拱桥也不多见。有坐落于瓯海区仙岩街道沈岙村架龙溪上的祠堂桥，有坐落于瑞安东门轮船码头的白岩桥，还有坐落于瓯海区潘桥街道的仁寿桥等。温瑞塘河的古石梁桥，桥墩由 3 至 5 根方形条石并列构成的排柱式为多，也有用块石砌成菱形桥墩的，如棚湖桥。桥洞有单孔和多孔的，多孔一般为 3 孔、5 孔、7 孔等奇数；桥面一般纵向铺条石，并开凿横条纹或斜条纹或几何图案，增加摩擦以利行走。

瑞安段最有特色的是白岩桥。白岩桥，距瑞安城东门吊桥约一公里，在隆山、万松山之间，横跨丰湖与东湖，距隆山北趾很近。隆山，古名白岩山，所以桥名为"白岩桥"。该桥建于南宋绍兴十四年（1144），为三孔梁式石桥，桥面阔 2.5 米，由四条石板合并而成。中孔桥面石板长 6.3 米，两边石板阔 62

厘米，厚46厘米，稍有弧度；中孔东首桥板外侧，刻有"绍兴十四年岁次甲子十月庚戌朔二十六日乙亥建"。南孔桥面石板长4.1米，阔、厚同中孔。北孔因桥的东、西湖岸建了房子，湖岸外移，桥孔被塞，只留桥面两侧两条石板，桥中间改为石级。

该桥桥面石板花纹精美。中间两桥板深刻锯齿形横条，起防滑作用；边条桥板镌刻鱼龙鳞纹、水波、花格、灵兽头像，工艺甚是精湛，既美观，又防滑。桥墩各孔竖三根61厘米×45厘米的石方柱，下阔上窄，成梯形，上端再用60厘米×60厘米的条石帽梁牵固。两岸桥头有6级台阶，加上两边孔的石桥板再斜坡向上安放，因此桥面高踞湖上，站在桥边缘，胆小的就有心跳之感。这种设计，既便于大船通行，又利于端午节时，龙船通行无阻。因为瑞安的龙船一般由一人举旗杆，一人端香炉，两人击鼓，头尾还有两人掌舵，他们都站着，因此桥面必须高。

白岩桥历史悠久，蕴藏着丰富深邃的文化。1277年，元军攻陷温州后，沿温瑞塘河入犯瑞安，百姓无不惊恐惧怕。邑人陈寿孙曾在此筑栅抗元。

历经900多年，白岩桥饱受风雨沧桑，虽然桥下万舸争流的景象不再，但它依然屹立在丰湖上，见证着瑞安城市的前进步履。瑞安市人民政府于1986年11月，将其立为市文物保护单位。

瑞安的东安硔桥，是塘河最末端的桥梁，相传建于宋代，后又屡经重修。东安硔桥为单孔石拱桥，南北向跨架在丰湖河面上，成为南北两岸人们往来的交通要道。

大小不一、风格各异的古桥是水乡文化的缩影和代表物之一，更是塘河上一道独特人文景观。这些桥，有的栏杆上雕花镂兽，有的桥面上建有水榭凉亭。

2. 榕阴路亭

在温州，榕树受民间推崇，或枕卧塘河，或矗立河中，或守望于桥头村口，如美髯飘飘的老者，一站便是百年千年。清同治年间地方官郭钟岳曾在《瓯江竹枝词》中写道："榕树连街好纳凉，栲纱裁作夏衣裳。芭蕉叶大绿当户，丁冬花开红过墙。"可见当年温州榕树之盛。据统计，瑞安主塘河段两岸大榕树就有65棵，树边有亭和坐凳的有14棵，可以称之为"榕亭文化"。依老榕树来建亭子，把凉亭与榕树融为一体，把树与亭构成的空间作为村落里的公共场所，是温瑞塘河流域的特色，也是宋元以来劳动人民在水网地带垦荒而发展起来的一种文化。上望林西有两株榕树被列入浙江省名树。明嘉靖年间，瑞安军民数次抵抗倭寇入侵，这两株榕树系瑞城东部军民抗倭的见证者。

榕亭广场浓荫蔽日，开放通风，凝聚了温州人的智慧，反映了传统建筑"天人合一"的哲学思想，突出了温州人特有的审美观与山水情怀。临盈盈碧水，塘河沿岸随处可见的榕亭景观是水乡百姓的审美表现。亭是供路人挡风躲雨停留休憩的建筑，是水乡人家迎来送往的情感驿站。南来北往的客商在榕亭下传递着各种信息，温州商人所具有的善于沟通、适应能力强、能吃苦的特性，大概也是随了这塘河水的灵性，受了这榕亭开阔包容气质的影响。

3. 伍公桥

九里汇因众多水系均由塘河支流伍公河汇入飞云江入海而得名。九里汇南起九里浦，北止前埠浦。距城九里，与塘河交汇处，"九里汇"由此得名。

伍公桥在九里乡九里汇头。是薛里河、九里浦与温瑞塘河的汇合点，始建于元代，据说是五位老人主办建桥任务，因名伍公桥。实际原桥因主桥墩两侧有多条斜石柱支撑，如蜈蚣脚状，故称"蜈蚣桥"，"伍公"是后人谐其音而言。

（二）精神要素

1. 创新——普惠文明价值观

文化传播是人类文明进步的媒介。从史前人类结绳计数到文字的产生与成熟，人类文明走向了语言与文字丰富的表达与交流的文明进程，社会生活、生产劳动、物质交换和思想、政治、科学技术、文化娱乐等方面都需要语言文字作为广泛交流的载体与渠道。瑞安因塘河而产生了水运文化、农耕文化、诗词文化、饮食文化、民风民俗、民间文学等非物质文化遗产。

2. 宗教信仰

塘河流域的宗教有道教、佛教、摩尼教、天主教和基督新教。塘河流域道教的活动始于三国。塘河流域佛教的传入约于东晋，盛于南北朝梁天监时，至唐宋时兴建佛寺、佛塔之风颇盛。五代时曾在曹村镇许岙建明教寺，为塘河流域摩尼教寺院。天主教、基督新教于19世纪80年代传入塘河流域。

3.爱国精神

瑞安是浙南重要的革命老根据地，革命历史悠久。从1926年成立中共瑞安小组至1949年新中国成立，瑞安党组织紧紧依靠广大人民群众的大力支持，历经风雨，不屈不挠，在国民党腹心地带坚持长期斗争，进行了长期艰苦卓绝的斗争。悠悠塘河，一路逶迤，跨唐越宋，穿明越清，历经千年。它滋养、哺育了无数为共产主义理想矢志不渝、不惜献出宝贵生命的革命先行者。在共和国创建过程中，先后牺牲的瑞安籍烈士有502位，涌现了像林去病、蔡雄、陈卓如、雷高升、全学梅等一批优秀的烈士代表，他们的优秀品德和不畏强暴的献身精神，光照千秋，彪炳史册，为后人津津乐道。

二、核心基因提取与评价

基于对材料的全面、深入分析，得出本文化元素的核心基因表述为："创新——普惠文明价值观""宗教信仰""爱国精神"。

温瑞塘河（瑞安段）核心文化基因评价依据

评价项目	评价因子	评价依据（特点）	是否
生命力评价	文化基因存续的时间	自出现起延续至今，未曾明显中断	√
		自出现起延续至今，但多次衰微、中断后复兴	
		曾明显衰败，改革开放后开始复兴或历史溯源关键环节缺失，难以考证	
		文化形态主体已灭失，现存部分痕迹	
	文化基因的稳定性	在发展过程中保持相当稳定的状态	√
		在发展过程中存在明显的精神内涵、表现形式剧变	
凝聚力评价	文化基因的凝聚力及社会动员效果	曾广泛凝聚起区域群体的力量，显著推动过社会经济文化的发展	√
		曾部分凝聚起区域群体力量，对社会经济文化的发展产生过影响	
		凝聚过力量，创造过实际的发展动能，但未见对社会经济文化发展产生显著改变	
		仅在历史文献或口耳相传中存在，未见实际介入社会经济发展	

评价项目	评价因子	评价依据（特点）	是否
影响力评价	辐射的范围	具有全国性、世界性的影响力	√
		具有长三角区域、浙江省影响力	
		具有市县、乡镇影响力	
	提炼的高度	已经被古代文人士大夫和当代学者提炼为精神符号和理念理论	√
		单纯的样式、造型、工艺技术规范	
发展力评价	与当代精神追求和价值观念的契合	传统文化基因得到创造性转化、创新性发展；区域革命文化基因被完整继承、广泛弘扬；区域社会主义先进文化基因成为与浙江"三个地"相适应的文化高地	√
		部分转化、部分弘扬、部分发展	
		难以转化、难以弘扬、难以发展	

说明：基因特点评价是对解码出来的基因，根据本《导则》表2的要求，围绕"四个力"逐一对表打"√"，进行定性表述

（一）生命力评价

随着城市化的进程，塘河功能发生了转变，盐田阡陌、水运要津等功能将退出历史舞台，护堤排涝功能依旧发挥作用。总之，"创新——普惠文明价值观""宗教信仰""爱国精神"作为温瑞塘河的核心基因自出现起延续至今，未曾明显中断，在发展过程中保持相当稳定的状态。

（二）凝聚力评价

塘河文化包含了各类文化，其中治水文化是最基础的文化，从古至今未变，始终将塘河两岸人员凝聚在一起，从依赖母亲河到如今共同保护母亲河。

（三）影响力评价

温瑞塘河是温瑞平原48.2万亩农田主要灌溉和排涝河道，

也是沿河居民生活用水和城乡工矿企业的主要水源，更是温州至瑞安内河航运的重要水道，航运能力为20—30吨。温瑞塘河河水流向，以帆游为界，帆游以北，水北流通瓯江，帆游以南，水南流，除部分由沿海浦沥入江外，经流在九里、瑞安壕河入飞云江。1985年瓯江翻水站建成，引瓯江水入温瑞塘河，水位全面提高，河水均南流瑞安。"创新——普惠文明价值观""宗教信仰""爱国精神"作为核心文化基因具有全国性的影响力。

（四）发展力评价

"创新——普惠文明价值观""宗教信仰""爱国精神"具有创造性转化、创新性发展的巨大潜力。

1. 开发塘河文化价值，有利于夯实"月光经济"的产业故事基础

自2018年7月1日成立瑞安市温瑞塘河文化发展促进会以来，塘河文化的挖掘、研究从零打碎敲开始走向政府和民间共同发力的联合之路。到目前为止，塘河文化发展促进会已整理、编辑出版了《至美塘河》《塘河文化》等乡土读物；策划播出六期《至美塘河》电视专题片。2018年组织召开海安塘河文化研讨会、龙舟民俗考察研讨会等。2019年召开由国内知名文化和治水专家、学者参加的温瑞塘河文化高峰论坛。每年启动"漫步塘河"的寻根之旅、温瑞塘河采风考察等系列活动。塘河文化发展促进会还精心组织开展塘河文化进校园、进企业、进机关、进社区、进村居等"十进"活动，2020年成功举办温州市第一届"话说千年塘河"朗诵大赛，充分挖掘塘河两岸悠久的诗词文化，传唱瑞安方言，取得社会轰动效应。

2. 开发塘河文化价值，发展文化休闲、旅游等产业，使"月光经济"焕发出强大的生命力、吸引力

"月光经济"又称"夜市经济"，是一种以服务业为主体的城区经济在夜间延伸的一种经济现象，包含夜间文化演艺、餐饮购物、休闲娱乐等内容，反映了城市经济发展、消费水平和聚集辐射的能力。印象南塘、塘河核心段夜游等一批重大项目的建成，提升了塘河沿线景观质量，为市民提供了高品位休闲场所，同时也培育了新的经济增长点。瑞安作为"温州模式"的重要发祥地，其经济发达、文化遗产丰富，是中国优秀旅游城市，素有

"东南小邹鲁"之美誉。以塘河为轴线，将沿线各景观、文化点、特色小镇和产业平台串珠成链，突出江南水乡特色，引导发展塘河水上休闲旅游业，本着"谁开发，谁受益"的原则，放宽市场进入条件，制定和完善鼓励社会资本投资水文化产业的相关政策，鼓励公司或个人投资水文化旅游项目，成立一个专业的水文化旅游集团，努力形成政府与社会相结合的多元化的水文化建设市场机制，以重塑美丽浙南水乡风貌，使之成为展示温州独特韵味和人文气息的亮丽城市金名片。开展塘河亲水行动，加快实施"漫步塘河"计划。以沿河公园为节点、以沿河生态景观带为纽带、以塘河文化为精神内涵，建设融生态、文化、休闲为一体的塘河百里生态长廊，提升亲水休闲旅游品质。通过市民体验活动，对外展现塘河生态之美、景观之美、文化之美，让广大市民共享"大建大美"阶段性成果，也提高了塘河的美誉度和市民的满意度，共同打造至美塘河。

瑞安市统计局资料显示，瑞安市常住人口已达 143.79 万人，流动人口 56 万多，每年约有 1000 多万国内外旅游者来瑞安参观游览。当前，瑞安是国内有名的有钱、有闲人众多的城市，并且居民的文化需求有不断增强的趋势。因此，着力凸现本市塘河文化资源的特色与优势，对于新形势下本市经济社会发展有重要意义。

当前，瑞安市区发展文化休闲、旅游等产业，带动了当地餐饮、住宿、交通、商业、手工艺品等行业的发展，进而将成为当地经济发展的引擎。近年来，瑞安市政府利用当地丰富的文化资源，按照"面向大市场、发展大旅游、营造大环境、树立新形象"的思路，完善旅游基础设施，举办各种特色旅游活动，开发"农家乐""民宿特色村"等文化休闲产业，使越来越多的农民走上了旅游致富路。

3. 开发塘河文化，促进塘河流域各镇街的共同开发与经济合作，使"月光经济"发展充满统一性和协调性

塘河文化是温州学的重要组成部分，是"瓯越文化"的核心主干。温瑞塘河沿岸的历史文化见证了温州地区的发展，很大程度上反映了温州社会的历史变迁。沿岸有关政府部门要以水脉汇聚塘河文化长廊，展示母亲河独特魅力。

三、核心基因保存

　　"创新——普惠文明价值观""宗教信仰""爱国精神"
作为温瑞塘河（瑞安段）的核心基因，《塘河文化》等文字资
料和图片资料保存于瑞安市文化基因解码调查组资料库，实物
资料温瑞塘河位于浙江瓯江以南、飞云江以北的温瑞平原。

进士村曹村

天瑞地安　瑞安文化基因

进士村曹村

曹村村口

　　曹村位于浙江省温州市瑞安市境内，是一个典型的环山型村庄，是一个拥有悠久历史的地方。

　　后晋年间，曹氏第十一世祖曹霭、曹霅、曹昌裔三兄弟为避闽乱，从福建长溪迁居许峰。经过200多年的繁衍，发展成一支庞大的家族，从此许峰就叫曹村。

　　自古以来，曹村文风鼎盛，善耕善读。曹氏族人承永嘉学派的实用之学说，奉"耕为本务，读可荣身"之族规，大力提倡"读书荣身"，刻苦追求，努力进取，有力地促进了曹村耕读文化的发展，培育出了多位名家名士。南宋绍兴二十七年（1157），曹逢时首登进士第，曹村文风渐盛，一时人才辈出。自南宋高宗绍兴二十七年（1157）至明成祖永乐二年（1404），共出了82名进士。《曹氏族谱》统计："登进士甲科者29人，武进士者6人，特奏名进士者21人，太学进士者38人，武学进士者6人，乡贡进士者9人，胄贡进士者35人，漕贡进士者16人。"

在农耕社会，耕读文化数千年延续不断，宋时已为一时之盛，不少人亦耕亦读，曹村就是一个很好的例子。

"读可荣身，耕可致富。"曹氏族规要求子孙"以耕读为业"，奖励勤耕善读、求取功名的子弟。曹村创办书塾，读书之声响起在山野里。子弟们在塾中问学质疑，相互切磋。曹绛（1156—1255），字思厚，别号石室居士，在家乡办凤岗书塾，与林石的塘岙书塾、陈傅良的梅潭书塾，都是当时有名的书塾。清嘉庆《瑞安县志》载："凤岗书塾在来暮乡，宋曹绛建，延师设教一门登第者二十四人，叔远、豳、元发，皆为名儒。"曹豳在嘉定元年（1208）授湖州州学教授时，因父母亡故未赴任，在乡创办虎丘书院，

授学执教11年。

古代文人寄情山水，陶冶情操，追求恬静淡雅，过着一种隐逸的生活。到了宋代，耕读文化由于科举制度的演进而得以发展，"朝为田舍郎，暮登天子堂"。每个宗族都在家训、族谱里要求子弟耕读为业，耕以务本，读以明教，考取功名乃全族之光荣。

乡村里耕读文化的陈迹并未尽褪去，读书明理、读书上进的文化自觉，已经深入人心。曹村仍是文采昭彰之地，不愧学风旺盛之乡。

在曹村，弘扬耕读文化是一个永恒的主题。其中，曹村的元宵灯会已然成为弘扬耕读文化的民间节日。这源自一个"神灯"的传说。

"神灯现，名士出。"这句俚语在曹村流传了800多年，具有悠久的历史和浓郁的地方色彩。曹村的"神灯"来自民间传说。相传在宋朝，曹仁贵在温州任兵马司时，孙儿曹逢时聪明好学，每从私塾返回住处时，都有一年迈的老者提着灯笼为他照亮回家的道路，但是，每到家门口，曹逢时想回头感谢时，那老者和灯笼就都不见了，十分神奇。曹逢时求学苦读，进步明显，成绩突出。后来，他就告诉

爷爷曹仁贵说，是神仙在帮助他，大家都说那"红如日，亮如电，轻如蝉翼"的灯笼就是"神灯"。

曹村曹叔远任国子学录后，有一年春节回乡探亲，亲族和乡民专门在曹村金锁桥上挂了一只大大的福星灯。当时，正值正月十五。福星灯呈灯塔状，由下至上，由大到小的十盏灯组成。花灯通体没有一根木竹骨架，纯粹由纸做成，照亮了一大片道路。乡亲们觉得是无骨福星"神灯"给曹村带来了好运，于是每年元宵时家家户户挂红灯笼、闹花灯，以表庆贺，并由此成为当地习俗，延伸成为一年一度的大型元宵花灯会。

改革开放后的曹村已今非昔比。富裕起来的村民热情高涨，每年早早忙碌着筹办灯会，节前几天便张灯结彩，买酒备菜等着来观灯的亲友，大家同乐元宵。元宵花灯外糊以各色彩纸，贴上图案，也有"国泰民安""风调雨顺""迎春接福""出入平安"等祝词。花灯有各种样式，有背灯，如"五谷丰登""六畜兴旺""三元及第"等，有花鸟虫鱼灯，如凤戏牡丹、仙鹤展翅、蝴蝶恋花、鲤鱼跳龙门等，有鳌鱼灯，每盏长一米左右，装有一木柄，鲜艳绚丽，寓意独占鳌头，有轿灯，里面可以坐人。

瑞安深厚的文化底蕴扎根于乡风民俗之中，如何让传统民俗代代传承下来，同时结合新时代要求不断探索创新，使其展现出永久魅力和时代风采，这种试验非常有意义。推动传统民俗华丽转身，成为推进美丽乡村建设的鲜活载体，近年曹村做了一系列试验。

曹村镇立足天井垟万亩稻田资源和传统耕读文化优势，以"融合发展"为主线，打造乡村振兴的新样板。一是促进各项政策的融合，协同推进美丽乡村建设。以乡村振兴规划为引领，"一根指挥棒，政策大合唱"。2018年以来整合了乡村振兴示范带、小城镇环境综合整治、美丽田园、"四好农村路"、文化礼堂、治水拆违、垃圾分类、"四边三化"等系列政策措施，释放政策的叠加效应，变乱点为亮点。二是促进各种业态的融合，形成富民兴村新态势。以天井垟粮食功能区为基础，延伸产业链，引进艾米智慧农业，发展有机胚芽米，稻米价格从每斤3元提高到20元。变美丽田园为美丽景区，联合全镇14个村组建乡悦旅游公司,发展研学旅行产业和乡村民宿。三是促进多元文化融合,重塑乡村振兴和谐之魂。深耕曹村传统进士文化,融合农耕文化、花灯文化、武术文化、书院文化、乡贤文化等,高标准推进东岙文化礼堂建设,通过举办花灯文化旅游节、农民丰收节等节庆活动,打响曹村文化品牌。四是促进多方力量融合,实现共建共享,"美美与共"。引导发展"三位一体"农民合作组织与社会资本、回乡乡贤、青年相结合,共建曹村田园综合体;联合纪委、组织、宣传、统战等部门,共同打造红色党建示范带。

近年来,曹村以"融合发展"乡村振兴示范带,建设产业融合的田园综合体为契机,大力挖掘乡村旅游元素,规划乡村旅游打卡点,依托特有的山、水、林、田、河五大生态基地和耕读、民俗等文化特色,打造集休闲农业、生态旅游、户外运动、文化体验、康体度假等产业的温州市级田园综合体。

乡村旅游发展离不开生态环境的优化,自 2018 年起,国网瑞安市供电公司积极响应当地政府提出的致力小城镇环境综合整治打造"至美瑞安"的目标要求,结合全市经济社会持续发展带来的电力需求和人居环境提升需求,主动对接重点项目,完成路中杆、重点区域废旧电杆的治理,完成主要道路沿线架空线路梳理及表箱改造。

如今,曹村镇成为瑞安践行"乡村振兴"战略的排头兵。近年来,立足生态禀赋,深挖文化基因,全力推进"一核两带"乡村振兴示范带建设,建成耕读广场、梅龙书院等四大研学项目,建成田园大眼睛等十大旅游项目,完成美丽公路、美丽河道、美丽田园、美丽产业等六大美丽工程建设,获得省级"四好农村路"、省级"小城镇环境综合整治样板镇"、省级"美丽乡村示范镇"等称号。

一、要素分解

（一）物质要素

庄严的曹村牌坊

曹村村中刻着"中华进士第一村"的庄严的曹村牌坊非常醒目，俨然成为曹村的金名片。自古以来，曹村文风鼎盛，善耕善读。曹氏族人承永嘉学派的实用之学说，奉"耕为本务，读可荣身"之族规，大力提倡"读书荣身"，刻苦追求，努力进取，有力地促进了曹村耕读文化的发展，培育出了多位名家名士。南宋绍兴二十七年（1157），曹逢时首登进士第，曹村文风渐盛，一时人才辈出。自南宋高宗绍兴二十七年（1157）至明成祖永乐二年（1404），共出了82名进士，《曹氏族谱》统计："登进士甲科者29人，武进士者6人，特奏名进士者21人，太学进士者38人，武学进士者6人，乡贡进士者9人，胄贡进士者35人，漕贡进士者16人。"

（二）精神要素

"读可荣身，耕可致富"的家风家训

在曹村，弘扬耕读文化是一个永恒的主题。在农耕社会，耕读文化数千年延续不断，宋时已为一时之盛，不少人亦耕亦读，很有科举成就，曹村就是一个很好的例子。"读可荣

身，耕可致富。"曹氏族规要求子孙"以耕读为业"，奖励勤耕善读、求取功名的子弟。曹氏创办书塾，读书之声响起在山野里。子弟们在塾中问学质疑，相互切磋。曹绛（1156—1255），字思厚，别号石室居士，在家乡办凤岗书塾，与林石的塘岙书塾、陈傅良的梅潭书塾，都是当时有名的书塾。清嘉庆《瑞安县志》载："凤岗书塾在来暮乡，宋曹绛建，延师设教一门登第者二十四人，叔远、豳、元发，皆为名儒。"曹豳在嘉定元年（1208）授湖州州学教授时，因父母亡故未赴任，在乡创办虎丘书院，授学执教11年。古代文人寄情山水，陶冶情操，追求恬静淡雅，过着一种隐逸的生活。到了宋代，耕读文化由于科举制度的演进而得以发展，"朝为田舍郎，暮登天子堂。"每个宗族都在家训、族谱里要求子弟耕读为业，耕以务本，读以明教，考取功名乃全族之光荣。

（三）制度要素
曹村元宵闹花灯会

曹村"神灯"传说延伸成为一年一度的大型元宵民间闹花灯会。每年曹村村民早早忙碌着筹办灯会，节前几天便张灯结彩，买酒备菜等着来观灯的亲友，大家同乐元宵。正月十五，复苏回暖的大地已是一片温馨的气象，红灯笼挂满街头，整个曹村洋溢着浓厚的元宵节气氛。街两旁摆满了小吃摊，叫卖声不断。曹村借机举办物资交流会，白天逛市，晚上赏灯。待华灯初上，爆竹声声，灯彩列队成行依次出游，大旗猎猎，上书"曹"字。花灯队伍浩浩荡荡蜿蜒二三里，每个村都有自己独特的花灯组合，上千只造型各异的彩灯争奇斗艳，各显风姿，热闹到深夜。有舞龙、舞狮、腰鼓、鳌鱼、抬阁、旱船、高跷，有扮八仙的，有扮状元骑马过街的，有一组组戏曲人物的花船，有"八蛮"彩灯队。"八蛮"是温州一带流传的8种瑞兽。来赏灯的人每年达数万，人潮涌动，摩肩接踵地充街塞巷。各支队伍每到村口都会停下来表演，人越来越多，被围得水泄不通。始于庆贺曹叔远中举的曹村元宵灯会，一直延续至今，其积极意义就在怀念先贤，重温乡村文化历史，激励晚辈后生奋发有为。曹村也因此打亮了民俗展示、文化、旅游的金名片，促进了经济、社会、文化、教育的大发展。

（四）语言和象征符号

1.精美的曹村无骨花灯造型

"曹村花灯"也是曹村的金名片之一。花灯外糊以各色彩纸，贴上图案，也有"国泰民安""风调雨顺""迎春接福""出入平安"等祝词。花灯有各种样式，有背灯，如"五谷丰登""六畜兴旺""三元及第"等，有花鸟虫鱼灯，如凤戏牡丹、仙鹤展翅、蝴蝶恋花、鲤鱼跳龙门等，有鳌鱼灯，每盏长一米左右，装有一木柄，鲜艳绚丽，寓意独占鳌头，有轿灯，里面可以坐人。

2."神灯"传说

"神灯现，名士出"这句俚语在曹村流传了 800 多年，具有悠久的历史和浓郁的地方色彩。曹村的"神灯"来自民间传说。相传在宋朝，曹仁贵在温州任兵马司时，孙儿曹逢时聪明好学，每从私塾返回住处时，都有一年迈的老者提着灯笼为他照亮回家的道路。但是，每到家门口，曹逢时想回头感谢时，那老者和灯笼就都不见了，十分神奇。曹逢时求学苦读，进步明显，成绩突出。后来，他就告诉爷爷曹仁贵说，是神仙在帮助他，大家都说那"红如日，亮如电，轻如蝉翼"的灯笼就是"神灯"。曹村曹叔远任国子学录后，有一年春节回乡探亲，亲族和乡民专门在曹村金锁桥上挂了一只大大的福星灯。当时，正值正月十五。福星灯呈灯塔状，由下至上，由大到小的十盏灯组成。花灯通体没有一根木竹骨架，纯粹由纸做成，照亮了一大片道路。乡亲们觉得是无骨福星"神灯"给曹村带来了好运，于是每年元宵时家家户户挂红灯笼、闹花灯，以表庆贺，并由此成为当地习俗，延伸成为一年一度的大型元宵民间闹花灯会。

二、核心基因提取与评价

基于对材料的全面、深入分析，得出本文化元素的核心基因表述为："庄严的曹村牌坊""'读可荣身，耕可致富'的耕读文化""曹村元宵闹花灯会"。

进士村曹村核心文化基因评价依据

评价项目	评价因子	评价依据（特点）	是否
生命力评价	文化基因存续的时间	自出现起延续至今，未曾明显中断	√
		自出现起延续至今，但多次衰微、中断后复兴	
		曾明显衰败，改革开放后开始复兴或历史溯源关键环节缺失，难以考证	
		文化形态主体已灭失，现存部分痕迹	
	文化基因的稳定性	在发展过程中保持相当稳定的状态	√
		在发展过程中存在明显的精神内涵、表现形式剧变	
凝聚力评价	文化基因的凝聚力及社会动员效果	曾广泛凝聚起区域群体的力量，显著推动过社会经济文化的发展	√
		曾部分凝聚起区域群体力量，对社会经济文化的发展产生过影响	
		凝聚过力量，创造过实际的发展动能，但未见对社会经济文化发展产生显著改变	
		仅在历史文献或口耳相传中存在，未见实际介入社会经济发展	

评价项目	评价因子	评价依据（特点）	是否
影响力评价	辐射的范围	具有全国性、世界性的影响力	
		具有长三角区域、浙江省影响力	√
		具有市县、乡镇影响力	
	提炼的高度	已经被古代文人士大夫和当代学者提炼为精神符号和理念理论	√
		单纯的样式、造型、工艺技术规范	
发展力评价	与当代精神追求和价值观念的契合	传统文化基因得到创造性转化、创新性发展；区域革命文化基因被完整继承、广泛弘扬；区域社会主义先进文化基因成为与浙江"三个地"相适应的文化高地	√
		部分转化、部分弘扬、部分发展	
		难以转化、难以弘扬、难以发展	
说明：基因特点评价是对解码出来的基因，根据本《导则》表2的要求，围绕"四个力"逐一对表打"√"，进行定性表述			

（一）生命力评价

三大核心基因自出现至今未曾出现明显中断，发展过程相对稳定。曹村自南宋伊始，曹氏族人承永嘉学派的实用之学说，奉"耕为本务，读可荣身"之族规，大力提倡"读书荣身"，刻苦追求，努力进取，培育了一大批名人仕家，被誉为"中华进士第一村"。同时，曹村的耕读文化一直延续至今，具有顽强的生命力。

（二）凝聚力评价

三大核心基因广泛凝聚起区域群体的力量，显著推动过社会经济文化的发展。曹村自古以来文风鼎盛，善耕善读。耕读文化因科举制度的演进而得以发展，"朝为田舍郎，暮登天子堂。"曹氏宗族在家训、族谱里要求子弟耕读为业，耕以务本，读以明教，考取功名乃全族之光荣。曹氏族人秉承"耕读文化"，凝聚起曹氏族人的力量，培育出一批又一批名仕。同时作为弘扬耕读文化的曹村花灯会，打亮了曹村民俗展示、文化、旅游的金名片，促进了经济、社会、文化、教育的大发展。

（三）影响力评价

三大核心基因具有广泛的影响力。耕读文化的陈迹在曹村从未褪去，读书明理、读书上进的文化自觉，已经深入人心。曹村仍是文采昭彰之地，不愧学风旺盛之乡。在曹村，弘扬耕读文化是一个永恒的主题。其中，曹村的元宵灯会已然成为弘扬耕读文化的民间节日。曹村元宵灯会一直延续至今，其积极意义就在怀念先贤，重温乡村文化历史，激励晚辈后生奋发

有为。

（四）发展力评价

三大核心基因通过千百年的发展，传统文化基因得到创造性的转化和弘扬。曹村花灯会就成为弘扬传统耕读文化的民间节日。如今，曹村镇立足天井垟万亩稻田资源和传统耕读文化优势，以"融合发展"为主线，打造乡村振兴的新样板。通过不断地探索与实践，曹村镇如今已成为瑞安践行"乡村振兴"战略的排头兵，近年来，立足生态禀赋，深挖文化基因，全力推进"一核两带"乡村振兴示范带建设，建成耕读广场、梅龙书院等四大研学项目，建成田园大眼睛等十大旅游项目，完成美丽公路、美丽河道、美丽田园、美丽产业等六大美丽工程建设，获得省级"四好农村路"、省级"小城镇环境综合整治样板镇"、省级"美丽乡村示范镇"等称号。

三、核心基因保存

"庄严的曹村牌坊""'读可荣身，耕可致富'的耕读文化""曹村元宵闹花灯会"作为进士村曹村的核心基因，文字资料有《进士村曹村》《天井垟历代人物》等9项保存于瑞安文化基因解码调查组资料库，图片材料有40张保存于瑞安文化基因解码调查组资料库。

藤牌舞

天瑞地安　瑞安文化基因

藤牌舞

藤牌舞

　　瑞安"藤牌舞"源于明朝嘉靖时期戚继光抗倭"鸳鸯阵"中藤牌兵的操练布阵。从明末到清朝中叶，藤牌逐渐代替了皮牌等防御武器，它轻、大、坚的特性适用于浙闽沿海沼泽地，使戚继光在浙闽抗倭战争中屡屡建功。

　　到了清末民初，藤牌的实战作用日渐衰减，但民间依然喜欢观看操练藤牌阵。于是瑞安籍的清兵、团勇把藤牌阵中可舞性可看性较强的动作编排成舞蹈节目，在庙会中向大家表演，一是为了纪念威震敌胆的抗倭英雄戚继光，二是为了驱邪保平安，三是为了延续藤牌阵精髓。后来，藤牌舞逐步从庙会上的表演衍变成向豪门大户贺喜献艺的演出活动。据瑞安藤牌阵老艺人回忆，当时瑞安广泛流传着这样的打藤牌诗句："艾褐家绸阔阔载，携幼扶老看灯来，戚家兵子藤牌阵，倭寇闻风心胆摧。"

1926年开印的《温州的戏剧》一书中这样写道："藤牌阵，演者亦以儿童列队出行，持藤牌与刀枪棍锤作打架状。祭场之际，有满汉两将官，执刀枪舞'开四门'，以开场。导演多系前清练军中人。此事仅瑞安有之，他处殊少见。"1928年，国民党县党部以破除迷信为由严禁迎神庙会，藤牌阵的演出被迫受到限制，至新中国成立前基本销声匿迹。

新中国成立以后，在我党"百花齐放、百家争鸣"文艺方针指引下，党、政府和瑞安藤牌阵几代传承人对藤牌阵进行了发掘、抢救。薛纪芬、蔡兴茹等先后根据戚继光军事著作《纪效新书》《练兵实纪》中有关藤牌的记载着手发掘。薛纪芬首先分析了戚继光留下的藤牌练兵法："习藤牌人牌一面，内用大藤为骨，以藤篾条条退藤缠联。每面随牌标枪一枝，腰刀一把，其兵执牌作势向敌，以标枪执在右手，

腰刀横在牌里，挽手之上，以腕抵住。待敌长枪将及身，掷标刺之，中与不中，敌必用枪顾拨，兵即乘隙径进，急取出刀，左右随牌砍杀。"薛纪芬将这一兵法融入"藤牌阵"中，经过加工编导，将武术打斗动作与舞蹈、鼓乐相结合，终于创作了适合于舞台表演的"藤牌舞"。

1957年3月，以蔡兴茹、叶昌来、徐乃光等为代表的首批藤牌舞演员，代表浙江省进京参加北京工人文化宫举行的第二届全国民间音乐舞蹈汇演，荣获优秀奖，并受到周恩来、朱德等老一辈革命家的接见。1977年，藤牌舞参加新中国成立30周年暨温州市第四届鹿城音乐会；1986年6月，《中国民族民间舞蹈集成·浙江卷》编委为瑞安藤牌舞录像，获民间舞蹈集成奖；1989年9月，藤牌舞再次代表浙江省参加中国舞"蓉城之秋"文艺演出，荣获"最佳表演奖"和"精神文明奖"；1997年9月，藤牌舞参加浙江"东海明珠"大型文艺晚会获舞蹈类"金奖"；2007年7月，藤牌舞被列入浙江省第二批非物质文化遗产名录；2011年5月，藤牌舞被国务院确定为第三批国家级非物质文化遗产保护名录项目。

一、要素分解

（一）物质要素

品类繁多的演出服饰和道具

清朝时，藤牌舞演出穿铁盔、青布衫飞虎锦甲、号帽、号衣、滚衣、挂腰、套裤。民国初年，着明盔和戏曲中武打衣、裤、鞋。新中国成立后，藤牌舞演出队扎头巾，穿米黄色底镶白边上衣，外罩嵌护心镜的马甲（号坎），扎腰带，戴护腕，下穿灯笼裤，裹绑腿，穿布草鞋。

（二）精神要素

英勇善战的戚家军精神

经久不衰、百看不厌的瑞安"藤牌舞"盛传至今，体现了戚家军的英勇善战精神，其中藤牌兵在抗倭斗争中所表现出来的胆、气、力、轻、足、便、捷、少正是"人矮腿屈隐牌中，蹲身急滚刀生风，运牌圆滑全身遮，以短制长藤牌功"的真实写照，瑞安"藤牌舞"之所以深入人心盛传几百年，是因为它传承的精髓"矮、滚、实、劲、圆、活"彰显了戚继光"鸳鸯阵"睿智的选兵、练兵与用兵方法。

（三）制度要素

1.武术和舞蹈动作的完美结合

藤牌舞的基本动作包括道具执法和基本步法。道具执法包括执狮子牌、握抢、握刀等。基本步法包括抛石、站牌、出剑（刀）、背牌、交叉步出剑、原地跳步出剑、蹉步出剑、转身出剑、矮子步、前滚翻、跳步、弹踢扫堂腿、并步跳等55个动作。这些动作都是根据武术动作演变而来的，又结合相应的舞蹈动作，呈现出两者的完美融合。藤牌舞需要练习者有很好的腿部力量及武术基础，在双人动作过程中，又需要练习者有良好的协调能力和灵敏性，在滚的动作过程中又需要有很好的前庭技能和身体感知力。

2.气势磅礴的团体舞蹈动作

藤牌舞舞蹈动作威武雄壮，尤其双人、四人动作最为壮观，包括枪战藤牌、双锤抛叉、枪战狮子牌、双刀战藤牌4个动作。

枪战藤牌。执枪者和执牌者同时上场，朝台前同时出刀和出枪，之后面对面按马步。执枪者朝执牌者头顶上方舞个小圆圈并打一个闷牌。接着执枪者抽回枪后再舞个小圆圈，并刺向执牌者喉前。执牌者用牌撞开，执枪者抽回枪，刺向执牌者左腿边。执牌人用刀和牌压住枪头，从左边扳到右边，之后双方各自收回刀、枪，做走门动作。四个角走门后，双方靠拢做三次通枪动作，执枪者先跳起，执牌者后跳起，之后再做四个角走门动作，接着靠拢后重复以上动作。

双锤抛叉。腰插双锤的执叉人与右手执刀的执牌者同时上场，并列朝台前同时出叉出刀。继而面对面按马步，后互相配合做闷头叉动作，之后走门，四个角走门后，靠拢再做闷头叉动作。执牌人刀劈执叉人脚下，执叉人跳起，双方调换位置，执叉人抛叉，执牌人接叉并反抛叉，执叉人拔锤挡叉后做双锤闷头与击牌动作。之后执叉人走门，再靠拢做闷头叉动作，执牌人刀劈脚下配合做闷头叉动作，最后双方面对面按马步结束。

枪战狮子牌。执枪者与执牌者同时上场，朝台前出枪、出刀，然后面对面按马步。执枪者朝执牌者头顶舞个小圆圈，执牌者配合打闷牌。执枪者出枪，刺执牌者左右腿，执牌者配合打闷牌。接着双方做走门动作，四个角走门后，双方靠拢再打闷牌。之后双方配合做通枪动作，执枪者先跳起，执牌者后跳起。执牌者先刀劈执枪者脚下，后执枪者枪扫执牌者脚下，接着双方打闷牌，再做走门动作，接着双方靠拢，重复以上动作。

双刀战藤牌。四个人成两队，同时上场，执双刀者站前，执牌者站后，同时朝台前出刀。之后双方面对面按马步，各自右脚上前，手配合做交刀动作。执双刀者右脚跪下，双刀劈执牌者，执牌者跳起落下后，接受双刀打闷牌，接着双方做走门动作。双方靠拢再交刀，执双刀者再劈执牌者脚下，执牌者跳起落地后转身滚过去，执双刀者砍空后回手一刀再劈于牌上。执牌者转身一刀劈执双刀者脚下，执双刀者跳起落地后双刀劈执牌者脚下，执牌人跳起落地后，双方打闷牌，做四个角走门动作后，靠拢重复以上动作。

3.“矮、滚、实、劲、圆、活”的动作要领

“矮”。指短小，与高相对。若使身体放低只有屈膝下沉，藤牌舞要求每一步都要屈膝行走。因藤牌兵需要以藤牌遮身，人的身体各部位不能暴露在外，只有蹲伏才能遮身蔽体，矮既能保身又能出其不意灵活杀敌。

戚继光在《纪效新书》中写道：“试藤牌，先令自舞，试其遮蔽活动之法，务要藏身不见，及虽藏闭，而目犹向外视敌，又能管脚下为妙。次以长枪对较，令牌持标一枝，近敌打去，乘彼顾摇，便抽刀杀进，使人不及反手为精。”

“滚”。“滚”在瑞安本地方言发音为“擂”。“滚”是“鸳鸯阵”中藤牌兵的又一项重要杀敌技能。“以牌遮身单刀滚去，只低头砍马足，此步最利者也”，“此势随滚进以袭人之右，先进刀后进牌，疾速如风为妙”。在鸳鸯阵对川子阵的进攻搏杀中，由于阵前的藤牌与长牌兵时刻处于蹲伏矮身状态，不利于前后左右的疾速进退，因此以牌遮身单刀前滚，低头砍断倭足，成为鸳鸯阵进攻倭敌的最佳选择。

“实”。藤牌舞的“实”指的是演员的“下盘”要敦实，也就是说双腿要有力，矮步要坚实。藤牌舞中大量的屈膝下蹲动作所折射出的南拳里的“马步蹲裆”“气沉身稳”。站桩架势就是强调武功要扎实。鸳鸯阵对藤牌兵的身体素质要求甚高，尤其是双腿站桩要稳如泰山，由于身处鸳鸯阵最前沿，构筑

的第一道防线要坚不可摧，下盘坚实有利于与倭寇的肉搏厮杀。

"劲"。劲是力气，力量的象征。戚继光"鸳鸯阵"中选择长牌兵的标准是高大魁梧、强壮有力、作战经验丰富、胆大心细，杀敌防护技能高超实用。择藤牌兵首先是训练有素的投掷标枪高手，这个高手在近身肉搏前对倭寇猛投标枪，远处截杀倭敌，获得先机。投完标枪之后迅速抽出横插在藤牌中的腰刀与长牌巧妙配合保护队长、狼筅手和长枪手，以此弥补这些兵器进攻锐利防守困难的弱点。无论是长牌兵还是藤牌兵，残酷的近身肉搏厮杀现实要求他们要有超强的双臂，出刀时要迅、猛、狠，掷枪时要远、准、稳，给人以架式美、威武美。

"圆"。藤牌兵在"鸳鸯阵"中的首要任务是防护，圆圆的藤牌更有利于藤牌兵臂挽藤牌迅速绕其身体轮八字立圆，以达到前后左右大面积的防护目的。瑞安的"藤牌舞"轮圆特别强调大臂带小臂，腕要灵巧，这样把牌轮一圈，就可以巡行全身，使整个粗犷有力的舞蹈平添了几分秀气和妩媚，给人以美感。

"活"。指身体灵活。在戚继光心目中理想的藤牌兵应该是"其习牌之人，又须胆勇、气力轻足、便捷少年，然后可授之以此，置于行伍之先，为众人之藩蔽，卫以长短之器，为彼之应援。以之临敌，其众可合而不可离，可用而不可疲，进退左右，无所不利，此藤牌之功用也"。因此藤牌舞的闪光亮点之处在于它的便、捷、轻。捷如猿猴，又凶如猛虎跳，要轻松又需提气。

（四）语言和象征符号

1. 变化多端的表演阵式

藤牌舞的表演阵式变化多端、独具魅力。据略晚于戚继光的兵学家何良臣所说，演练藤牌的方法有"赖礼衣势、斜行势、仙人指路势、滚进势、跃起势、低平势、金鸡闯步势、埋伏势"等八种。目前流传的藤牌舞表演有不同的八个阵式，为四角阵、长蛇阵、八字阵、龙门阵、荷包阵、黄蜂阵、双蛇出洞阵、打花牌。

按照固定的表演程序，最先表演的阵式为"四角阵"，舞者背靠背各居四方，勇猛攻击，左冲右突；紧接着阵式一变，成为有头有尾的"长蛇阵"，这个阵势以一条长长的防线来抵制进攻；长蛇阵完毕，锣鼓突起，又变为"八字阵"，两军对峙，伴着急促的鼓点，刀叉闪亮，铁环齐响，呐喊声惊天动地；随后表演者并排滚挡，犹如黄蜂出洞，席卷而来，这是"黄蜂阵"而后的"龙门阵""荷包阵"。在藤牌舞中，以"打花牌"最为壮观，表演者拼死冲杀，锋利如冰的短刀飞舞，有时离胸口仅几毫米，寒光闪闪的钢叉又刺又砸。在表演过程中，有两种音乐始终伴奏着，一种是打击乐，另一种是打击乐配民间曲牌，赋予藤牌舞饱满的激情、强悍的威力。

2. 节奏鲜明、气氛热烈的背景音乐

藤牌舞音乐是配合藤牌舞表演时所用的背景音乐，具有很大的渲染力和震撼感，能带动表演者进入表演的状态、提高表演者演练的头脑意识，防止动作做错、做早、做乱。其舞蹈音乐鼓点独特，对比鲜明，气氛强烈，与舞蹈动作配合默契。据《练兵实纪》所述，明时练兵多用鼓乐，"凡场……吩咐各官旗下地方吹得胜鼓乐"。由此可见，曲牌"得胜令"在明时已应用于校场练兵。清仿明制，大致相似，

整个操练仍以锣鼓为主，以激昂士气。清末民国初年，藤牌阵只有"将军令"和"得胜令"两支曲牌，用于首尾。为使乐曲更好地配合舞蹈动作，在新中国成立后恢复演出的藤牌舞中，编导者插入《风入松》《连环》和《尾声》，舞蹈音乐更加丰富充实，富于表现力。现代感的音乐开始登上舞台，极具表现力和震撼力，如开场时长号低沉，三次"呜呜……"紧跟着锣鼓齐鸣，奏"得胜令""将军令"，形成将帅升帐祭旗出兵奔赴疆场的肃穆壮烈气氛。

3. 雄壮威武的藤牌图案

藤牌舞中的藤牌很独特。藤牌是用竹篾编织而成，其表面绘有狮头、虎头或龙头等图案，使得藤牌更具有美感，显示其雄壮威武。开演仪式很庄重，锣鼓喧天，鞭炮齐鸣，由地方长老敬三炷香，率众向祖宗三稽首，当场杀鸡，取血酒供奉，再次祭拜。然后，藤牌舞在鞭炮锣鼓和唢呐的伴奏下开始表演，明显带有古朴的宗教色彩。

二、核心基因提取与评价

基于对材料的全面、深入分析，得出本文化元素的核心基因表述为："气势磅礴的团体舞蹈动作""雄壮威武的藤牌图案"。

藤牌舞核心文化基因评价依据

评价项目	评价因子	评价依据（特点）	是否
生命力评价	文化基因存续的时间	自出现起延续至今，未曾明显中断	
		自出现起延续至今，但多次衰微、中断后复兴	√
		曾明显衰败，改革开放后开始复兴或历史溯源关键环节缺失，难以考证	
		文化形态主体已灭失，现存部分痕迹	
	文化基因的稳定性	在发展过程中保持相当稳定的状态	√
		在发展过程中存在明显的精神内涵、表现形式剧变	
凝聚力评价	文化基因的凝聚力及社会动员效果	曾广泛凝聚起区域群体的力量，显著推动过社会经济文化的发展	
		曾部分凝聚起区域群体力量，对社会经济文化的发展产生过影响	√
		凝聚过力量，创造过实际的发展动能，但未见对社会经济文化发展产生显著改变	
		仅在历史文献或口耳相传中存在，未见实际介入社会经济发展	

评价项目	评价因子	评价依据（特点）	是否
影响力评价	辐射的范围	具有全国性、世界性的影响力	√
		具有长三角区域、浙江省影响力	
		具有市县、乡镇影响力	
	提炼的高度	已经被古代文人士大夫和当代学者提炼为精神符号和理念理论	
		单纯的样式、造型、工艺技术规范	√
发展力评价	与当代精神追求和价值观念的契合	传统文化基因得到创造性转化、创新性发展；区域革命文化基因被完整继承、广泛弘扬；区域社会主义先进文化基因成为与浙江"三个地"相适应的文化高地	√
		部分转化、部分弘扬、部分发展	
		难以转化、难以弘扬、难以发展	
说明：基因特点评价是对解码出来的基因，根据本《导则》表 2 的要求，围绕"四个力"逐一对表打"√"，进行定性表述			

（一）生命力评价

瑞安"藤牌舞"源于明朝嘉靖时期戚继光抗倭"鸳鸯阵"中的藤牌兵操练布阵。从明末到清朝中叶，藤牌逐渐代替了皮牌等防御武器，它轻、大、坚的特性适用于浙闽沿海沼泽地，使戚继光在浙闽抗倭战争中屡屡建功。到了清末民初，瑞安籍的清兵、团勇把藤牌阵中可舞性可看性较强的动作编排成舞蹈节目在庙会中向大家表演。新中国成立以后，在我党"百花齐放、百家争鸣"文艺方针指引下，党、政府和瑞安藤牌阵几代传承人对藤牌阵进行了发掘、抢救。瑞安当地的文艺专家将武术打斗动作与舞蹈、鼓乐相结合，终于创作了适合于舞台表演的"藤牌舞"，广受欢迎。

（二）凝聚力评价

观众通过藤牌舞舞台视觉的打斗效果，可以联想起明朝时期戚继光奋勇抗倭杀敌的人物背景和时代气息，一支训练有素、纪律严明、杀贼保民的"戚家军"形象在观众心里屹然树立起来。武术动作的融入是藤牌舞注入新鲜血液的活力所在，它把藤牌舞的舞台效果提升到极致，让观众身临其境地感受到历史重演的抗倭打斗情景、官兵英勇杀敌的豪迈气概。

（三）影响力评价

"藤牌舞"舞者体壮力强，从出场造型到基本动作，都经过无数次的排练试演，把战争中剧烈的厮杀动作变成了干净有力、英武雄壮的舞蹈。作为浙江省选送节目，1957年，"藤牌舞"表演队到北京参加全国第二届民间音乐舞蹈表演，荣获当时的最高奖项，全体演员还受到周恩来、朱德等党和国家领导人的接见。1986年，"藤牌舞"被收进《中国民族民间舞蹈总汇》，荣获民舞集成奖，还被总政歌舞团改编成"古代士兵舞"赴朝演出。1989年秋，该舞作为浙江省唯一舞蹈精品赴成都参加"中国舞蓉城之秋"文艺会演，获得了"最佳表演奖""精神文明奖"。近年来，瑞安藤牌舞被列入省级、国家级非物质文化遗产名录，形成了全国性的影响力。

（四）发展力评价

目前，瑞安市建立了藤牌舞文化资源生态保护区，在重点培养藤牌舞表演队50名队员的同时，建立了业余表演队，培养新队员50名。2019年11月，《国家级非物质文化遗产代表性项目保护单位名单》公布，瑞安市非物质文化遗产保护中心获得"盾牌舞（藤牌舞）"项目保护单位资格。得到良好传承的瑞安"藤牌舞"盛传至今，体现了戚家军的英勇善战精神和在抗倭斗争中所表现出来的胆气和雄壮，对现代国民精神面貌建设和心理素质提升具有重要的借鉴意义和价值。

三、核心基因保存

　　"气势磅礴的团体舞蹈动作""雄壮威武的藤牌图案"作为藤牌舞的核心基因，文字资料有《瑞安市志》《中国民族民间舞蹈集成·浙江省温州卷》《明朝抗倭二百年》《戚继光研究丛书：戚继光传》《戚继光·纪效新书》《瑞安藤牌舞》等，实物材料藤牌、服装等道具保存于瑞安市非遗馆。

瓯风社

天瑞地安　瑞安文化基因

瓯风社

瓯风社创办于 1933 年 11 月 20 日，由瑞安人陈谧、林志甄等在瑞安杨衙街（今瑞安市区忠义街）利济医院求志堂发起组织，推举林志甄为总理事，张扬、陈准为副理事。

陈谧（1900—1966），字穆庵，又字木庵，陈黻宸从孙，陈怀长子，瑞安人。早年就读北京政法专门学堂，续入北京朝阳大学，出任燕京大学教席。1935 年参与《瑞安县志》修编，为《玉环县志》校勘，抗战期间任瑞安师范学校校长，1960 年北京文史馆函请供职未就。著有《介石先生事略》《陈介石先生年谱》《东瓯三先生年表》《温州文艺志序》及《木庵甲乙集》等书。

林志甄（1905—1946），原名庆云，字志甄，瑞安人。雅爱乡邦文史，崇尚永嘉之学。《瓯风杂志》一切出版费用均由他一人承担，并将每期社刊寄给全国各大图书馆和藏书楼。又编印《惜砚楼丛刊》8种，收有池志澂《全台游记》等著作。1936年编成《浙江永嘉区艺术展览书画纪念册》，简称为《瓯雅》一书，由他和谢磊明、梅冷生负责采辑印行。抗日战争时期，先后任东北镇小校长、瑞安救济院长等职。

陈准（1900—1941），字绳夫，号抱殷，瑞安人。幼承家学，为中华图书馆协会会员。曾在上海仿宋印刷局任编辑。1930年任瑞安县公立图书馆馆长助理、瑞安县图书馆协会执行委员。家有"抱遗堂"藏书楼，与林志甄创设"仿宋铅字印刷局"。首印池志澂所撰《全台游记》《墨香簃丛编》《太鹤山人诗集》等书。编辑有《瑞安孙氏玉海楼藏书目录》《殷契书目录》，著有《韩非子集解校记》《淮南子校记》《管子集注》等著作。

张扬，字宋颀，瑞安汀田人，出身于书香门第，为瑞安近代名士，注重乡邦文化，为民国《瑞安县志稿》编辑成员。

瓯风社创办时共16位社员，大多是当时温州各县学界名宿，如刘绍宽、高谊、黄式苏、王理孚、梅冷生、池志澂、林损、孙延钊、李笠、夏承焘，此外还有：

陈闳慧（1895—1953），字仲陶，号剑庐，永嘉县城人。少承家学，嗜赋诗，就读浙江高等学堂，师从陈去病、张宗祥等，参加"南社"结社唱和，与夏承焘、李笠、宋慈抱、李翘、李仲骞、薛储石并称"永嘉七子"，被瓯海关督聘为秘书，著有《剑庐诗抄》等，存诗400余首。

宋慈抱（1895—1958），字墨庵，瑞安人。少从冒广生游，与薛钟斗并受器重。与洪锦龙、周予同、李笠、李翘、薛钟斗、伍叔傥、许达初、郑剑西、陈俊被誉称"瑞安十才子"，参修《瑞安县志》，收集古籍图书，并进行整理和编目。1953年受聘为浙江省文史馆馆员，著有《续史通》《两浙著述考》《墨庵骈文甲乙集》《寥天庐诗钞》等。

李翘（1896—1970），字孟楚，瑞安云江人，浙南名流李芑长子。幼承家学，就读瑞中，初出任瑞安中学、温州中学执教国文，后相继出任中山大学、安徽大学、河南大学文学系教授。1950 年被推选为瑞安县政协委员，后又被聘为浙江省文史馆馆员。专攻楚辞，亦擅长骈文。著有《〈楚辞·天问〉管见》《老子注》等。

其间，李笠在外任教，未参加瓯风社的活动，由任教于杭州之江大学中文系的夏承焘继其缺。瓯风社的主要学术活动是《瓯风杂志》的编辑出版。《瓯风杂志》每月 20 日出刊，起于 1934 年 1 月，止于 1935 年末，共出版 24 期。在其首期的《凡例》中，瓯风社学人即开宗明义，将活动的根本宗旨定位为"阐扬先贤遗著，昌明故有永嘉学术，正俗解蔽，而止于至善为职志"。在种种新风此起彼伏之际，标榜"故有永嘉学术"，明其立旨与同时社团之异。《瓯风杂志》主要撰稿者以"同乡"与"瓯人前辈"为主，并声明"非瓯人著述，其有关于瓯人之学术行谊而作者，如墓志、传状、碑铭、序跋、哀谏、诗词之类，悉于本志文苑外篇见焉"。

编辑出版《瓯风杂志》，是瓯风社进行的主要工作，其目的是弘扬东瓯的地域文化，尤其是近代学术。刘绍宽《瓯风社记》中说"益以昌明永嘉故有学术"。永嘉学术自宋室南渡以来，便自成一家，在中国文化学术史上占了一席之地，所谓"户诵程、吕之书、人挟叶、陈之策，出则弥纶以通世变，处则兢省以御物欲，代有英杰，偻指难穷"。近代以来，孙衣言以文章名世，孙诒让以经术成家，孙锵鸣、陈虬、宋衡、黄体芳、黄绍箕、黄绍第等人亦各有所长。这些晚清名家的作品，已经出版面世的往往只有个别代表作，其大部分著作尤其是比较短小的学术与创作却湮没无闻，外人无从得知。"斯编体例，义在表微。"《瓯风杂志》主要发表篇幅短小、颇有学术价值的乡邦文献，同时也发表有地域文化特色的文学创作——诗歌、散文。

一、要素分解

（一）物质要素
倡导新思潮的文化环境

温州自1869年开放为商埠，在1876年中英《烟台条约》辟为通商口岸后，久受欧风美雨浸染。1872年，许启畴等发起成立心兰书社，之后带有趋新性质的学术文化团体时有出现。至19世纪后期，孙诒让发起或参与发起的兴儒会、瑞安演说会、师范教育研究会，以及宋恕等发起的经世实学会接踵成立。民国建立后，尤其五四运动后，积极参与时政、倡导新思潮的社团不断涌现，如张冲等领导的醒华学会、郑振铎等领导的永嘉新学会、金嵘轩等领导的知行社等。他们大多以"培养德性，交换知识，促进思想之革新"为标榜，与传统学术界限分明。瓯风社也是在这样的风气下诞生的。

（二）精神要素
崇儒的思想

从《瓯风杂志》载文中可发现，瓯风社对于永嘉之学的探讨虽未充分展开，却始终贯穿着对以儒家经典为代表的传统文化的笃信。而同样以推崇永嘉学术为救世之方的永嘉新学会与瓯风社"同途殊归"。他们虽然也推崇永嘉学派"事功"思想的现实意义，甚至认为与"美国实用主义大体相符"，却一再强调其"墨守成法之弊、不适合新时代的要求"。不同于以继承与发扬地方传统学术精华为使命的瓯风社，永嘉新学会的乡学发掘，多是为其趋新的思想与实践披上易于获得地域认同感的外衣，以缓和反对情绪，其根本目的如郑振铎所说"把新文化带了归去，传播到他们的乡里去"。这也反映出民国时期不同倾向的学术组织，对同源的乡邦文化有不同的改造与应用方式。

（三）制度要素
严谨合理的排版布局

《瓯风杂志》共设六个栏目：

通论。"不务空言""献可替否、陈善闭邪，期以裕国计，厚民生，期以张礼教，维学统"。选择一些学术上或社会生活中比较重大且有争议的问题进行讨论，理论性、学术性、系统性都比较强，内容偏向经与子，尤其关注伦理道德方面的问题，是最有研究价值（特别是研究瓯风社思想倾向）的部分，如林损的《永嘉学派通论》《劝学》《伦理正名论》等篇。

名著。"表章往哲"，实际上可以称为"遗著"，"荒江老屋之滨，韦布芒鞋之彦，魂魄既逝，草木同捐，巨著遗编，旁搜毕录，不望衣冠之谢，自珍琼瑶之林"。主要有陈黻宸《老子发微》、孙诒让《顾亭林诗校记》、黄绍箕《鲜庵遗文》、宋衡《六斋剩稿》等。

专载。今人近著或校理增补前人遗篇之作。只要是朋友或者有相同的爱好，就广求声气，奇文共赏，疑义相析。比较有代表的是《方国珍寇温始末》《太鹤山人年谱》《续史通内外篇》《温州经籍志校刊记》等。

文苑。与"义取合书"的专载不同，文苑收载的是散篇，吉光片羽，"诗不拘律绝，文不限骈散"，本地作家置于内篇，外地作家标为外集。

从录。内容最杂，有时载及笔记小说等，所谓"虞初小说汉儒不遗；庸代稗官，李昉所采，苟有益于掌故，奚自吝其简书"，体例与清代永嘉黄汉《瓯乘补》中"皆记温州旧闻"（《温州经籍志》卷十一）相似，是研究温州近代文化、风俗的很好材料，值得引起社会研究者的注意。此外还刊登过陈准《般契书目录》、陈谧《瑞安乡土记叙例》等重要著作。

纪事。分"乡事纪闻"与"本社纪事"两部分。"陈诗观风,求书知政",凡是温州的山川形势,闾阎疾苦,以及风俗习惯之善恶、故老传闻都归入乡事纪闻;而本社纪事是瓯风社自身活动的详细记录,是研究瓯风社的第一手资料。

(四)语言与象征符号

融合地域性与普适性的基本文化符号

地缘性是瓯风社组织存在与活动的命脉,而宣传乡学与塑造乡贤则是瓯风社学人的主要活动内容。尽管在组织成员、内容选材与活动安排中均保持强烈的地域识别,瓯风社在构建乡学与乡贤体系的过程中,对于思想的可推广性同样抱有相当的学术自信,南宋永嘉之学成为融合地域性与普适性的基本文化符号。

《瓯风杂志》将瓯风社学人乡贤体系构建的起点指向南宋永嘉学派,以永嘉之学为"瓯海"的文化特性奠基,"出则弥纶以通世变,处则兢省以御物欲"作为思想基调贯穿瓯风社各项活动的始终。而南宋以降,瓯风社学人特意跳过"偻指难穷"的历代"英杰",从温州乡贤中撷取晚清逊学(孙衣言)、籀廎(孙诒让)等为中心特加揄扬。可见,瓯风社学人以永嘉之学为线索,串联南宋与晚清的两个乡贤群体的乡贤宣传策略。

二、核心基因提取与评价

基于对材料的全面、深入分析，得出本文化元素的核心基因表述为："倡导新思潮的文化环境""崇儒的思想""融合地域性与普适性的基本文化符号"。

瓯风社核心文化基因评价依据

评价项目	评价因子	评价依据（特点）	是否
生命力评价	文化基因存续的时间	自出现起延续至今，未曾明显中断	√
		自出现起延续至今，但多次衰微、中断后复兴	
		曾明显衰败，改革开放后开始复兴或历史溯源关键环节缺失，难以考证	
		文化形态主体已灭失，现存部分痕迹	
	文化基因的稳定性	在发展过程中保持相当稳定的状态	√
		在发展过程中存在明显的精神内涵、表现形式剧变	
凝聚力评价	文化基因的凝聚力及社会动员效果	曾广泛凝聚起区域群体的力量，显著推动过社会经济文化的发展	√
		曾部分凝聚起区域群体力量，对社会经济文化的发展产生过影响	
		凝聚过力量，创造过实际的发展动能，但未见对社会经济文化发展产生显著改变	
		仅在历史文献或口耳相传中存在，未见实际介入社会经济发展	

续表

评价项目	评价因子	评价依据（特点）	是否
影响力评价	辐射的范围	具有全国性、世界性的影响力	√
		具有长三角区域、浙江省影响力	
		具有市县、乡镇影响力	
	提炼的高度	已经被古代文人士大夫和当代学者提炼为精神符号和理念理论	√
		单纯的样式、造型、工艺技术规范	
发展力评价	与当代精神追求和价值观念的契合	传统文化基因得到创造性转化、创新性发展；区域革命文化基因被完整继承、广泛弘扬；区域社会主义先进文化基因成为与浙江"三个地"相适应的文化高地	√
		部分转化、部分弘扬、部分发展	
		难以转化、难以弘扬、难以发展	
说明：基因特点评价是对解码出来的基因，根据本《导则》表2的要求，围绕"四个力"逐一对表打"√"，进行定性表述			

（一）生命力评价

孙延钊一生致力于地方文献搜集整理与校勘工作，作有《温州藏书家考》等。他在任温州籀园图书馆长期间，多方征书，募款，搜集地方文献，使藏书增至49559万册，并重订藏书外借、阅览等多项规章制度。以图书馆为阵地积极组织读书，开展学术研究和文化科学宣传活动。抗战期间，先后举办"战时图书展览""国防巡回文库""抗战木刻漫画展览"，组织籀园图书馆青年读书会，宣传抗日救亡，使图书馆面向社会。1937年编刊《蓼绥年刊》一期，1940年起编印《籀园》月刊。

孙家藏书丰富，祖父孙衣言、父孙诒让均为藏书大家，他作为"玉海楼"第三代传人，恪守家规，悉心整理所藏珍贵历史文献。1931年编有《玉海楼丛书细目》5册，著录丛书131

种，6800 余册。1935 年编有《瑞安孙氏玉海楼藏温州乡贤遗书目》，著录图书 462 部，其中有明代刻本 34 种，抄本 210 种，稿本 10 多种。

1947 年，审时度势，为使祖父孙衣言、父孙诒让两代人苦心经营的玉海楼藏书妥善保存，发挥更大作用，毅然择其中之精华 465 部 2990 册（多数为善本）、《永嘉丛书》版片 2460 片及文物 103 件，存浙江大学文学院，录有《浙江大学文学院收藏瑞安孙氏玉海楼寄存图书、文物商目》一册，现全归浙江大学图书馆特藏。1951 年，又将玉海楼部分藏书"四部"及"丛书" 2.2 万册，捐赠温州图书馆，其中明版书及各家批校本近 2000 种。1947 年和 1972 年，先后又将随身携带至杭州所藏的先人遗译及自著手稿 7 种 37 册，分别赠送温州图书馆和北京图书馆；其中一部分珍藏又分批捐献给温州图书馆、浙江省图书馆、北京图书馆、浙江大学图书馆等。其中的手稿和手校本现大部分由浙江大学图书馆收藏。1974 年，他将在杭州寓所的先人遗著自著手稿 10 多种赠温州图书馆。

孙延钊承继乃祖乃父遗风，关心乡里文化建设。1919 年 11 月，瑞安许苞等人发起创办瑞安县公共图书馆时，他便支持其弟延锴任首任馆长。建馆伊始，他从玉海楼藏书中拨出 3600 册书籍，作为瑞安公共图书馆的基本藏书，给了建馆很大支持。他编辑有《孙衣言孙诒让父子年谱》，著有《二十年来之籀园图书馆》《先征君籀公年谱》《先祖考太仆公年谱》《孙延钊集》等。

（二）凝聚力评价

温州偏处海隅，交通甚为不便，许多岩栖韦布的饱学之士，怀抱异才，因缺乏合适的手段为其揄扬，鲜为世知，更为可惜的是，一大批很有参考研究价值的著作、资料因未曾付梓而湮没无闻。"维桑与梓，必恭敬止"，瓯风社以宏扬家乡文化为己任，首先在调查、保存乡邦文献资料方面做了大量繁重的工作。他们广泛征集旧瓯海道属各藏书家的藏书目录，为编辑《瓯海藏书志》作准备；调查宋元刻本及抄本书籍情况，记录卷数页数以资考证，或摄影复制以便保存；搜集、抄录乡哲未刊书籍，若主人不愿出借，则派人去其家驻缮；凡名人字画、先贤遗墨、乡哲遗像、石刻、名贵古物、名胜古迹照片、各姓谱牒、名墓仿表、刻书目录、现存版片，均在他们调查、搜集的范围之内，或摄影复制，或抄写保存。与其他地方相比，温州的文献资料保存得比较齐备，给今天的研究工作提供了不少便利，其中有当年瓯风社诸人的一份不可抹煞的功绩。同时，瓯风社"欲以阐扬先贤遗著，昌明故有永嘉学术、正俗解弊而止于至善为职志"。《瓯风杂志》发行以来，更是推出了不少很有学术价值与研究参考价值的著作。

（三）影响力评价

《瓯风杂志》编辑成员都是当时温州地区的精英人物，可谓人才济济。创刊号甫一问世，各界就好评如潮。浙江省图书馆馆刊评点："快读一过，辄觉内容美富，诚不负东南文物旧邦"，"是志发凡起例，颇称完善，内容亦甚精纯，印刷装帧，尤为古雅可爱"。赞誉之辞，不一而足。据胡珠生《温州近代史》载，《瓯风杂志》从1934年1月至1935年12月，共刊24期。各期中压卷之作则另出《瓯风社丛书》，第1辑10种为孙诒让《顾亭林诗校记》、黄绍箕《鲜庵遗文》、陈虬《蛰庐存稿》、陈黻宸《饮水斋文辑》、宋衡（恕）《莫非师也斋文录》、叶嘉抡《方国珍寇温始末》、陈怀《晋阳日记》、端木百禄《太鹤山人年谱》、池志澂《全台游记》、陈宝善《艺菊琐言》等。1934年下半年又准备出第2辑，专印温州前贤年谱10余种，计划有《王梅溪年谱》《刘蒙川年谱》《叶文定年谱》《周浮沚年谱》《方雪斋年谱》《黄鲜庵年谱》《陈蛰庐年谱》等，结果因经费不继，只出了《陈介石先生年谱》。在短短的两年时间里，他们坚持以传承地方文献为己任，扩大了永嘉之学在全国的影响，更获得"伊洛危微宗未坠，永嘉经制学弥恢"的美誉。

（四）发展力评价

瓯越代有才人出，各领风骚上百年。为了远绍前贤，延续书香一脉，2010年，温州文化界勠力同心，复刊《瓯风》，9月14日上午，在温州王朝大酒店举行《瓯风》新刊首发式，《瓯风杂志》中断75年之后，由《温州日报》报业集团图书出版策划中心策划、方韶毅主编的《瓯风》新刊由黄山书社出版。新《瓯风》依然立足温州，关注瓯越文化，打捞历史，温故知新。与会者一致认为，在温州这样的商业城市，有这样一份纯文史刊物真是难能可贵。每年两集的新刊《瓯风》为正式出版发行的历史文化读物，辟"口述实录""人物""事件""影像""书画""日记""文本""瓯风档案""田野调查""我与温州"等栏目，图文并茂，"温故而知新"，由史料及文化生活，详尽一人一事一物之细节、趣味，描摹生活，生发启示。所涉题材，以温州为主，但不限温州；作者以温州本土为主，也有诸多域外方家。自2010年9月试刊以来，如今已出版20多集，证明了文化的力量在民间，学术的建设靠社会，现已坚持了十年的《瓯风》新刊比只办了两年时间的旧《瓯风》显示了更顽强的生命力与凝聚力。

三、核心基因保存

　　"倡导新思潮的文化环境""崇儒的思想""融合地域性与普适性的基本文化符号"作为瓯风社的核心基因,《瓯风社和瓯风杂志》《瓯风社的构建与温州乡学传统的再发掘——以南宋永嘉之学与晚清孙氏家族为中心的考察》等7篇文字资料保存于瑞安市文化基因解码调查组资料库。出版物和古文古籍有《瓯风杂志》等。

陶山八卦桥

天瑞地安　瑞安文化基因

陶山八卦桥

桥梁史是一部浓缩的人类文明史，也是一个社会、一个城市发展的印证。桥梁不仅是艺术的彰显，更是历史的见证。温州瑞安水网密布、纵横交错，是桥梁拉近了两岸的距离。在城市蓬勃发展的今天，现代化大桥跨江越洋一驰千里，而在过去，正是一座座石桥串联了民生国计。温州市第三次全国文物普查数据统计显示，瑞安现存有古桥梁41座。

这些古桥中，有这样一座，它并不是最古老的，也不是规模最大的，兴许还不是最漂亮的，但它却因独特的造型成为桥中翘楚，被列为第七批全国重点文物保护单位，它就是陶山八卦桥。

八卦桥，又名太平桥，位于浙江省瑞安市的西部山区——陶山镇，距瑞安市区20千米。桥坐落在镇中心，南北相向跨架于陶溪之上。其东约100米处为新街水泥桥，南为陶山老街，北为花园村与瑞湖公路相接，可达瑞安市区。八卦桥两岸草木葱茏，远处山峦起伏。古桥低调地卧于陶溪，是山野人家日常耕作的必经之路。

八卦桥为五间梁式石桥，总长度25.4米，花岗岩质地。石桥各孔跨度自北向南分别为2.67米、4.05米、6.50米、5.50米、3.00米，各孔均铺桥板5条。桥面宽2.50米，桥面刻花纹。桥墩中孔分主墩、副墩，各缝方形石柱5根，主墩石柱两侧向心斜度较大，副墩石柱垂直，石柱大小各异，范围在30厘米至70厘米不等。

八卦桥的奇特之处正在于其造型。4座桥墩各并排竖立5根方形石柱，上头架搭一条帽梁石，呈"爪"字形竖立于河中。而中孔两主墩的两侧各设有略低的副墩，每个副墩同样有一排5根垂直石柱，上头也搭了帽梁石。

副墩的真实作用究竟为何，至今仍是一个未解之谜。曾有学者认为，此造型旨在实现分流，也就是说副墩实为缓冲设施，避免洪水直接冲击桥墩，增加桥的稳定性。但也有学者参考其他桥梁造型，认为副墩的分流作用并不明显，与稳定性也没有直接关系。为什么设副墩？为什么非迎水面也有？为什么要设一排5根石柱？关于这些疑问，现在还未有定论。

另一个有意思的地方在于4个副墩的帽梁石上，都凿有两个长方形卯眼。这似乎说明了副墩上原来有过廊桥、亭榭、庙宇之类的建筑，且规模不小，可供行人休憩、躲避风雨或烧香祭拜。兴许当年，八卦桥是当地最为热闹、繁华的中心地段。

离八卦桥两三百米处，有一座名为河西桥的古桥，以东西走向之势，跨于河西河上，也为五孔梁式石桥。因位置相近、用材结构风格和八卦桥相似，随八卦桥一同跻身第七批"全国重点文物保护单位"。

河西桥位于陶山镇花园村西首，建于南宋绍兴元年（1131）。陶山河的上游源头西边的村庄，因其紧靠河的西边，故称河西村，该河流也因此叫河西河。河西桥东西相向，跨架在河西河上，当地人称为河西桥。河水自北向南流过河西桥，折向东流，汇入陶山河，和陶山河相交成"「"状，南与八卦桥相距仅180米。

河西桥属于花岗岩质地，梁式五间，总长24.50米，从东向西每间长分别为4.20米、4.47米、6.43米、5.70米、3.70米。每间铺花岗岩桥板6块，总宽3.10米，桥板厚0.32米，桥板下至水面3.35米，水深约0.65米。桥面石板和桥墩石柱用材粗壮，两侧桥板上凿有1—2个长方形孔，可能是当时安装木栏杆之用。两端中间石板刻条纹、斜格纹和钱纹等，西端设踏跺三级。在河西桥上，刻有礓磋纹、斜格纹、钱纹、棋盘等，西侧桥面板上题刻"辛亥持勾当张会弟俞僧成法，应故书于此"等字。

关于八卦桥的身世，当地流传最广的说法，是由南宋淳熙十一年（1184）进士张声道（1150—1220）捐资建造而成。

张声道世居瑞安陶山花园底村，为当地名人，34岁时中二甲第一名进士，历官朝请郎、知永州事、莆田知府（知兴化军）、湖南提刑，最后官至刑部侍郎。相传，张声道还是一位

郡王的女婿，曾奉诏在家乡建御凤楼，为郡王公主回瑞探亲时居住。借此机会，张声道拿出积攒了一辈子的两千两银子，为乡邻建了八卦桥（也有传包括河西桥）。

关于八卦桥名字的由来，也有许多说法。传说张声道捐资造八卦桥时，曾请当地名师踏过八卦，使此桥造好后不仅方便民众往来，还能护佑一方平安。据当地村民说，此桥自建好至今已有800多年历史，不仅仍能安全通行，而且还没有人在桥上或附近河边发生意外。

还有一个推论，道教茅山宗的祖师陶弘景（456—536）曾在陶山修行，而道家正好有乾坤八卦一说，桥名说不定就来源于此。

八卦桥与河西桥具有非常高的研究价值，其研究价值不仅体现在桥梁建设方面，也体现在当地的人文历史、时代特征、社会经济等方面。八卦桥和河西桥都为五孔梁桥，形制颇有特色，八卦桥桥墩两侧各有一排辅助桥墩，帮助主桥抗击溪流冲击，类似做法后代他处也有，但八卦桥、河西桥是最早的实例，具有标杆价值。另外，两桥密集排列，从侧面也反映了当时

瑞安社会生产力的发达和社会经济水平。八卦桥和河西桥同处邻近河道，相距不足百米，都属于中等规模的桥梁，如此建桥密度反映了当时社会经济的发展程度，对瑞安地方史乃至南宋浙南社会经济等诸方面研究都具有重要价值。

瑞安建造桥梁、陡门等水利之风盛行，陶山地方尤为突出，除八卦桥和河西桥外，又发现多处宋代桥梁、陡门，都是十分宝贵的历史文化遗产，对研究瑞安古代交通水利建设、社会情况、经济形态、建筑艺术等，具有很高的价值。其中，著名的包括白岩桥、金丝桥、栏杆桥等。

白岩桥，位于瑞安市安阳街道白岩桥村自路街北侧，南北相向，跨架于温瑞塘河末端丰湖之上。

白岩桥建于南宋绍兴十四年（1144），原为三孔梁式石桥，桥身成"八"字形，跨度约12米，通长24.65米，高4.8米，阔2.3米。北间长6.35米，南间长2.7米，各铺桥板四条，桥板宽0.55米，厚0.4米。桥板面刻有棋盘纹、斜纹、网纹、波浪纹等，具有防滑、美观作用。桥面东首桥板上刻有纪年"绍兴十四年岁次

甲子囗月庚戌朔二十六日乙亥建"。

白岩桥跨度大，规模大，且具有确切的造桥纪年。虽然破坏比较严重，但全桥结构仍保持宋代原状，且是瑞安市现存梁式石桥中用材最粗、形式最为壮观的一座，有着建筑考古方面的价值。瑞安市现存多处宋代的石桥梁建筑，可以为我们研究古代桥梁及瑞安地区民间石刻技术提供重要的实物参考价值。

金丝桥，位于陶山镇金桥村金施桥自然村西南部金丝桥河上，为南宋咸淳八年（1272）建造。金丝桥南北走向，横跨在金丝桥河上，原为五跨，现为四跨梁式石桥，全长20.47米，桥面宽2.1米，每跨铺石板5条，桥板厚约30厘米。自北向南各间依次为2.17米、2.45米、4.65米、6.70米、3.05米，有斜度桥面石板上刻横条纹。河中筑四排桥柱，每排用四根截面呈正方形的石质立柱，四立柱上置锁柱石承托桥面石板。中跨桥面高于侧跨，桥面至水面高2.05米，立面略呈八字形，板桥西侧阳刻楷书"咸淳壬申七月吉日建"题记。桥之东南岸植有一棵苍翠的古榕树，东北岸建有五开间庭院式的金丝桥堂（堂东侧立有一通

清道光禁碑），其前廊充当通往金丝桥的廊屋，它们与金丝桥相互映衬，构成一幅优美的村口景观图。其历史悠久，用材粗壮，且有确切纪年，是当时通往平阳、湖岭、高楼等山区的交通要冲，具有较高的乡土建筑文化特色和文物价值。

栏杆桥，位于瑞安市飞云街道孙桥村中心东路 111 号北侧。因桥面上原有石栏杆构筑，故名"栏杆桥"。它建于南宋绍兴十六年（1146），建筑面积75.64 平方米。该桥为五孔梁式石桥，南北向跨架，跨度 22.40 米，桥面宽 3.10米。各孔跨度不等，中孔为 5.10 米，南首两孔分别为 4.35 米和 4.20 米，北首两孔分别为 4.55 米和 4.20 米。各孔均铺花岗岩质桥板 6 条，桥板石正面磨光，并刻有缠枝花草纹和横条纹。在中孔左右桥板石外侧刻有题记，左侧为"时绍兴十六年岁次丙寅七月丙申朔初四日辛未建"，右侧为"邵闻先立言等各位先祖及考妣成者愿永为植福者"铭文。目前该桥五缝桥墩基本完好，但南北尽端两孔，因河床淤狭而被堵塞，桥板石部分已经被换过，石栏杆均已毁坏，仅剩青石望柱一根，高 0.82 米。

白岩桥、金丝桥、栏杆桥，三座

桥的形制都颇有特色，对研究浙南古代建桥技术和工艺都具有一定的参考研究价值。另外，它们属于中等规模的石构桥梁。作为古代交通的要道，从一侧面反映了当时社会经济发展水平，对瑞安地方史乃至南宋时期浙南经济社会等诸方面的研究都具有一定的参考价值。

对于如此具有研究价值的石构古桥梁，当地政府也采取了积极的保护措施与调查研究。

1986 年 11 月，八卦桥、白岩桥、栏杆桥被瑞安县人民政府公布为第二批县级文物保护单位。1997 年 8 月 29日，八卦桥被浙江省人民政府公布为第四批省级文物保护单位。2005 年3 月 16 日，浙江省人民政府发文《关于公布第五批省级文物保护单位和与现有省级文物保护单位合并项目的通知》，将河西桥与八卦桥一并列为省级文物保护单位。2013 年 3 月 5 日，八卦桥被国务院公布列为第七批全国重点文物保护单位。

2012 年 6 月 7 日，金丝桥被瑞安市人民政府公布列为瑞安市第六批文物保护单位。2016 年 10 月，针对新时期城乡社会经济发展情况，瑞安市文化广电新闻出版局、瑞安市住房和城乡规划建设局联合对全市文物保护单位的保护范围和建设控制地带进行重新调查和划定，并将相关情况上报市政府。2016 年 12 月 24 日，瑞安市人民政府发文公布隆山宫等 66 处市级文物保护单位保护范围和建设控制地带，白岩桥与栏杆桥列在其中。

一、要素分解

（一）物质要素

花岗岩质地的石构桥梁

八卦桥为五间梁式花岗岩质地的石桥，总长度 25.4 米，踏跺、压条石、桥板、踏跺已填埋。石桥各孔跨度自北向南分别为 2.67 米、4.05 米、6.50 米、5.50 米、3.00 米，各孔均铺桥板 5 条。桥面宽 2.50 米，桥面刻花纹。桥墩中孔分主墩、副墩，各缝方形石柱 5 根，主墩石柱两侧向心斜度较大，副墩石柱垂直，石柱大小各异，范围在 30 厘米至 70 厘米不等。河西桥同样属于花岗岩质地，梁式五间，总长 24.50 米，从东向西每间长分别为 4.20 米、4.47 米、6.43 米、5.70 米、3.70 米。每间铺花岗岩桥板 6 块，总宽 3.10 米，桥板厚 0.32 米，桥板下至水面 3.35 米，水深约 0.65 米。桥面石板和桥墩石柱用材粗壮，两侧桥板上凿有 1—2 个长方形孔，可能当时安装木栏杆。两端中间石板刻条纹，斜格纹和钱纹等，以防滑，西端设踏跺三级。

（二）精神要素

1.勤政爱民、体恤百姓的精神

关于八卦桥的传说，当地流传最广的说法是，八卦桥由南宋淳熙十一年（1184）进士张声道捐资建造。张声道世居瑞安陶山花园底村，为当地名人，34岁时中二甲第一名进士，历官朝请郎、知永州事、莆田知府、湖南提刑，最后官至刑部侍郎。相传张声道还是一位郡王的女婿，曾奉诏在家乡建御凤楼，为郡王公主回瑞探亲时居住。也许就是借此机会，张声道拿出积攒了一辈子的两千两银子，为乡邻建了八卦桥，此桥造好后不仅方便民众往来，还能护佑一方平安。

2.坚固便民的设计理念

包括八卦桥、河西桥在内的瑞安古石桥，许多建于南宋时期，已有近千年历史，至今仍保存完好，反映了古代高超的建桥技术。而八卦桥的奇特之处还在于其造型——4座桥墩各并排竖立5根方形石柱，上头架搭一条帽梁石，呈"爪"字形竖立于河中。中孔两主墩的两侧各设有略低的副墩，每个副墩同样有一排5根垂直石柱，上头也搭了帽梁石。此造型旨在实现分流，避免洪水直接冲击桥墩，增加桥的稳定性。且4个副墩的帽梁石上，都凿有两个长方形卯眼。这似乎说明了副墩上原来有过廊桥、亭榭、庙宇之类的建筑，且规模不小，可供行人休憩、躲避风雨或烧香祭拜。

（三）语言和象征符号

1.颇具特色的桥梁造型

八卦桥的奇特之处正在于造型。其副墩的真实作用究竟是何，至今仍是一个未解之谜。曾有学者认为，此造型旨在实现分流，但也有学者参考其他桥梁造型，认为副墩的分流作用并不明显，与稳定性也没有直接关系。

2.特色的桥梁石刻工艺

石桥上有许多考究特色的石刻。在河西桥，桥面石板和桥墩石柱两端中间石板刻有条纹、斜格纹和钱纹等以防滑，西端设踏跺三级。在河西桥上，刻有斜格纹、钱纹、棋盘等，西侧桥面板上题刻"辛亥持勾当张会弟俞僧成法，应故书于此"等字。

二、核心基因提取与评价

基于对材料的全面、深入分析，得出本文化元素的核心基因表述为："花岗岩质地的石构桥梁""勤政爱民、体恤百姓的精神""坚固便民的设计理念"。

陶山八卦桥核心文化基因评价依据

评价项目	评价因子	评价依据（特点）	是否
生命力评价	文化基因存续的时间	自出现起延续至今，未曾明显中断	√
		自出现起延续至今，但多次衰微、中断后复兴	
		曾明显衰败，改革开放后开始复兴或历史溯源关键环节缺失，难以考证	
		文化形态主体已灭失，现存部分痕迹	
	文化基因的稳定性	在发展过程中保持相当稳定的状态	√
		在发展过程中存在明显的精神内涵、表现形式剧变	
凝聚力评价	文化基因的凝聚力及社会动员效果	曾广泛凝聚起区域群体的力量，显著推动过社会经济文化的发展	√
		曾部分凝聚起区域群体力量，对社会经济文化的发展产生过影响	
		凝聚过力量，创造过实际的发展动能，但未见对社会经济文化发展产生显著改变	
		仅在历史文献或口耳相传中存在，未见实际介入社会经济发展	

续表

评价项目	评价因子	评价依据（特点）	是否
影响力评价	辐射的范围	具有全国性、世界性的影响力	
		具有长三角区域、浙江省影响力	
		具有市县、乡镇影响力	√
	提炼的高度	已经被古代文人士大夫和当代学者提炼为精神符号和理念理论	
		单纯的样式、造型、工艺技术规范	√
发展力评价	与当代精神追求和价值观念的契合	传统文化基因得到创造性转化、创新性发展；区域革命文化基因被完整继承、广泛弘扬；区域社会主义先进文化基因成为与浙江"三个地"相适应的文化高地	
		部分转化、部分弘扬、部分发展	
		难以转化、难以弘扬、难以发展	√

说明：基因特点评价是对解码出来的基因，根据本《导则》表2的要求，围绕"四个力"逐一对表打"√"，进行定性表述

（一）生命力评价

"花岗岩质地的石构桥梁""勤政爱民、体恤百姓的精神""坚固便民的设计理念"作为陶山八卦桥发展的核心文化基因，自南宋时期建桥至今，桥身主体仍保存完好，至今仍然是两岸村民通行的桥梁。反映了古代高超的建桥技术，也体现了南宋石构桥梁稳定的生命力，一直延续至今。

（二）凝聚力评价

三大核心基因自建桥以来，广泛凝聚起瑞安当地群体力量，推动过社会经济文化的发展。桥梁史是一部浓缩的人类文明史，也是一个社会、一个城市发展的印证。温州瑞安水网密布、纵横交错，桥梁拉近了两岸的距离。在过去，一座座石桥串联了

民生国计。桥梁反映了当时瑞安社会生产力的发达和社会经济水平，桥梁的搭建推动了当地社会经济文化的发展。

（三）影响力评价

三大核心基因在瑞安市当地具有影响力。它虽然是一座简单的桥梁，但是反映了当时古代高超的建桥技术，对现代的桥梁建筑研究具有研究价值和影响力。同时，它对当地人文艺术、当时社会经济发展具有研究价值和影响力。

（四）发展力评价

桥体本身实际上难以实现价值的转化、弘扬与发展。但它具有非常高的研究价值，其研究价值不仅体现在桥梁建设方面，也体现在当地的人文历史、时代特征、社会经济等方面。反映了当时社会经济的发展程度，对瑞安地方史乃至南宋浙南社会经济等诸方面研究都具有重要价值。

三、核心基因保存

"花岗岩质地的石构桥梁""勤政爱民、体恤百姓的精神""坚固便民的设计理念"作为陶山八卦桥的核心基因，文字资料有《八卦桥（含河西桥）》《白岩桥》《金丝桥》《栏杆桥》4项保存于瑞安文化基因解码调查组资料库，图片材料有27张保存于瑞安文化基因解码调查组资料库。

飞云江流域新石器晚期及瓯越先民遗存

天瑞地安 瑞安文化基因

飞云江流域新石器晚期及瓯越先民遗存

飞云江

　　飞云江是浙江省八大水系之一，省内第四大河，温州市第二大河。它全长198.7公里，发源于景宁洞宫山脉，自西向东流经泰顺县、文成县，经瑞安市注入东海，养育了流域内3712平方公里土地上的近300万人民，是浙南地区的"母亲河"之一。

　　飞云江形成于远古时代，距今约15000年前，东海大陆架为陆地，海岸线的位置在现代岸线以东500至600公里。自秦汉以来距今2200余年，随着海涂淤长，瑞安、平阳两县人民不断围垦海涂，开发瑞平平原，古今人造6道河口海塘，以至飞云江河口由瑞安向海口外移10多公里，此后，河口海涂已淤长延伸至丁山岛。大约在公元前1100年至公元前770

年，瓯越的先民就利用飞云江滩涂开展渔业生产。当时，向周朝王室进贡海蛤、海蛇、文蜃及鱼皮、鲈鱼酱等海产品。到了公元前770至公元前476年，在飞云江的下游右岸山坡，有了先民开发土地，有了繁衍的群落。秦汉时期，飞云江河口北岸在集云山南麓，南岸在平阳县昆阳镇的横屿山麓。市区的邵公屿（今市区东部）、万松山、西山、隆山、烟墩山等，与今飞云江河口外的上干山、双桃尖、凤凰山、丁山等岛一样，均为河口外的岛屿。东汉时，飞云江河口退至今城关大沙堤、小沙堤、浦后街一带。"大沙堤"和"小沙堤"的得名也与飞云江有关，即现今热闹繁华的所在，曾经是"沙子建成的堤坝"。

三国赤乌二年（239），东吴以飞云江流域建"罗阳县"。飞云江改称罗阳江。是年，吴国以横屿为中心的港湾，设横屿船屯，为当时主要的造船和水军训练基地。周围停泊万只船舫，古有"万船"之称。西晋太康四年（283），原罗阳县更名为安固县。同时，又析安固县，置始阳县（此为平阳县建县之始），始阳县后更名为横阳县，五代十国后又改名为平阳县，

相沿至今。因县名更为安固县，飞云江有了第二次命名，被称为安固江。至唐时，飞云江正式被命名为瑞安江，又名飞云渡。宋末诗人林景熙有《飞云渡》诗，始有飞云江之名。

瑞安先民们在母亲河飞云江江畔繁衍生息，留下了诸多新石器时期和瓯越古文化遗址。这些遗址大致可分前后两个阶段。前阶段，除少数早期石器磨制欠精、器面留有锤击痕迹外，大多数石器磨制精致，已采用打、磨、琢兼施技术。陶器主要有夹炭陶，与河姆渡中晚期文化、良渚文化的一些石器、陶器特征相似。后阶段，石器表面略粗糙，形制较简单，其锛类石器横剖面大多呈三角形、梯形，陶器有泥质陶、彩绘陶和印纹硬陶等，与福建闽侯县石山文化的一些石器、陶器特征相似。在瑞安的古文化遗址中，岱石山石棚墓群遗址、鹤屿山遗址、牛头颈遗址、山前山遗址、寨山遗址是较为知名和具有代表性的。

（一）岱石山石棚墓群遗址

石棚墓是新石器晚期和铁器时代早期的一种墓葬形式，在考古学上属巨石建筑系统，在欧洲、非洲、亚洲

石棚墓群遗址

及南美洲等许多国家的沿海地带都有发现。据《浙南石棚墓调查发掘报告》统计，迄今为止该地区先后发现的石棚墓遗存共 58 座，其中瑞安市域内共有 44 座，分布在岱石山、棋盘山、杨梅山和草儿山，其中岱石山石棚墓群最具代表性。该遗址位于瑞安市莘塍街道和汀田街道交界处的岱石山上。岱石山是一座不高的小山，海拔高度仅 90 余米，基本呈东西走向，山势比较平缓，植被较好。石棚墓主要分布在山脊两侧和山坪上，其范围东西约 500 米，南北约 80 米，另外 2 座分布在凤凰山上。1956 年，当时浙江省文管会的考古工作人员在岱石山东坡上调查发现 2 座石棚墓，发现时西边一座已倒塌，东边一座比较完整。东边的石棚墓上没有封土覆盖，石棚墓室完全裸露在山体上，盖石尚架在四角支石上，没有倒塌，有一定高度的室

内空间。此后，在 1983 年的全省文物普查工作中，瑞安市文物部门工作人员又在岱石山的西山脊上发现 26 座石棚墓，并进行了比较详细的编号登记和记录，绘制了平面分布示意图，还在少数石棚墓内和周围采集到一些原始瓷和印纹硬陶等遗物。1993 年，在考古发掘中又有了新的发现，前后共计在岱石山发现石棚墓 34 座。同年，经国家文物局批准，浙江省文物考古研究所、温州市文物处、瑞安市文物馆一起对岱石山石棚墓进行全面的抢救性考古发掘，在一座墓中曾出土一件原始黑瓷折腹尊，时代约属晚商或西周早期，另有近百件石器、陶瓷、原始瓷器、青铜器等文物。1997 年 5 月 5 日，岱石山石棚墓遗址群被列为瑞安市第四批文物保护单位。

（二）鹤屿山遗址

鹤屿山位于仙降镇下社村西南面，海拔 42.5 米，是一座山势平稳黄土层较厚的小山丘。其北临飞云江，南接鲍岙山，东为仙降镇工业区。遗址处于鹤屿山东西两山坪上，分布面积约 1 万平方米。从山坡塌落的断面观察，文化层较厚且丰富。在地面和断面上

鹤屿山遗址

采集到新石器晚期石器、印纹陶片及高温釉陶片。石器有石镞头、石矛、石球、石锛等。陶器有泥质陶、夹砂陶、印纹硬陶、高温釉陶。其纹饰有绳纹、方格纹、斜方格纹、云雷纹等。据初步考查，可以定为新石器至春秋战国时期的遗址。

（三）牛头颈遗址

牛头颈遗址

牛头颈遗址地处瑞安市荆谷乡金山村、山头下村两个村所属一座高约50米荆谷山，牛头颈是该山向南偏东延伸的一支山脉，遗址分布在牛头颈

山坪。东南至西北长约150米，西南至东北宽约30米，整个分布范围约5000平方米，陶片有泥质陶、红陶、夹砂陶和硬陶。可辨认出壶罐等形状的陶片，纹饰有方格纹、斜方格纹、回纹、折线纹等，陶片大部分为绳纹和编织纹。石器残片标本有石锛、石凿、石矛、石镞头。石质色有黑色和灰绿色。石锛较完整，但磨制粗糙，石凿、石镞头、石矛磨制精美。以上标本都是1981年调查和1983年复查时发现的，据采集标本分析，时间属新石器时代晚期。该遗址于1986年11月被列为第二批市文保单位。

（四）山前山遗址

山前山遗址位于瑞安市碧山镇街路村山前山山坪上，该山南北狭东西长，山坪平坦广阔，海拔约25米，总面积约5000平方米。东山坪丰富，西山坪较少。据1983年全国第二次文物普查时采集的遗物标本，有各种磨制石器和各种陶器残片，石器磨制水平较高，器形细小，以石镞为最多，石凿次之。陶片有泥质陶、夹砂陶、印纹硬陶、印纹黑陶及绘陶。以印纹硬陶和印纹黑陶最多。纹饰有云雷纹、绳纹、方格纹、编织纹等。第三次全国文物普查发现石镞和陶片，据标本分析判断该处为新石器晚期的聚落址。该处遗址反映了瑞安地区人类居住以及当时生产、生活等有关情况，具有较高的文物研究价值。

（五）寨山遗址

寨山遗址位于瑞安市陶山镇航浦村和江山村交界处，距离山前山遗址约1.5公里。山前山遗址发掘结束后，考古队花了一个多月时间对飞云江流域中游区域进行"摸底式"的考古调查。在此次考古调查过程中，考古队新发现了包括寨山遗址在内的14处遗址。这些散布的遗址显示，先秦时期飞云江流域的文化呈现出繁盛的局面。2016年3月中旬，省、市两级文物考古单位联合组成考古队对寨山遗址路基红线范围内进行抢救性考古发掘，出土了丰富的陶片和石器等文物。陶器有泥质红黄陶、泥质灰陶、夹砂陶、黑衣陶、印纹硬陶等。泥质红黄陶和灰陶质地较松软，外表装饰有篮纹、条形纹、方格纹、弦纹等。发掘出土的石器有石镞、石锛等，均经磨制而成。石镞（箭头）多为狩猎武器，两翼锋利，

显然经过精磨处理，仍保留有一定的杀伤力。石锛是生产加工工具，横断面多为梯形，制作相对规整。

另外可见汉六朝墓葬出土的墓砖及瓷器残片，以及唐宋墓葬随葬的瓷器等。墓砖表面装饰有菱形格纹、叶脉纹、铜钱纹等。墓砖的侧棱，模印有姓名及纪年，推测可能为墓主姓名及墓葬的建造年代。唐宋墓出土的瓷器有碗、壶、钵等，烧造工艺不甚精细，或为唐宋时期当地民间土窑烧制而成。这些出土文物为研究浙南地区先秦时期以及唐宋的考古学文化面貌提供了新的材料。

（六）大坪遗址

在瑞安北龙乡大岙村北龙山北麓。北龙乡在飞云江口外一岛屿上。1983年11月文物普查时发现遗物有陶器、石器等。陶器有泥质夹炭陶、泥质夹砂陶、泥质灰陶和黄陶以及印纹硬陶等。泥质夹炭陶，质地疏松，掐之即碎，中间夹有一层炭质晶粒，系植物茎等碎末掺入所致；粗砂陶，胎呈红黄色，表面着黑，粗糙无纹，掺有大量砂粒，质地疏松；印纹硬陶所占数量最多，质地坚硬，饰有条纹、回纹、云雷纹、

斜方格纹等。石器有锛、矛、凿等。石锛，仅经粗磨，横剖成呈梯形，数量较多，石矛、石凿，磨制较精。

飞云江温暖湿润的河旁溪谷地带哺育了温瑞平原地区的先民们，书写了飞云江辉煌的渔猎采集和原始农业文明史。各大遗址出土陶器的工艺、纹饰和风格，及石器的种类和形制等，都讲述着远古时代的记忆，勾勒出先人筚路蓝缕、勤勉奋斗的身影，对研究商周时期中国沿海地区社会性质、经济状况、对外交流和文化面貌提供了宝贵的实物资料，有较高的历史、科学和艺术价值。

一、要素分解

（一）物质要素

1.温暖宜居的地理和气候环境

飞云江流域属四季分明的亚热带海洋型季风气候环境。全年少雪，无霜期为 272 天，年均日照一般为 1800—1950 小时，降水量一般在 1110—2200 毫米之间。流域内地貌属东南沿海丘陵地带浙闽丘陵区，全境地势自西向东呈梯状倾斜，境西部为中、低山地，向东渐次下降为丘陵地带，境东部为沿海海积、冲积平原，海岸线外有大片海滩和浅海，适宜人类的居住和繁衍。

2.形制独特的石棚墓

石棚墓是新石器晚期和铁器时代早期的一种墓葬形式，其结构为中空，旁设石支柱，上盖单块扁平巨石。在考古学上属巨石建筑系统，在欧洲、非洲、亚洲及南美洲等许多国家的沿海地带都有发现。岱石山石棚墓的年代在商至春秋时期，是浙江地区（温州）与土墩墓和石室土墩墓基本同时期共存的另一种特殊墓葬形制，它的存在对于研究了解商周时期温州地域的墓葬形制和埋葬习俗具有重要意义。石棚墓独立分布在浙南沿海地区，承载了温州沿海地区商周时期人类活动印迹及相应的文化特征，是研究温州沿海地区商周时期的社会性质、经济状况和文化面貌的重要材料。它与后来发现的马屿镇棋盘山石棚墓，一起使瑞安成为石棚墓分布的重要地区，它们的发现也扩展了我国石棚墓的分布地域，有着独特的重要地位与学术意义。同时，它又是世界性巨石类文化遗存的重要组成部分，在形制结构上与我国东北地区石棚墓以及其他许多国家和地区的巨石类文化遗存相近或相似，特别是与韩国南部支石墓更为接近，由此也越来越受到韩国、日本等国外学者的关注和重视。因此，岱石山石棚墓群作为浙南石棚墓的重要一部分，它的发现也促进了世界性巨石类文化遗存的研究。

3. 数量丰富的磨制石器

飞云江流域的各个新石器时期遗址中均出土了大量制作精良、保存完好的磨制石器，如岱石山石棚墓群遗址的近百件石器，牛头颈遗址和鹤屿山遗址的石镞头、石矛、石球、石锛，以及山前山遗址磨制水平较高、器形细小的石镞、石凿。

4. 制作精良的陶器

飞云江流域的各个新石器时期遗址中亦出土了大量陶器和陶器碎片，体现出先民卓越的制陶技艺，如岱石山石棚墓群遗址出土的原始瓷和印纹硬陶，鹤屿山遗址出土的泥质陶、夹砂陶、印纹硬陶、高温釉陶，牛头颈遗址出土的泥质陶、红陶，夹砂陶和硬陶陶片，山前山遗址有泥质陶、夹砂陶和印纹硬陶陶片。

（二）制度要素
渔猎采集和原始农业的生活方式

从各大遗址目前出土文物的情况可以推断，早在新石器时代晚期，温瑞平原地区已有先民在飞云江流域繁衍生息，过着渔猎采集和原始农业生活。各个遗址出土陶器的工艺、纹饰和风格，以及石器的种类和形制等，均和福建北部出土的文物有着相似之处，很可能是两地文化交流的结果。可见，早在新石器时代晚期到夏商时期，飞云江一带居住的先民，就和福建一带的先民已经建立起交通往来。

（三）语言和象征符号
精致美观的陶器纹饰

飞云江流域的各个新石器时期遗址中出土的陶器和残片上多刻有精美的纹饰，体现了先民高超的制陶技艺和对纹饰美的追求。岱石山石棚墓群遗址、鹤屿山遗址、牛头颈遗址、山前山遗址出土的陶器纹饰具有一定相似性，多为绳纹、方格纹、斜方格纹、云雷纹、回纹，折线纹、编织纹等。

二、核心基因提取与评价

基于对材料的全面、深入分析，得出本文化元素的核心基因表述为："温暖宜居的地理和气候环境""渔猎采集和原始农业的生活方式""数量丰富的出土文物"。

飞云江流域新石器晚期及瓯越先民遗存核心文化基因评价依据

评价项目	评价因子	评价依据（特点）	是否
生命力评价	文化基因存续的时间	自出现起延续至今，未曾明显中断	
		自出现起延续至今，但多次衰微、中断后复兴	
		曾明显衰败，改革开放后开始复兴或历史溯源关键环节缺失，难以考证	
		文化形态主体已灭失，现存部分痕迹	√
	文化基因的稳定性	在发展过程中保持相当稳定的状态	√
		在发展过程中存在明显的精神内涵、表现形式剧变	
凝聚力评价	文化基因的凝聚力及社会动员效果	曾广泛凝聚起区域群体的力量，显著推动过社会经济文化的发展	
		曾部分凝聚起区域群体力量，对社会经济文化的发展产生过影响	√
		凝聚过力量，创造过实际的发展动能，但未见对社会经济文化发展产生显著改变	
		仅在历史文献或口耳相传中存在，未见实际介入社会经济发展	

续表

评价项目	评价因子	评价依据（特点）	是否
影响力评价	辐射的范围	具有全国性、世界性的影响力	
		具有长三角区域、浙江省影响力	
		具有市县、乡镇影响力	√
	提炼的高度	已经被古代文人士大夫和当代学者提炼为精神符号和理念理论	
		单纯的样式、造型、工艺技术规范	√
发展力评价	与当代精神追求和价值观念的契合	传统文化基因得到创造性转化、创新性发展；区域革命文化基因被完整继承、广泛弘扬；区域社会主义先进文化基因成为与浙江"三个地"相适应的文化高地	√
		部分转化、部分弘扬、部分发展	
		难以转化、难以弘扬、难以发展	
说明：基因特点评价是对解码出来的基因，根据本《导则》表2的要求，围绕"四个力"逐一对表打"√"，进行定性表述			

（一）生命力评价

飞云江沿岸的各大遗址是瑞安地区先秦时期先民生产生活的历史痕迹，距今已有几千年的发展史。这些长眠于地下的遗址遗物经过当代人的挖掘、整理、保护，出土了大量文物，使彼时之风貌得以再现。因此，本文化元素的核心基因"温暖宜居的地理和气候环境""渔猎采集和原始农业的生活方式""数量丰富的出土文物"的文化形态主体虽已灭失，但现存部分痕迹具有重要的学术研究价值，且保持相当稳定的状态。

（二）凝聚力评价

岱石山石棚墓群遗址、鹤屿山遗址、牛头颈遗址、山前山遗址、寨山遗址、大坪遗址等遗址承载了瑞安乃至温州沿海地区先秦时期人类活动印迹及相应的文化特征，是研究温州沿海地区先秦时期的社会性质、经济状况和文化面貌的重要材料。它们的发现、发掘、保护凝聚了一代又一代当地文化人员的心血和努力，也为温州乃至东南沿海人民寻找民族和文明起源提供了重要线索，为拓展地方文明史的历史深度、建立地方文化自信贡献了重要力量。因此，本文化元素的核心基因"温暖宜居的地理和气候环境""渔猎采集和原始农业的生活方式""数量丰富的出土文物"曾部分凝聚起区域群体力量，对社会经济文化的发展产生过影响。

（三）影响力评价

以飞云江流域为基础形成的岱石山石棚墓群遗址、鹤屿山遗址、牛头颈遗址、山前山遗址、寨山遗址、大坪遗址等一系列遗址，在温州乃至东南沿海具有较强的影响力，这些遗址的时间跨度从新石器时代一直到铁器时代早期，成为温瑞平原文化的源头。其中尤其是规模庞大、数量颇多的石棚墓，扩展了我国石棚墓的分布地域，有着独特的重要地位与学术意义，成为世界性巨石类文化遗存的重要组成部分，受到韩国、日本等国外学者的关注和重视。

（四）发展力评价

目前，飞云江流域瑞安一带的各类重要遗址、文物得到了良好的修缮和保存，在地方文旅部门工作人员、社会群体的共同努力下，建立起了各大遗址保护区以及相关的场馆，来自各地的游客、文化工作者络绎不绝，参观学习本地丰富的先秦文明遗址，将先秦时期瑞安地区的社会风貌进行了最完善、生动的呈现。因此，本文化元素的核心基因"温暖宜居的地理和气候环境""渔猎采集和原始农业的生活方式""数量丰富的出土文物"得到了创造性转化、创新性发展。

三、核心基因保存

　　"温暖宜居的地理和气候环境""渔猎采集和原始农业的生活方式""数量丰富的出土文物"作为飞云江流域新石器晚期及瓯越先民遗存的核心基因，文字资料有《浙江新石器时代文物图录》《瑞安石棚墓初探》《东南文化》《巨石建筑系列中的浙南石棚》《浙江瑞安、东阳支石墓的调查》《瑞安岱石山"石棚墓"和大石盖墓发掘报告》《浙江"石棚"遗存的初步研究》《浙南石棚墓调查发掘报告》《岱石山石棚墓群遗址》《温州古墓葬》《温州古遗址》等，实物材料各大遗址出土文物保存于瑞安市。

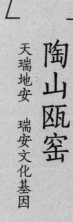

陶山瓯窑

天瑞地安　瑞安文化基因

陶山甌窯

陶山瓯窑

　　瓯窑制瓷在中国陶瓷史上占据非常重要的地位。瓯窑独特的制瓷工艺承载着厚重的历史、文化、艺术、科学等价值，是中国古代东瓯制陶人智慧的结晶，是人类社会宝贵的非物质文化遗产。

　　瓯窑是浙江主要瓷窑之一，而温州瓯窑是浙江青瓷的发祥地之一。温州，古称东瓯，瓯字从瓦，本指一种陶器，说明东瓯先民擅长制作陶瓷。温州瓷窑因地处瓯江之滨，其地瓷窑称"瓯窑"，创烧于东汉，结束于元代，制瓷历史长达 1300 多年。

温州地处东海之滨，地貌特征为西部山区、迤东丘陵、东部沿海平原。瓯江、飞云江、鳌江三大水系由西向东注入东海，沿海港湾和天然良港较多。气候属中亚热带湿润季风气候，温度适中，雨量充沛。丰富的自然资源和便利的水上交通，为窑业的形成和发展提供了有利条件。

温州瓯窑作为浙江青瓷的发祥地之一，早在新石器时代中晚期，即有先民在这片土地繁衍生息。距今约 4000 年的遗址在全市范围均有发现，出土陶器有夹炭陶、泥质陶、印纹硬陶和彩陶。器物有釜、罐、壶、豆、尊、钵、盆及网坠、纺轮等。印纹硬陶烧成温度较高，坚硬细腻，器表呈灰、黑、黄、紫、褐色，纹饰有篮纹、网纹、水波纹、方格纹、附加堆纹、镂孔等。釜、罐类口沿刻有示意符号。彩陶泥质黄胎，松软细腻，外壁以淡黄色为主，绘墨彩或黑褐色彩。典型遗址如 2002 年底发掘的鹿城上戍乡好川文化老鼠山遗址。晚商至西周原始黑褐瓷和青瓷，在瑞安莘塍岱石山、仙降金平山遗址和山根凤凰山土坑墓均有发现，器物有尊、豆、鼎、盂、罐等。原始黑褐瓷至今仅在温州发现，与硬陶、彩陶工艺上一脉相承。春秋战国，瑞安山根凤凰山、乐清白鹭屿土坑墓及泰顺锦边山遗址均发现了原始瓷。汉代原始瓷主要在永嘉小坟山发现，器物有罍、瓿、罐、钵、碗等，纹饰以窗棂、方格、水波纹为主，施青灰或褐色釉，制作规整，胎骨坚实，接近瓷器。可见，瓯窑青瓷历史渊源深远。

东汉时期，先民已经开始制作早期瓷器，伴随着社会生产力的发展，瓯窑青瓷在制作工艺、坯体材料、青釉等方面也不断发展和进步。东汉晚期，成功创烧青瓷，成为我国最早烧制成熟青瓷的少数瓷窑。瓯窑窑址分布于瓯江下游北岸永嘉箬隆村后背山、罗溪芦田村殿岭山一带，产品分青瓷和黑瓷，弦纹、水波纹使用普遍，有的器表满饰弦纹，凹纹处形成绿色积釉圈带，与淡青釉相映生辉。大中型器物大多拍印纹饰，清晰多变；腹部出现兽面纹（饕餮纹），为其他窑少见，当用于礼仪或祭祀活动。

三国两晋南北朝时期，瓯窑已经在全国享有盛名。瓯窑青瓷产品釉色淡青、晶莹滋润，被称为缥瓷。"缥瓷"最早见于西晋潘岳《笙赋》，"披黄苞以授甘，倾缥瓷以酌醽"意即掰开金黄、甘甜的柑橘来品尝，倾倒缥瓷盛装的美酒来小酌。因此，缥瓷应是青瓷中的上品。西晋杜毓《荈赋》曰"器择陶拣，出自东瓯"。清代朱琰《陶说》赞美缥瓷"当时即以淡青相尚，后来'峰翠''天青'于此开其先矣"。东瓯荈器"是先越州窑而知名者也"。许慎《说文》："缥，帛青白色。"刘熙《释名》："缥，犹漂也。漂，浅青色也。"多年来，永嘉西晋小坟山、东晋夏甓山等窑发现的青瓷釉色正是纯正的淡青或浅青色。祝慈寿先生指出"缥瓷的釉色纯为青瓷系统，奠定了南方青瓷的基础，与北方的白瓷互相辉映，成为中国陶瓷史上的两个主流"。唐五代，瓯窑青瓷保留缥瓷特点，釉层加厚，色调泛绿，印证了唐代季南金诗句"听得松风并涧水，急呼缥色绿瓷杯"。1991年，中国科学院上海硅酸盐研究所曾选10件东晋至宋代瓯窑青瓷标本，测得胎、釉化学成分基本保持一致，说明瓯窑"缥瓷"持续将近千年，是南方青瓷的范例。

瓯窑青瓷地方特色在晋代已经非常明显。《景德镇陶录》云："瓯，越也。自晋已陶，其瓷青，当时著尚。"其产品远销到福建、广东和江苏等省，与越窑、婺州窑、德清窑相竞争。其中，在瑞安桐溪、瓯海白象等地墓中出土较多器物，种类丰富，除壶、瓶、罐、钵、碗、碟、杯、烛台、灯盏、熏炉外，还有井、谷仓、鸡笼、狗圈、鬼灶等陪葬明器。造型趋于规范化、定型化，讲究轮廓线条流畅和曲度变化，善于运用动物形象作为堆塑类器的装饰。东晋后期，开始出现莲瓣纹，在南朝普遍使用，壶、罐、钵、碗、盘及盏托外壁或内底，用3至5条细刻线组成重线莲瓣，也有浮雕莲瓣。当时的瓯窑匠师为迎合民间佛教信仰与审美情趣，较早移植莲瓣纹。

到了隋唐五代时期，瓯窑青瓷的影响逐步扩大。烧制的规模空前壮大，在楠溪江、瓯江、飞云江甚至台州地区也出现了瓯窑烧制。瓯窑青瓷在造型和装饰上也都出现了更多的创新，造型上突破了前期稳重古板的格局，创造出柔和匀称、明快活泼的新形式。胎面平整，呈色较白，釉面滋润如玉。

晚唐至五代，胎体渐趋细薄，精致玲珑的小型器物日益增多。

北宋是瓯窑发展的高峰时期，窑场逶迤数里，以品种繁多、制作精湛、釉彩淡雅晶莹而负盛名。瑞安潮基港与飞云江夹角地带是窑址密集区。器物胎骨坚硬细薄，里外均施薄釉，均匀润泽。纹饰富于变化，比前期繁复。制作精巧，造型修长秀美。典型器物如国宝文物青瓷褐彩蕨草纹执壶，腹部褐彩蕨草亭亭玉立，层层舒展，曲尽写生之妙。

唐宋时期，"海上瓷器之路"发展起来。唐会昌三年（843），李处人开辟由日本值嘉岛直达温州航线。唐五代，部分瓯窑青瓷成为外销瓷，如 1979 年洞头大门镇胜利村水库底发现的五代青瓷葵口高足碗。国外发现的原定越窑青瓷中，瓯窑占一定的比例。北宋温州西山、瑞安外三甲等窑场产品，曾大量销往日本镰仓、宇治市、朝鲜半岛、马来西亚沙捞越、印度尼西亚等国家和地区。南宋绍兴元年（1131），温州设立市舶务，成为对外通商口岸，与日本、朝鲜、印度、大食、交趾、占城、渤泥、三佛齐、真腊等国有商船往返。叶适《开元寺千佛阁记》载"靧衣卉服，交货于市"。

不过，两宋时期由于龙泉窑和南宋官窑的崛起，作为民窑的瓯窑也慢慢退出了历史的舞台。但瓯窑的火种却没有随之熄灭，窑火延绵千年之久。

在温州瑞安，陶瓷制作的历史更是源远流长。瑞安文化深厚，人文荟萃，素有"东南小邹鲁"之称。民众自古讲究礼仪，喜爱装饰工艺美术品，工艺美术的发展绵延至今。瑞安又是"百工之乡"，工艺门类齐全，各类艺术人才辈出，这些都为瓯窑烧制创造了有利条件。

飞云江——瑞安的母亲河，历史上在其流域沿岸分布着几十座乃至上百座的烧制"瓯瓷"的工坊，目前有迹可循的还有几十座，已经发掘保护的有陶山镇的寺前山青瓷窑、大团山青瓷遗址、河碧山青瓷窑址、马屿外三甲青瓷窑址。

大团山青瓷窑址位于瑞安市陶山镇荣垟村垟头自然村大团山东坡，为五代至北宋窑址。大团山是火棍架山向北延伸的一座小山，山背平缓，坡度不大。分布面积约 500 平方米，堆积层较厚约 4 米。1983 年全国第二次文物普查时，采集到的窑具有匣钵、垫圈、支座，瓷器有碗、盘、罐、瓶等残片，以碗为主，胎质坚细，呈灰白色。釉色多呈青灰、青黄，均匀光亮，有少数为红褐色，釉面粗糙。碗多素面，少量内底划团花或内壁划花卉。盘、罐，器形硕大，外壁刻莲花瓣，盘心划花叶。此次第三次文物普查，发现堆积层还较厚，采集到碗、匣钵、垫圈、支座以及碗、盘、罐、瓶等窑具和瓷器残片。据堆积层中器物和实地考察分析，该窑产品丰富。据采集到的标本看，属于五代至北宋时期的窑址。

上瓷窑青瓷窑址位于瑞安市陶山镇瓷窑村寺前自然村寺前山南面山坪上，分布面积约有 8000 平方米。寺前山是一座海拔 24.6 米的矮山，该窑址堆积层厚且散布比较广，从现场采集到的标本器形有碗、盆、碟、罐、壶、瓶、钵等，釉色以青灰、青绿居多。还发现大部分火候较低、胎骨松软、釉色为咖啡色的粗瓷片。纹饰以刻印、划印和刻画的团花、卷叶、缠枝等纹为主。该窑装烧方法都采用正装叠烧。窑具有扁圆漏斗状匣钵，垫圈、圆筒形支垫等。窑床和窑砖未发现。同时结合 1983 年全国第二次文物调查采集标本分析为五代至北宋时期窑址，主要以烧造日用瓷器为主。

大团山青瓷窑址与上瓷窑青瓷窑址是瑞安市级文物保护单位，而外三甲青瓷窑址在 2006 年被列为省级文保单位。它们都是了解地方烧瓷制瓷业历史的实物史料，它对于研究地方制瓷史具有较大的艺术、科学和人文价值。

陶山镇作为历史上瓯窑的主要生产地之一，历史文化资源丰富。当时，陶山作为瓯窑生产基地，有着良好的条件，可以就地取材。群山提供充足的木柴，低矮的山冈斜坡适合建窑炉，山下即是江域，便于运输也可以带来动力，更重要的是这一带作为陶瓷原料的矿物资源十分丰富，当地人叫之"白泥"。但是，陶山瓯窑在南宋开始衰落，到了元代末年断层。有专家分析原因，一是因为战争，二是因为灾害。有志书记载，南宋乾道二年（1166）和元至正十六年（1356），温州发生过海溢，出现尸横遍野、土地荒芜的景象，面江临海的陶山瓯窑，肯定无一幸免。

为了重燃千年瓯窑火种，找回昔日荣光，2018 年，温州瑞安市汉臣陶艺工作室入驻陶山镇郑宅村，挖掘瓯窑文化，这一切，给陶山瓯窑文化产业的发展带来了新的历史机遇。

汉臣陶艺工作室负责人娄林峰是陶山人。2013年到龙泉拜师学艺，做起陶瓷，4年后回到陶山，用家乡的瓷土釉矿为原料、以古法烧制为基础，在郑宅村建起瓯窑，重新点燃陶山千年的瓯窑火种。娄林峰带领团队认真研究陶艺，精心制作。不论尘世如何纷乱喧嚣，仍然执着地寻找断层千年的文化事实，守望着人类精神世界的故园。

为挖掘本土瓯窑文化、保护濒危传统文化，瑞安市开展了一系列的保护措施。在院校开设瓯窑陶艺课程，利用学校拓展课程这个平台宣传和保护瓯窑历史文化知识和制作烧制技艺，培养后继传承人；积极组织开展瓯窑相关学术会议和展览，拓宽瓯窑研究的层面，以便更好地在继承中发展瓯窑；成立工作室，并开始招募有志于瓯窑事业的青年，传授制作技艺，在实践中共同学习研究瓯窑烧制技艺；积极开展体验基地建设。

2018年以来，瑞安市紧靠乡村振兴主题，充分发挥陶山镇丰富的瓯窑历史文化资源，统筹融合文化、旅游等多个行业，致力打造"南山瓯窑小镇"项目，项目包括瓯窑博物馆、瓯窑大师作品展示馆、瓯窑生产作坊、瓯窑体验基地等，建立集"产学游"于一体的"文化+"瓯窑实体经济产业。目前瑞安市已建立瓯窑制作项目温州市级非遗体验基地——瑞安市汉臣陶艺工作室，瑞安市级非遗体验基地——喜文化产业园非遗文化体验馆。

时至今日，"瓯"已超出单纯的地域称谓，成为温州文化源流符号和悠久传统标志，具有精神与物质双重内涵。瓯窑这一重要文化载体，值得人们普遍重视和深入研究。

一、要素分解

（一）物质要素

1. 工匠底蕴深厚的人文环境

温州瑞安的陶瓷制作的历史源远流长。瑞安文化深厚，人文荟萃，素有"东南小邹鲁"之称。民众自古讲究礼仪，喜爱装饰工艺美术品，工艺美术的发展绵延至今。瑞安又是"百工之乡"，工艺门类齐全，各类艺术人才辈出。这些都为瓯窑烧制创造了有利条件。

2. 丰富的自然资源和便利的水上交通

温州瓯窑是浙江青瓷的发祥地之一。温州地处东海之滨，地貌特征为西部山区、迤东丘陵、东部沿海平原。瓯江、飞云江、鳌江三大水系由西向东注入东海，沿海港湾和天然良港较多。气候属中亚热带湿润季风气候，温度适中，雨量充沛。丰富的自然资源和便利的水上交通，为窑业的形成和发展提供了条件。而陶山镇作为历史上瓯窑的主要生产地之一，历史文化资源丰富。当时，陶山作为瓯窑生产基地，有着良好的条件，可以就地取材。群山提供充足的木柴，低矮的山冈斜坡适合建窑炉，山下即是江域，便于运输也可以带来动力，更重要的是这一带作为陶瓷原料的矿物资源十分丰富。

3. 齐备的制作器具

瓯窑的制作和烧成器具包括窑炉、制釉球磨机、真空练泥机、拉坯机、喷油台、电动运输车、陶瓷磨底机、泥浆搅拌机、石膏模具、静音气泵等。

（二）精神要素

开放的意识和创新的精神

陶瓷是一种手工业产品，历代经济的发展、工艺技术的进步、文化的交流与传播、审美习惯、民俗风情、宗教信仰等都会对陶瓷艺术产生直接或间接的影响。瓯窑青瓷的造型与装饰手法与所在时代的文化状态有着密切的关联。南北朝是中国佛教繁盛的时期，佛教文化的发展对当时社会的思想、文化、艺术、建筑等产生了深远的影响，由此也影响到人们的审美观。被誉为佛门圣花的莲花是当时最常见的主要题材，在瓯窑器物之中以莲花、莲瓣纹饰最为典型。瓯窑匠师用刻画花朵的工艺手法，将莲花图案装饰在各类器形上，如青釉莲瓣纹垂腹罐、莲瓣纹鸡首壶、莲蓬纹碗等。北宋青釉达摩证道执壶则是精湛的工艺技术、高超的审美艺术与佛教文化的完美融合。唐代稳定的社会、繁荣的经济、频繁的中外文化交流、发达的手工业使浙江瓷业飞速发展，其中外来文化的融入对瓯窑的装饰艺术也有着一定的影响。温州市区东门河道内曾出土一对唐代凤首壶残件，其造型风格就受到波斯萨珊金银器的影响。1983年，在温州西山出土的一把北宋青瓷褐彩蕨纹执壶，器形端庄挺拔、瘦长秀美，明显具有浓郁的西亚金银器风格，同时又蕴含北宋早期以瘦为美的时代特征。这些出土的青瓷是外来文化融入瓯地文化的典型产物，不仅说明唐宋时代中国与中亚地区有着密切的文化交流，而且表明瓯地先民大胆接纳、吸收外来文化的开放意识和创新精神。

（三）制度要素

1. 考究的制作流程

瓯窑有其考究的制作过程，包括选取原材料、制坯、施釉、烧制。选取原材料，是制作瓯窑的第一步，瑞安陶山地区就有高岭土泥石矿，为瓯窑提供了不可或缺的前提条件。

制坯，是整个制瓷过程中最为人喜欢的一环。制坯成型方式多样，其中手拉成型和模具成型较适应现代化生活。

施釉，是在坯体晾干的状态下，根据需要对器皿的内外施以配制好的青釉，晾干后方可入窑烧制。

烧制，我们也称之为烧成制度，就是施釉后的器皿装入定制窑炉里，根据要求采用预设好的烧成制度进行高温烧制，最终将泥坯转变为瓷器。

2. 兼具工艺艺术价值与实用价值

瓯窑是有着悠久历史的传统艺术，是具有独特民族风格和浓郁的地方特色的艺术珍品，瑞安陶山镇坐拥丰富的瓯窑历史文化资源，其风格、材质等都有独特风格。作为工艺美术的重要一员，瓯窑作品体现由材质、工艺展现出的立体之美与手艺之巧，富有卓越的工艺艺术价值。同时，瓯窑也有很高的实用性。陶瓷是最美观、最安全的食用器皿，早在几千年之前，我们的老祖先就已经开始用陶瓷作为生活实用器皿，它选材方便，无污染，成瓷后更是美观、安全。另外，陶器坚固、耐用、精致，有耐酸、耐碱、耐磨的特性，并且有耐潮、耐高温、耐腐蚀等特殊功能。

3. 带有深刻的时代烙印和地域特色

陶瓷是科学技术和文化艺术相结合的一种特殊的文化形态，蕴含着时代文化背景和历史文化信息。出土瓷器的制造年代、技术工艺、装饰图案、造型、色彩，可以还原制瓷地区人们的社会风俗、审美取向、精神风貌和内在品性。作为中国最早的青瓷之一，瓯窑青瓷折射出不同历史时期的地域文化和审美风格。深受瓯地先民朴实的审美意识的影响，瓯窑青瓷的造型风格单纯而自由，给人以质朴大气而不失精巧的艺术美感。两晋、唐、五代时期，瓯窑在中国享有盛名，所出土的该时期的器物品类多样，风格质朴，线条洗练，比较注重轮廓的曲度变化，造型和纹饰独具特色，反映当时民俗生活的方方面面。尤其是东晋前后的瓯窑，其生产技术甚至超过了同时期的越窑，在器物造型上具有创新性，比如鸡首壶、缥瓷，其中釉下褐彩装饰可以说是一种革命性的创造。

（四）语言和象征符号

1. 极具生命力与亲和力的造型特点

从出土的瓯窑产品看，瓯窑器物造型品种繁多。在器物的造型方面，因为瓯窑工匠来自民间，所以他们制造的器物设计手法自由朴实，具有浓郁的生活气息,蕴含着丰富的创造力。富有地域特点的造型风格折射出不同时代的瓯地先民各具特色的审美情趣。瓯窑器物敦厚、朴拙、实用、大气。鼎、罐、壶、瓿、钵、虎子等球形器物几乎都是侈口、鼓腹、圆底的造型形态,并且运用动物、植物或人物形象作为堆塑类器的立体装饰。造型总体呈现出不拘一格、自由率真的特点。无论人物、动物还是植物,其造型和神态均别有特色,既有浓厚的乡土气息和鲜明的海洋文化特征,还善于吸收外来文化,勇于创新,突破陈规。早期的点彩牛形灯盏、褐彩碟和仿瓜果造型的褐彩瓜形盖罐,将彩绘与造型巧妙结合,稳重质朴。造型独特的东晋虎形灯具以蹲伏的虎作为器物的主体,神态逼真,将器物的实用性与审美性有机结合,表现了瓯窑匠师们丰富的艺术创造力和高超的制作技艺。唐代鱼纹瓜棱执壶的对称式鱼形写实装饰,反映了沿海渔业的鲜明特色。唐五代时期的花口碟、粉盒、荷叶纹碗之类器物,造型活泼明快,器型趋于规范化。宋代青釉褐彩蕨草纹执壶端庄挺拔、修长秀美的造型风格,体现了海上贸易所带来的外来异域文化的融入特点。

这些均是瓯窑器物独特造型风格的具体体现,贴切地反映出社会风俗和审美变化联系的紧密性。

2. 清新自由、匀净明洁的色彩风格

由于瓯地瓷土含铁量较低,所以瓯窑青瓷早期的胎质主要呈白中带灰,釉色多为淡青色、泛黄或泛青绿色。瓯窑瓷器独特的釉色风格,得益于瓯地的自然资源以及生产工艺的改进与时代文化的发展。瓯窑在坚持自己独特地域风格的基础上不断吸收其他窑系的先进技术,从而将其特有的胎釉特征表现得更加充分,这使得瓯窑瓷器釉色得以发展。瓯窑器物釉色在隋代以前多为以淡青色、淡青偏白为主的缥色。"缥"原指古代一种淡青色的丝帛,由于瓯窑釉色清淡而透明,与这种丝帛的色彩极为相似,所以瓯窑青瓷曾被誉为缥瓷。这种青瓷胎质细腻,釉面光亮明快,硬度高,击声脆,釉色淡雅晶莹,器型秀丽灵巧。唐五代时期,瓯窑青瓷延续并创新缥瓷釉色以及褐彩装饰工艺,使得青釉层厚而均匀,釉面肥厚滋润,色调泛青绿色,与褐彩工艺交相辉映,别有韵味,部分精品可与盛名之下的"秘色瓷"器物相媲美。与同期越窑青釉瓷的深绿

色沉郁的"秘色"相比，瓯窑青瓷的釉色更为清新自由、翠绿盎然。南宋词人李南金赞曰："听得松风并涧水，急呼缥色绿瓷杯。"可见，瓯窑早期的器物色泽暗涩，随着时代风尚的变化、工艺技术的改进，瓯窑器物愈发匀净明洁。

3. 丰富的纹样

瓯窑器物的造型简单质朴，匠师们在器表略施纹饰，使得瓯窑青瓷更加淡雅美观，花纹装饰从早期的简单朴实逐步发展到种类繁多、形式多样，甚至融会了人们的宗教信仰与审美价值观念。瓯窑器物的纹样大多出现在器物口沿、肩腹部、内壁、内底、盖面和把手等部位。装饰题材内容广泛，包括花卉虫草、家禽以及风俗日常等，反映了当时瓯地民众朴实的生活和追求。植物图案有牡丹、莲花、荷叶、灵芝、石榴、茶花、菊花、葵花、海棠、卷草、蔓草、缠枝、变体花叶、蕉叶等。动物图案有虎、狮、仙鹤、猴、鸡、羊、狗、鸳鸯、蝴蝶、凤凰、鹦鹉、龙等。几何图案有早期的圆点、弦纹、篦梳、斜直条、方格纹、三角纹等。在佛教艺术和海洋文化的影响下，瓯窑器物的纹饰往往也涉及大海、佛教等装饰题材，如纹样中常见各式龙纹、鱼纹、蛤纹、海水纹以及莲瓣、朵云、水纹等，"仙人乘凤""达摩证道""哪吒闹海"等图案显而易见取材于神话故事，"万事皆宜""积善之家""千秋万岁""太平""入朝为官上""吉"等吉祥文字图案则寓意平安喜庆。

二、核心基因提取与评价

基于对材料的全面、深入分析，得出本文化元素的核心基因表述为："兼具工艺艺术价值与实用价值""带有深刻的时代烙印和地域特色""开放的意识和创新的精神"。

陶山瓯窑核心文化基因评价依据

评价项目	评价因子	评价依据（特点）	是否
生命力评价	文化基因存续的时间	自出现起延续至今，未曾明显中断	
		自出现起延续至今，但多次衰微、中断后复兴	√
		曾明显衰败，改革开放后开始复兴或历史溯源关键环节缺失，难以考证	
		文化形态主体已灭失，现存部分痕迹	
	文化基因的稳定性	在发展过程中保持相当稳定的状态	√
		在发展过程中存在明显的精神内涵、表现形式剧变	
凝聚力评价	文化基因的凝聚力及社会动员效果	曾广泛凝聚起区域群体的力量，显著推动过社会经济文化的发展	√
		曾部分凝聚起区域群体力量，对社会经济文化的发展产生过影响	
		凝聚过力量，创造过实际的发展动能，但未见对社会经济文化发展产生显著改变	
		仅在历史文献或口耳相传中存在，未见实际介入社会经济发展	

评价项目	评价因子	评价依据（特点）	是否
影响力评价	辐射的范围	具有全国性、世界性的影响力	√
		具有长三角区域、浙江省影响力	
		具有市县、乡镇影响力	
	提炼的高度	已经被古代文人士大夫和当代学者提炼为精神符号和理念理论	√
		单纯的样式、造型、工艺技术规范	
发展力评价	与当代精神追求和价值观念的契合	传统文化基因得到创造性转化、创新性发展；区域革命文化基因被完整继承、广泛弘扬；区域社会主义先进文化基因成为与浙江"三个地"相适应的文化高地	√
		部分转化、部分弘扬、部分发展	
		难以转化、难以弘扬、难以发展	
说明：基因特点评价是对解码出来的基因，根据本《导则》表2的要求，围绕"四个力"逐一对表打"√"，进行定性表述			

（一）生命力评价

"兼具工艺艺术价值与实用价值""带有深刻的时代烙印和地域特色""开放的意识和创新的精神"作为陶山瓯窑发展壮大的核心文化基因，自晚商时期出现至今，在发展过程中经历了长久的鼎盛繁荣时期，直到宋元时期由于龙泉窑和南宋官窑的崛起，作为民窑的瓯窑慢慢衰弱，退出了历史的舞台。如今，随着瑞安陶山一带古窑址群的不断开发，地方政府逐渐开始重视挖掘本土瓯窑文化，并通过一系列的保护措施以及传统老艺人的传承与坚守，瓯窑制作技艺得到的复兴。

（二）凝聚力评价

三大核心基因曾广泛凝聚起区域群体的力量，显著推动过社会经济文化的发展。瓯窑自产生起，在不同的时代的匠人手中都得到了传承与发展。之所以能够发展至今，也是因为瓯窑凝聚起了工匠艺术家们的力量，不断地创新发展。

瓯窑在唐宋发展到了鼎盛时期。烧制的规模空前壮大，北宋是瓯窑发展的高峰时期，窑场逶迤数里，以品种繁多、制作精湛、釉彩淡雅晶莹而负盛名。同时，"海上瓷器之路"发展起来，瓯窑瓷器销往海外，推动了社会经济文化的发展。

（三）影响力评价

三大核心基因在唐宋时期影响力扩大到了全国、全世界的范围。"海上瓷器之路"的发展，将瓯窑瓷器带向了全球，同时，瓯窑的发展也接收了多元文化的融入。唐宋时代中国与中亚地区有着密切的文化交流，瓯窑的造型、纹样也吸收了诸多海内外文化，也表现了瓯地先民大胆接纳、吸收外来文化的开放意识和创新精神。

时至今日，"瓯"已超出单纯的地域称谓，成为温州文化源流符号和悠久传统标志，具有精神与物质双重内涵。瓯窑这一重要文化载体，值得人们普遍重视和深入研究。

（四）发展力评价

三大核心基因得到创造性转化、创新性发展，文化基因得到广泛弘扬。为挖掘本土瓯窑文化、保护濒危传统文化，瑞安市开展了一系列的保护措施。2018 年以来，瑞安市紧靠乡村振兴主题，充分发挥陶山镇丰富的瓯窑历史文化资源，统筹融合文化、旅游等多个行业，致力打造"南山瓯窑小镇"项目，项目包括瓯窑博物馆、瓯窑大师作品展示馆、瓯窑生产作坊、瓯窑体验基地等，建立集"产学游"于一体的"文化＋"瓯窑实体经济产业。目前瑞安市已建立瓯窑制作项目温州市级非遗体验基地——瑞安市汉臣陶艺工作室，瑞安市级非遗体验基地——喜文化产业园非遗文化体验馆。

三、核心基因保存

　　"兼具工艺艺术价值与实用价值""带有深刻的时代烙印和地域特色""开放的意识和创新的精神"作为陶山瓯窑的核心基因，文字资料有《东方有独门：传承瓯窑非遗》《关于瓯窑文化传承与发展的几点思考》《瓯窑概论》等14项保存于瑞安文化基因解码调查组资料库，图片材料有22张保存于瑞安文化基因解码调查组资料库。

半岭堂古道

天瑞地安　瑞安文化基因

半岭堂古道

半岭堂古道

半岭堂古道起始于瑞安市平阳坑镇岙底自然村，终止于瑞安市与平阳县腾蛟镇凤巢社区仁加垟村山脊的交界处，海拔431米。半岭堂古道因供路人歇息和祈福的"半岭堂"廊亭和庙宇，以及以半岭堂为名的行政村而得名，沿海拔640.8米的高天顶与海拔562.2米的采头山之间。平阳坑岭山势自北向南攀越，台阶以块石为主要构筑材料，遇小溪流和沟豁，以筑小石桥及矴步通过，沿途森林植被茂盛，主要有枫树、桐籽树、竹林等,古道全长5.5千米,路宽1.5米。

半岭堂古道历史悠久,可以追溯到公元12世纪的记载。

《瑞安市志》卷二十三"古寨堠"篇记载:"宋宣和二年(1120)瑞安知县王公济为拒方腊义军,令境内筑关隘10处,并在全县征乡兵4万,分守。"这10处关隘就有平阳坑岭:"平阳坑岭,经半岭堂、永明庵通平阳。"可见,在距今近900余年前的北宋时期,半岭堂古道已是瑞安与平阳交通的一条重要的驿道,是个十分重要的军事要塞。此后,历经各个时代,人们对古道的修筑,种植树木植物,使这条古道历经千余年,至今保存完好。

乍进古道,迎面一堵悬崖,黑灰色崖壁夹杂着许多红褐色岩面,像是五彩的天然图文,其中一处崖石造型颇似一只昂立的山猫,迎接着过往的路人。过崖壁就是一段耸立的上山石阶,道路陡然升高,村民称其为"楼梯头"。半岭堂古道自岙底村至半岭堂廊亭段约占路途的五分之三距离,沿峡谷西侧上行,其溪谷多怪石、深潭,溪水跌宕,在巨石中曲折穿行,蔚为壮观。过半岭堂,经过一段树木成荫的山道,景色逐渐开朗,山峦下,梯

田、竹林遍布山野,村民放养的水牛、山羊悠然漫步觅食,好一派山乡田园风光,令人心旷神怡。

半岭堂地处古道半途,跨平阳坑岭的一半位置,因廊亭与庙堂相连,故名为"半岭堂"。半岭堂廊亭为硬山式5间木结构廊亭,两头横架转折与后面庙堂建筑相连。廊亭为清代建筑,庙堂为现代复建,供奉佛像。廊亭后边墙用石块垒砌,主体与古道贯通,青瓦铺顶,木柱、木枋、木梁、木栋、木椽等木结构,沿溪一侧纵列与廊柱通贯衔接的靠背椅,供路人歇息。廊亭与庙堂一侧的开有插置门槛的凹槽,三间门槛上安装木门,可将廊亭与庙堂分开。廊亭中立有一方石碑,上方刻有"乐助碑"3个篆体字,正文刻录建半岭堂的资助者姓名和资助银两,碑刻落款时间为"大清嘉庆贰拾叁年岁次戊寅阳月吉旦",可知半岭堂廊亭修建于公元1818年,至今有195年历史。

出半岭堂顺石阶一路上行500米路段,道旁枫树成荫,村民介绍是百十年间山上永明庵的尼姑行善好施,为路人遮阴纳凉所种植。路旁有一座石构路亭,木架小青瓦房顶,亭正中

嵌有一方青石碑,刻着"阿弥陀佛"4字,亭中搁置条石,供路人休息之用。村民介绍,这半岭堂古道上原有3座这样的简易路亭,现仅存2座,是村民陈仕盛老人一人义务修筑的,前几年,老人90多岁高龄去世,至今人们还怀念他的功德。

永明庵和摩崖石刻在古道近山顶西边约500米。《温州府志》载:"永明庵,在安仁乡,元至元间建。"《瑞安县志》载:"永明庵,在安仁乡,今废。"说明永明庵在清代乾隆以前已经废弃,现地面建筑荡然无存。遗址后面山上多裸露地面的巨石,从下到上,依次有3处摩崖石刻:第一处有两块石刻,大的一块刻有100多个文字,由于刻痕较浅,大多字迹模糊不清,尚可辨认的有如"至元贰年""永明庵开山主""有林已至""到斋粮田""住逸授祝""水癸""丁酉冬""四月十九己巳",最后是"俗忘主惠"等字迹;第二处石刻,不规则地刻有五六组文字或图形痕迹,已经无法辨认;第三处石刻,也以"至元二年""永明庵开山主"等字句开头,有"所有""充本庵""庵畔田上四至""至平阳""界"等字迹。永明庵摩崖石刻是瑞安文保

点,具有珍贵的历史人文价值。

半岭堂古道尽头与平阳交界的山巅上,矗立着一座石砌的古城门,俯视着山下平阳腾蛟镇广袤的大地,为始建于北宋宣和二年(1120)的平阳坑岭关隘。古城门内瑞安一侧还残留着瓮城的遗迹,在瓮城下方100米半岭堂古道边上有一座石砌的路亭"岭头亭",旁边有一处山泉,石块垒砌山泉的取水凹井和墙壁,不见山泉泉眼,清冽的泉水永远是平静的一汪,供路人解渴、洗涮。在城堡的东北面山包上有一块台地,留有石砌房屋的残墙,貌似古代兵营的结构。在这座城堡西边约800米处,与平阳仁加垟村交界的山口,现在还保存一段石砌城墙、城门,似乎为城堡的辅城门,连接半岭堂古道的一条支路。以城堡为主体的建筑周围,分布着兵营、泉井、辅城门等设施,在城堡东边500米处海拔559米采头山顶端,还留存一段10余米长的石砌城墙,在陡峭的悬崖上顺山势而建,高4米多,宽约3米,与平阳坑岭的城墙相仿,站在山顶,可一览平阳坑岭城门及整个防御体系。可见北宋宣和二年(1120)设置平阳坑岭古寨堠的重要性,说明这里不仅

是交通要道,而且是兵家驻守的要冲。

从古城门往东上到采头山顶,有一座三间石构平房,设有神龛和神像。石屋除屋顶瓦椽为木料铺小青瓦外,梁柱全部用条石砌筑,中间2条石大梁下端分别镌刻着"国泰""民安"和"风调""雨顺"8个字,门口对联刻着:"迹显旌阳德沾环宇;恩昭晋代泽及万方。"石殿无殿名,现代乡民紧挨着石殿修筑了二层结构的大庙宇,称为"寨王殿",传说是古代山大王的山寨,为唐明宗年间,潮州太守潘宏勇打恶锄奸,闯祸避难,以此为山寨称王。他神勇无比,击败官府的围剿,归隐后,劫富济贫,采药炼丹,创长生之术,遣凶神驱众邪,祈晴祷雨,护佑十方苍生的神人,香火长盛。

半岭堂古道承载着木活字印刷的历史足迹。13至14世纪,居住在福建安溪东源王氏先祖王法懋以修谱为业,采用木活字印刷宗谱。明天启年间,王法懋的后裔王思勋五兄弟思合族从福建安溪迁到浙江平阳腾蛟居住,到了清乾隆元年(1736),思勋第四代孙王应忠携五个儿子,通过半岭堂古道,翻越平阳坑岭,合家迁居到东源村,同时把木活字印刷技术带到了瑞安,不仅成了王氏家族传承至今的谋生技艺,还使这项技术保存为今天人类共同的非物质文化遗产。

由于东源王氏家族执着的继承,从民国时期至今近百年,无论是兵荒马乱、战争频仍、政局动荡,还是政权更替,都未中断过木活字印刷技术的传承,半岭堂古道就是这艰辛历史的见证。王志宦就经常翻越半岭堂古道,为平阳南港编修印刷了《颜氏宗谱》。当今的木活字印刷技术传承人王超辉、王钏巧、王海秋、王超华、张益铄、潘朝良等一批青少年就已经拜师学艺,他们前赴后继,克服种种困难,为了改善贫困的生活,继承这一祖业,通过半岭堂古道去平阳的宗族修谱。因此,半岭堂古道也记载了木活字印刷技术这项全人类珍贵的非物质文化遗产的历史足迹。

一、要素分解

（一）物质要素

1. 祈福禳灾的瑞安纸马

东源纸马雕版印刷术在宋明时期由福建传入平阳，明末清初之际传入瑞安，并得到传承至今，2014年被列入浙江省非遗名录。《辞源》释：纸马即"甲马"。旧时祭祀所用，以五色纸或黄纸制成，上印神像。赵翼《陔余丛考》卷三十："昔时画神像于纸，皆有马以为乘骑之用，故曰纸马也。"

2. 举足轻重的交通要塞

半岭堂古道是瑞安西南部平阳坑乡间通往平阳的主要交通要道。历史上，半岭堂古道承载着三项功能。一是移民线路。浙南闽北一带，古代是典型的移民社会，当今人口绝大多数的先祖来自福建，据《瑞安市志》和一些宗族的宗谱记载，现居住在高楼、平阳坑一带姓氏宗族，都是从福建漳州、赤岸（今霞浦）迁徙到平阳，而后数代大多在元、明、清三代陆续翻越平阳坑岭，平阳北港、腾蛟一带再迁居瑞安，而且通过半岭堂古道与平阳的同宗保持密切的联系，特别典型的是平阳坑东源村的王氏宗族，传承祖先的木活字印刷技术，为浙南、闽北地区各姓氏宗族刻印宗谱，继承了中国古老的活字印刷术，作为当今唯一存在的传承活体，成为联合国教科文组织的"急需保护的非物质文化遗产"。二是关卡要道。古代凡遇兵事骚乱、设卡堵截、征收赋税等地方事务,半岭堂古道都是必要至关津。三是民间商道。旧时,平阳坑因濒临飞云江,潮水涨落到此为止,江海水路交通便利,是飞云江流域一个重要的商埠,山南平阳腾蛟、凤巢一带的乡民都要来平阳坑贩卖土产品,再兑换日用品,或购进海鲜干货到平阳贩卖,因此,半岭堂古道的商用价值特别突出。半岭堂古道上至今还有零星的人们来往于两地之间。

(二)制度要素
全球性的印刷技术革命

半岭堂古道承载着木活字印刷的历史足迹。活字印刷术的发明与传播始于宋元两朝,并流传到海外,带来全球性的印刷技术革命。2008年,木活字印刷被列入第二批《国家级非物质文化遗产名录》,2010年被列入联合国教科文组织《急需保护的非物质文化遗产名录》。

木活字印刷技术依托"梓辑"的形式,保留至今,是我国目前流传最悠久的民间传统工艺,具有800多年的历史。东源人"梓辑"的族谱,全用线装,印谱都用宣纸,古朴典雅,富有历史感。

木活字印刷技术有两大特色:一是刻、印用字是老宋体,字形古拙;二是刻印、装订做工很考究。他们刻字有要点:反手,先横、次竖、后撇。用材有讲究:刻字需用上好的棠梨木,决不能马虎。检字有口诀,是一首有"君王立殿堂,朝铺尽纯良。庶民如律礼,平大净封张……"等160个字的祖传歌诀,囊括了汉字的绝大部分部首,极为入韵,用方言诵读,朗朗上口。排版有格式,先是序言、跋、志等大文章,按照普通古籍的版式排版,接着是正文,竖排每页五大格,每格为一代,寓五代同堂之意。

二、核心基因提取与评价

基于对材料的全面、深入分析，得出本文化元素的核心基因表述为："全球性的印刷技术革命""举足轻重的交通要塞"。

半岭堂古道核心文化基因评价依据

评价项目	评价因子	评价依据（特点）	是否
生命力评价	文化基因存续的时间	自出现起延续至今，未曾明显中断	√
		自出现起延续至今，但多次衰微、中断后复兴	
		曾明显衰败，改革开放后开始复兴或历史溯源关键环节缺失，难以考证	
		文化形态主体已灭失，现存部分痕迹	
	文化基因的稳定性	在发展过程中保持相当稳定的状态	√
		在发展过程中存在明显的精神内涵、表现形式剧变	
凝聚力评价	文化基因的凝聚力及社会动员效果	曾广泛凝聚起区域群体的力量，显著推动过社会经济文化的发展	√
		曾部分凝聚起区域群体力量，对社会经济文化的发展产生过影响	
		凝聚过力量，创造过实际的发展动能，但未见对社会经济文化发展产生显著改变	
		仅在历史文献或口耳相传中存在，未见实际介入社会经济发展	

续表

评价项目	评价因子	评价依据（特点）	是否
影响力评价	辐射的范围	具有全国性、世界性的影响力	√
		具有长三角区域、浙江省影响力	
		具有市县、乡镇影响力	
	提炼的高度	已经被古代文人士大夫和当代学者提炼为精神符号和理念理论	√
		单纯的样式、造型、工艺技术规范	
发展力评价	与当代精神追求和价值观念的契合	传统文化基因得到创造性转化、创新性发展；区域革命文化基因被完整继承、广泛弘扬；区域社会主义先进文化基因成为与浙江"三个地"相适应的文化高地	√
		部分转化、部分弘扬、部分发展	
		难以转化、难以弘扬、难以发展	

说明：基因特点评价是对解码出来的基因，根据本《导则》表2的要求，围绕"四个力"逐一对表打"√"，进行定性表述

（一）生命力评价

半岭堂地处山中溪谷，水力资源丰富，耕地资源有限，山林植被众多，均以苦竹、淡竹为主，为竹纸的发展奠定了良好的物质基础。竹纸原料取之于山林竹间，动力取之于高山流水，这些为乡村造纸文化与景观的形成和发展创造了条件。半岭堂的竹纸生产技艺世代相传，半岭堂人借助环境资源优势，利用苦竹这一天然的造纸原料，因地制宜，沿溪流与古道间竖碓捣料，搭建造纸作坊，并在作坊周边设立室外造纸场，提供造纸加工、晾晒等功能空间。造纸作坊随地域环境特色而建，形成了独特的造纸场所。这一系列景观环境共同构成了半岭堂独有的由自然环境与人文环境两部分组成的文化景观遗产资源。自然环境涵盖半岭堂丰富的竹、水、石等资源；人文环

境除了造纸作坊、半岭堂古道、造纸技艺使用的传统工具，村民造纸活动的场所等一系列可视化的物质文化景观，还包含半岭堂古法造纸技艺和传统古法造纸的场所"气氛"，构成了半岭堂古法造纸文化景观遗产的核心内容。

（二）凝聚力评价

同周边村落旅游环境相比，半岭堂村的旅游景观资源包含了古法造纸、建筑民居、农耕景观资源、古道资源和民俗风情等，这些资源都展现了半岭堂村丰富的文化景观，对半岭堂村发展乡村文化旅游具有重要意义。文化旅游发展需要充分立足于地域文化优势，避免周边景点出现雷同或是竞争关系。半岭堂村形成的建筑环境和乡风民俗等文化景观，受其环境影响具有一定的地域特性。由于同周边村落气候环境相似，建筑风貌与饮食文化有一定的相似性。为凸显半岭堂村的文化旅游特色，在乡村旅游大背景下展现文化旅游的独特魅力，古法造纸文化成为半岭堂村发展乡村文化旅游的最大焦点。

（三）影响力评价

半岭堂村目前留存的手工作坊和传统造纸工具，以及户外造纸场地等景观环境同传统手工造纸技艺形成了极具特色的半岭堂古法造纸文化景观元素。2008 年，半岭堂竹纸的制作技艺被当地政府列入非物质文化遗产保护名录。著名学者冯骥才指出："我们之所以传承文化遗产，最终的目的就是传承我们民族的独特文化，就是把我们的民族身份、民族基因传承下来。"文化载体不论是人还是物，都要落实在地上，都要在特定的地方、地域存在。半岭堂古法竹纸文化遗产是中国古代劳动者勤勉智慧的历史印迹，是需要我们关注、保护和传承的民族文化有机组成部分。

（四）发展力评价

政府充分发掘东源村的历史文化资源，整体性保护东源村，包括村庄本体和与其相互依存的周边自然环境以及物质文化遗存与优秀传统文化，延续村落价值特色，彰显古村魅力。完善东源村基础设施与公共服务设施体系，改善环境卫生，促进村庄可持续发展，提升村民的生活水平。并且促进古村优秀传统文化的保护与利用，确保村庄人文特征的延续与传承。通过对文化载体历史遗存进行保护，进而保护村落传统文化、生活生产方式，加强村庄精神的保护与传承。在保护的基础上发展古村文化旅游，提升村庄发展的活力，使村民因村庄的保护而受益，提升生活水平，并带来可持续的、长久的利益。

东源村现有产业结构以农业生产为主，产业特色不鲜明。其旅游产业发展仍处于初步阶段，以观光游览为主，难以形成规模。木活字印刷产业则近几年有一定的发展，但整体发展仍相对比较初步，且各自为营，难成系统。因此东源村的产业发展策略应扬长避短，充分利用自身历史文化资源和自然资源，形成新的具有高附加值的产业系统，以建设文化旅游产业为主导，绿色生态产业为辅的多元化发展。

东源未来产业主要由三部分构成：继续强化以木活字印刷术为文化基础的文化旅游业的主导性地位，同时结合印刷术等周边产业的发展加大文化产业的覆盖面；同时利用农田、山体、溪流等农业资源和自然资源，利用东源村深厚的传统文化资源（物质遗产和优秀传统文化），发展特色规模产业，结合旅游的发展开展工艺流程的展示和产品展示等方面的服务（木活字印刷术、瑞安纸马等技艺）；另外，以居住功能为基础，加强与旅游开发相关的配套，包括农家乐形式的旅游餐饮业、民居旅馆形式的体验式服务、传统民俗的体验等。

三、核心基因保存

　　"全球性的印刷技术革命""举足轻重的交通要塞"作为半岭堂古道的核心基因，《半岭堂古法造纸文化景观遗产保护与再利用设计研究》《瑞安市平阳坑镇东源村传统村落保护发展规划》等8篇文字资料保存于瑞安市文化基因解码调查组资料库。出版物和古文古籍有《瑞安市志》等。

李大同茶食品

天瑞地安　瑞安文化基因

李大同茶食品

李大同双炊糕

　　台北温州同乡会总干事孙竺先生有一首诗云："大兴祖业再开花，同是糇糕此最佳。茶点香茗酬贵客，食甜不厌到君家。"这是藏"大同茶食"四字的藏头诗。

李大同茶食品来自温州瑞安的一家百年老店。其主要产品有双炊糕、空心月饼、面茶糕、芙蓉糖、芝麻巧、杏仁酥、生糖月饼等茶食糕点，以甜、酥、软、韧、香为主要特色，风味独特，是著名的浙南特产。

2003年，李大同茶食品的白糖双炊糕被评为中华名小吃；2006年11月，李大同被国家商务部命名为中国老字号；2007年3月，李大同茶食品被列入第一批瑞安市非物质文化遗产名录。

了解李大同茶食品，可先了解何为"茶食"。茶食，从广义说来，是包括茶在内的糕饼点心之类的统称。也有说法是佐茶的零食，如糕饼、果脯、瓜子、花生。《土风录》云："干点心曰茶食，见宇文懋《昭金志》：'婿先期拜门，以酒撰往，酒三行，进大软脂小软脂，如中国寒具，又进蜜糕，人各一盘，曰茶食。'"《北辕录》云："金国宴南使，未行酒，先设茶筵，进茶一盏，谓之茶食。"

关于茶食，还流传着一个传说：唐长庆二年（822），时任刑部侍郎的韩愈受命离京公干，途经寿阳地界时已是夜幕低垂，于是就至太安驿歇息。韩愈一路鞍马劳顿，进得驿站时急令摆饭。驿站厨师慌得想不出做啥吃的才好，急中生智，将中午烙饼所剩的面包上糖馅，用鏊烤制，随即端上。韩愈吃着可口，问驿丞这是什么点心，驿丞称这是"专为大人饮茶而制"，韩愈闻听后脱口而出："噢，茶食。"还留诗一首："风光欲动别长安，及到边城特地寒。不见园花兼巷柳，马前唯有月团团。"

茶食的形成和发展，可以说是古代吃茶法的延伸和拓展，其历史颇为久远。大致经历了五个阶段：先秦时期为原始阶段，以茶茗原汁原味的煮羹作食为特征；汉魏两晋南北朝时期为发育阶段，以茶茗掺和作料调味共煮着饮用为特征；隋唐宋时期为成熟阶段，以茶为调味品，制作各种茶之风味食品为特征；元明清时期为兴盛阶段，以茶为调味品，制作各种茶之风味食品为特征；现代社会为黄金时期，以其讲究茶食与茗宴品位的科学性、追求丰富多样化的艺术情调为特征，形成独树一帜的茶膳。

在温州，佐茶的零食称为"茶配"。"配"近似于"佐茶"之"佐"，有"配件""配合"的意思。李大同茶食品就是糕饼类的"茶配"。

瑞安李大同茶食品，始创于清朝光绪十四年（1888）。创始人李瑞庆是浙南一带的糕点名师。李家祖上迁自福建，出身贫寒。李瑞庆起始以炸油条、卖油卵为业，后来虚心拜师练就做糕点技艺，开了一家糕点店。因仰慕孙中山先生"世界大同"精神，取店名为"大同"。请著名书法家许苞题写店名，用白铜制作了很大的招牌。又请著名书法家池志澂撰一对联，制成木刻店联挂在店门口。联曰："大业大成宏图大展；同心同德利溥同仁。"此联三嵌"大同"二字，文辞贴切，书法大度，过往之人不由停步诵读一遍。李大同店面与招牌，也就成了瑞安街市一景。

那时，李大同有个全称叫作"李大同南北海味茶食糖果店"，经营的范围除了大众化的糕点糖果之外，还经营南北山货、各类海鲜水产干制品，诸如香菇、木耳、笋干、金针、海参、鱼皮、鱼翅、干贝、虾米以及烟台的苹果、天津的鸭梨和新疆的葡萄干等，大凡筵席上用得到的干货水果，几乎无所不包，无所不有。

然而，令人奇怪的是，多年使李大同享有盛誉的倒不是那些名贵的山珍海味，而是以李氏双炊糕为代表的大众化糕点甜食。

这是为什么呢？究其原因有三：

首先，作为李大同的创始人李瑞庆，原是瑞安城里一位有名的糕点制作师傅，他心灵手巧，肯动脑子，作出来的糕点式样美观，脍炙人口。特别是他做的喜庆糕点，花色繁多，制作精美，堪称一绝。儿子也自幼跟着他学得一手好手艺。有家传的技艺垫底，这是李大同独有的长处，也是李大同之所以在长期的发展过程中形成以糕点甜食为经营特色的一个潜在因素和重要原因。

其次，李家父子在经营过程中，十分注意产品的质量。选料精，做工细，鲜度好，这是李家糕点的一贯特点。但是，他们不以此为满足，而是敢于跳出地域的小圈子，把眼光投向瑞安以外的地方，虚心学习外地名糕点的制作技术，博采众长，提高自家产品的质量。

李瑞庆的结发妻子林氏虽然出身寒门，目不识丁，但她勤俭贤惠，顾全大局，善于理财，是李瑞庆的一个好帮手。1927年，瑞安曹筱卿等合资创办沪兴轮船公司，置办瑞平轮，开通上海至瑞安的航线，十天一个班次，这给李大同的进货带来了极大的方便。李瑞庆听从林氏的建议，派专人驻上海采办货物，使店里的货源更加充足，在同行业竞争中稳居上风。林氏还多次带领糕间的师傅到上海"开眼界"，亲自上南京路买了许多来自全国各地的名牌糕点，让他们品尝、研究，博采众长。林氏的这一招还真取得了意想不到的效果，使李大同的糕点制作技艺更加丰富并得以提高。

第三，糕点食品具有明显的地方化、大众化的特点，和当地的民间风俗紧紧连在一起。一年之中，四季八节，不管是穷家还是富户，婚、嫁、喜、丧，谁也离不开它，在某种意义上它代表了一种祝福、一种吉祥、一种文化。只要坚持薄利多销的原则，就有广阔的市场。

抗日战争胜利以后，饱尝八年离乱之苦的瑞安人纷纷返回家园，寻找那份属于自己的安宁，冷落多年的市面又开始慢慢地活跃和繁荣起来。李大同重新开张的那天，年轻的店主李定波买了一串长长的鞭炮在店门口足足燃放了10多分钟，直放得硝烟迷漫，纸屑遍地，说是驱驱日本人的晦气，打这以后，李大同的事业再度兴旺起来。

据李家后人回忆，抗战胜利后的几年是李大同的鼎盛时期，拥有三处作坊，近百名工人，在上海派驻专人采购货物。总店每到开饭时间，都要摆开十来张大圆桌，李锦淮的妻子常常亲自下厨掌勺，并和店员们一起进餐，那时，大米饭尽管吃，小黄鱼不稀罕，李家的日子过得红红火火。

当时，李大同的经营方式采用前店后坊的方式，现做现卖，很少积压，店里的糕点保留时间一般不超过两天，冬季也不准超过三天。过了期限的糕点一律退回作坊重新处理，这样做，很好地保证了糕点的鲜度。有时，宁愿损失一批，以防出售的糕点发生变质。可以说，糕点的质量就是李大同的生命。就在年复一年坚持质量第一的过程中，李大同在社会上赢得了崇高的信誉。

由于信誉卓著，当时李大同的经营者还印制了一种"礼券"（相当于现在商店里使用的"代价券"），分赠亲友，也可代替现金找零，凡持有李大同印记的"礼券"者，均可凭票来店购物，这个方法不但提高了李大同在社会上的信用程度，还扩大了业务，收到了良好的效益。

李锦淮生有五子，本可大展宏图，发展成上规模的民族食品工业。不料时代风云，连年战乱，"反右"前后又推行极"左"路线，老大李观澜、老二李观荣病故，老三李观文（定波）被强行抓去判刑劳动改造，老四李观云在上海当教师，老五李观成时未成年。"李大同"大部分房产被政府没收，"李大同"关门遣散。

李观成初中毕业后，响应政府号召，报名参加大陈岛垦荒队，后来分配庆云县山区邮电所当话务员，又下过生产队参加农业劳动。十几年后回到家乡当建筑公司工人，与瓦刀泥灰打交道。

十一届三中全会后，李定波总算回到家乡，但就业无门。1980年，李观成接到台湾辗转传来的一个口信："一位瑞安籍老人久病之后渴望重温一下儿时尝过的'李大同'双炊糕、空心月饼滋味，询问何处可寻觅？"台胞的渴求，乡亲的呼声，点燃起李观成、李定波弟兄重振祖业"李大同"的希望之火。他们从零开始，克难攻坚，借资金，找场地，请师傅，寻原料，举步维艰地终于亮出"李大同茶食店"的老字号招牌。

李观成弟兄重振"李大同"，靠着继承老字号"质量与诚信"的企业文化精神，迅速打开市场。季品三《双炊糕系海峡情》回忆：1987年11月，台湾当局未开禁单向探亲之前，一些台胞绕道其他国家或地区，悄悄地返回瑞安探亲，带去几包双炊糕，限于数量，每人只能分到几片尝尝长久没有吃到的味道，却也心满意足了。

台湾台北温州同乡会总干事孙竺先生曾三次回乡探亲，三次登门李大同购糕点，还作了一联："大江南北蜚声远；同样东西仗货真。"他把双炊糕带到台北分赠亲友，受赠的王觉之有诗曰："孙公赐我双炊糕，感激涕零受惠叨。万里家乡归未得，云情雅意比天高。"

重振雄风的李大同茶食有着十分考究的糕点制作工艺秘诀。首先是选料考究。李大同制作双炊糕，过去一直选用文成双桂山单季红壳糯米，用台湾产的太古牌绵细白糖。猪油则专用自熬冬油（寒冬腊月时，将猪油煎出放入容器内，次日便凝成油脂，至夏天亦不化，味甚佳）。20世纪80年代限于条件，无法取得太古牌白糖，李观成改用广西产上等白糖；双桂红壳糯米已经不再种植，李观成亲去双桂预付订金，高价订求单季糯米，要求不施化肥，不用除草剂，仍用农家厩肥。加之粉料加工，水磨手揉，特别费心，所以新产的李大同茶食，尚能保持过去香、酥的特色，受人喜爱。

其次是诚信行事，童叟无欺。李锦淮为保持"李大同"的威信，待人接物，进料销售，时时刻刻强调诚信，货真价实。李观成亦认为食品质量是老字号的生命，对原料选用严格把关，一点霉粒、砂子都要反复检查剔除；进店产品，一般卖两天，冬季也不超过三天。过了保质期的茶食一律撤柜，决不误人。于是，李大同食品获得很高的信誉度。乡亲们称誉李观成"重振雄风"。

由于李观成团结员工重塑老字号金字招牌，1990年国家商标局批准李大同（老五房）茶食品店使用环球标志"李大同"牌注册商标。之后，"李大同"先后被评为瑞安市、温州市知名商标，2001—2005年连续五年被评为农业龙头企业；"李大同"牌白糖

双炊糕于2002年荣获浙江国际农业博览会银奖；第九届中国杨凌农业高新技术成果博览会"后稷"奖；2003年被评为"中华名小吃"。

老字号是瑞安商业文化的代表，代表的是代代传承的传统工艺、特色服务和良好口碑。李观成献爱心做好事、传扬红十字精神的佳话也一直在流传。

跨入新世纪，李观成先生年过古稀，发展壮大"李大同"老字号的重担落到第四代传人李敬斌的双肩上。李敬斌是一位中文系毕业的中学教师，貌周正，脑机灵，毅然离开心爱的教育岗位，接过了父亲手中的接力棒。他坚持两条腿走路：一方面坚持传统特色，弘扬老字号风土文化的精髓，不忘本且创新之；另一方面走现代化企业的改革之路，把商店、工厂改制为"李大同（老五房）食品有限公司"。他随之重用年轻人才，推出一系列创新动作：一是组织参加国内外食品博览会与展销会，使李大同茶食品打响了品牌，获得好评，提升了美誉度。二是投入资金大幅度推进技术改造，改进设备，扩大生产，增加品种至70多种，且执行严格的卫生监管制度，

其李大同"喜饼系列"基本上能满足了全市城乡的婚庆市场需求,实现产值翻番。三是组织队伍,拓展市场,增加门店。他除了扩大李大同茶食在温州五味和、乐清超市的销售,还把产品打入杭州、上海;又在"淘宝网"上开设店铺,搭上网络直销经济快车。这不单大大增加销售量,使茶食供不应求,而且在国内外提高了"李大同"老字号的影响力。四是和浙江大学合作,着重研究延长茶食品保鲜期,不断改进实用兼精美包装,尽量使之延长保鲜时间,以利于海外销售。

如今,市面上许多西式糕点在刺激年轻一代的味蕾,儿时吃李大同双炊糕那一代人的牙齿却已凋零。时代不同,口味在变。李敬斌知难而进,不断改革创新,推陈出新,站在更高的起点、更高的层次,拥有了更雄厚的技术团队。

历经四代人的不懈努力,发展到目前,李大同在瑞安全城拥有总店、分店共10多家,另在温州五味和等大商场和各大超市、飞机场、火车站及雁荡山等风景旅游胜地均开辟了销售专柜。多年以来,前来温州、瑞安探亲访友、观光旅游的海外侨胞和港澳台同胞,纷纷到"李大同"选购糕点,分赠亲友,"李大同"声誉远播海内外。

一、要素分解

（一）物质要素

1. 品种丰富的茶食糕点

瑞安李大同茶食品店主要产品有双炊糕、面茶糕、芙蓉糖、空心月饼、芝麻巧等茶食糕点，以甜、酥、软、韧、香为主要特色，风味独特，是著名的浙南特产。李大同的创始人李瑞庆，原是瑞安城里一位有名的糕点制作师傅，他心灵手巧，肯动脑子，作出来的糕点式样美观，脍炙人口。特别是他做的喜庆糕点，花色繁多，制作精美，堪称一绝。儿子锦淮也自幼跟着他学得一手好手艺。有家传的技艺垫底，这是李大同独有的长处，也是李大同之所以在长期的发展过程中，形成以糕点甜食为经营特色的一个潜在因素和重要原因。

2. 考究甄选的制作食材

李大同制作双炊糕，过去一直选用文成双桂山单季红壳糯米，用台湾产的太古牌绵细白糖。猪油则专用自熬冬油（寒冬腊月时，将猪油煎出放入容器内，次日便凝成油脂，至夏天亦不化，味甚佳）。20世纪80年代，限于条件，无法取得太古牌白糖，李观成改用广西产上等白糖；双桂红壳糯米已经不再种植，李观成亲去双桂预付订金，高价订求单季糯米，要求不施化肥，不用除草剂，仍用农家厩肥。加之粉料加工，水磨手揉,特别费心,所以新产的李大同茶食,尚能保持过去香、酥的特色,受人喜爱。

(二)精神要素

1. 诚信行事、质量保证的企业文化精神

李大同茶食品自创办以来,就秉承着"质量与诚信"的宗旨。自创办之初,李家父子在经营过程中,十分注意产品的质量。选料精,做工细,鲜度好,这是李家糕点的一贯特点。但是,他们不以此为满足,而是敢于跳出地域的小圈子,把眼光投向瑞安以外的地方,虚心学习外地名糕点的制作技术,博采众长,提高自家产品的质量。李氏后人重振"李大同",靠着继承老字号"质量与诚信"的企业文化精神,打开市场。诚信行事,童叟无欺,为保持"李大同"的威信,待人接物,进料销售,时时刻刻强调诚信,货真价实。李观成亦认为食品质量是老字号的生命,对原料选用严格把关,一点霉粒、砂子都要反复检查剔除;进店产品,一般卖两天,冬季也不超过三天。过了保质期的茶食一律撤柜,决不误人。于是,李大同食品获得很高的信誉度。乡亲们称誉李大同第三代传人李观成"重振雄风"。

2. "世界大同"的精神与格局观

李大同茶食品自创办之初就体现出了"世界大同"的格局观。创办的那个年代,正值孙中山先生领导的辛亥革命运动风起云涌之际,"驱逐鞑虏,恢复中华"成为一代仁人志士为之抛头颅、洒热血的奋斗目标。李大同茶食品创始人李瑞庆出身贫寒,常常到瑞安学前街的明伦堂去听开明士绅的演讲,懂得了三民主义的一些道理,特别是对孙中山提出的"世界大同""天下为公"等革命理想十分崇拜。创始人李瑞庆因仰慕孙中山先生"世界大同"精神,取店名为"大同"。他请著名书法家许苞题写店名,用白铜制作了很大的招牌。又请著名书法家池志澂撰一对联,制成木刻店联挂在店门口。联曰:"大业大成宏图大展;同心同德利溥同仁。"在后代传承发展的过程中,"世界大同"的格局观也一直影响着李大同。历经四代人的不懈努力,目前李大同在瑞安全城拥有总店、分店共10多家,另在温州五味和等大商场和各大超市、飞机场、火车站及雁荡山等风景旅游胜地均开辟了销售专柜。多年以来,前来温州、

瑞安探亲访友、观光旅游的海外侨胞和港澳台同胞，纷纷到"李大同"选购糕点，分赠亲友，"李大同"声誉远播海内外。

（三）制度要素

严苛的制作工艺流程

在考究的食材甄选之后，是更加严格的加工制作流程。将糯米淘洗干净，去沙，去杂质。先把糯米炒熟，成米花，再磨成粉，这样做成的双炊糕才更香。刚磨好的糯米粉叫"火粉"，不能马上用，而是晾半个月再用，这一步非常关键。然后往糯米粉里加浸泡过的麦粒，使糯米粉缓缓吸收水分。而后把白糖化成糖浆，按比例与糯米粉拌匀，用圆形木擀碾平，搅匀，成糕粉。糕粉过筛，撒上桂花，用糕盘成型、切块。再经"阴""闷""蒸"三道工序、两番炊制：把成型的生双炊糕放在竹筛里，待上几分钟；把一竹筛一竹筛的生双炊糕，与一竹筛一竹筛刚蒸熟的双炊糕，相间叠放，用刚蒸熟的双炊糕的热气"闷"生双炊糕；把生双炊糕放在蒸气锅里蒸10分钟，翻转双炊糕，另一面朝上再蒸5分钟（此所以叫"双炊糕"），凉上10分钟，剥下竹筛上蒸熟的双炊糕，包装。

二、核心基因提取与评价

基于对材料的全面、深入分析，得出本文化元素的核心基因表述为："传承百年的中华老字号""诚信行事、质量保证的企业文化精神""'世界大同'的精神与格局观"。

李大同茶食品核心文化基因评价依据

评价项目	评价因子	评价依据（特点）	是否
生命力评价	文化基因存续的时间	自出现起延续至今，未曾明显中断	
		自出现起延续至今，但多次衰微、中断后复兴	√
		曾明显衰败，改革开放后开始复兴或历史溯源关键环节缺失，难以考证	
		文化形态主体已灭失，现存部分痕迹	
	文化基因的稳定性	在发展过程中保持相当稳定的状态	√
		在发展过程中存在明显的精神内涵、表现形式剧变	
凝聚力评价	文化基因的凝聚力及社会动员效果	曾广泛凝聚起区域群体的力量，显著推动过社会经济文化的发展	√
		曾部分凝聚起区域群体力量，对社会经济文化的发展产生过影响	
		凝聚过力量，创造过实际的发展动能，但未见对社会经济文化发展产生显著改变	
		仅在历史文献或口耳相传中存在，未见实际介入社会经济发展	

续表

评价项目	评价因子	评价依据（特点）	是否
影响力评价	辐射的范围	具有全国性、世界性的影响力	√
		具有长三角区域、浙江省影响力	
		具有市县、乡镇影响力	
	提炼的高度	已经被古代文人士大夫和当代学者提炼为精神符号和理念理论	√
		单纯的样式、造型、工艺技术规范	
发展力评价	与当代精神追求和价值观念的契合	传统文化基因得到创造性转化、创新性发展；区域革命文化基因被完整继承、广泛弘扬；区域社会主义先进文化基因成为与浙江"三个地"相适应的文化高地	√
		部分转化、部分弘扬、部分发展	
		难以转化、难以弘扬、难以发展	
说明：基因特点评价是对解码出来的基因，根据本《导则》表2的要求，围绕"四个力"逐一对表打"√"，进行定性表述			

（一）生命力评价

李大同创始人李瑞庆，1889 年开设李大同南北海味茶食糖果店，至今已有 100 多年历史。李大同将茶食糕点打入温州历史名街五马街、雁荡山风景区，打入杭州、上海，还频频参加国内外食品博览会与展销会，荣获公众最喜爱的中华老字号品牌奖。随着时代更迭，新消费需求涌现，李大同茶食品的制作技艺也在一代代传承者的传承中不断更新改良，让茶食糕点更具有现代价值，使产品在保留传统工艺的基础上，适应当代消费者的要求，调整口味、造型及包装，让传统的茶食糕点在古韵中焕发新生，造就中国独特及丰富的美食文化。

（二）凝聚力评价

三大核心基因曾广泛凝聚起区域群体的力量，显著推动过社会经济文化的发展。李大同的糕点食品具有明显的地方化、大众化的特点，和当地的民间风俗紧紧连在一起。一年之中，四季八节，不管是穷家还是富户，婚、嫁、喜、丧，谁也离不开它，在某种意义上它代表了一种祝福、一种吉祥、一种文化，需求面广，具有广阔的市场，显著推动社会经济发展。

（三）影响力评价

三大核心基因具有全国性、世界性的影响力。台湾台北温州同乡会总干事孙竺先生曾评价李大同茶食："大江南北蜚声远，同样东西仗货真。"历经四代人的不懈努力，发展到目前，李大同在瑞安全城拥有总店、分店共10多家，另在温州五味和等大商场和各大超市、飞机场、火车站及雁荡山等风景旅游胜地均开辟了销售专柜。李大同还曾参加国内外食品博览会与展销会，使李大同茶食品打响了品牌，获得好评，提升了美誉度。多年以来，前来温州、瑞安探亲访友、观光旅游的海外侨胞和港澳台同胞，纷纷到"李大同"选购糕点，分赠亲友，"李大同"声誉远播海内外。

（四）发展力评价

三大核心基因得到创造性转化、创新性发展，文化基因得到完整继承、广泛弘扬。"李大同"品牌重塑老字号金字招牌，被评为瑞安市、温州市知名商标。2006年11月，李大同被国家商务部命名为中国老字号。现在的李大同品牌，仍然在不断改革创新，推陈出新，站在更高的起点、更高的层次来观察、发展这一老字号品牌。

三、核心基因保存

　　"传承百年的中华老字号""诚信行事、质量保证的企业文化精神""'世界大同'的精神与格局观"作为李大同茶食品的核心基因,文字资料有《百年老字号:李大同招牌的故事》《李大同茶食品:始创于清光绪的中国老字号》等5项保存于瑞安文化基因解码调查组资料库,图片材料有20张保存于瑞安文化基因解码调查组资料库。

瑞安老酒汗

天瑞地安　瑞安文化基因

瑞安老酒汗

　　老酒汗源自黄酒。黄酒是世界上最早的酿造谷物酒，是
中华民族的祖先对人类科学文化和生产发展作出的早期贡献之
一，其历史据文献记载已有 7000 多年。老酒汗属于蒸馏酒，
与酿造酒相比，在制作工艺上多了一道蒸馏工序，其关键设备
是蒸馏器。蒸馏器起源于哪个朝代目前考古界尚无定论。

　　瑞安老酒汗的酿造史源远流长。两宋时，酒实行专卖，官
府在各地城镇设立酒务、酒场、酒坊，称榷酤。徐松《宋会要
辑稿》记载了这样一组酒务数字：北宋中期，东京（洛阳）岁

造曲买于酒户，每岁旧474645贯，而永嘉旧城及永安、乐清、平阳、瑞安县、柳市、前仓镇七务，岁50748贯，永嘉为当时首都东京的10.7%，可见当时酿造业相当发达。南宋周密《武林旧事》卷六《诸色名酒》又载，南宋上供酒有"清心堂、丰和春、蒙泉，并永嘉"。清郭钟岳《瓯江竹枝词》云："最好舟行明镜中，蓬莱此去一帆风。丰和春色如江绿，醉煞诗人陆放翁。"南宋爱国诗人陆游在《至永嘉》中写到"自来福州，诗酒殆废。北归时稍稍复饮。至永嘉无日不醉，诗亦屡作，此事不可不记也"。正是如此美酒令其诗性大发，写下了《泛瑞安江风涛贴然》《戏题江心寺僧房壁》《至永嘉》等传世之作。孙衣言考证，"丰和春"为瑞安地产酒，丰和酒坊坐落于瑞安东门——丰湖，"丰和"与"丰湖"瑞安方言谐音。

据《瑞安县志》记载，老酒汗酿造技艺起源于宋代，明清时期，老酒汗已相当著名，不仅畅销本地，而且销往福建，酿造技艺普遍流传于各酱酒坊。由于年代久远，老酒汗的创始人已无从考证。自清代开始，老酒汗的传承有了较详细的记载。

据《瑞安县志》记载：明清时期至民国初期瑞安全县有丰和、广兴和、金仁和、金永发、陈久泰、皆春官等大小43家酱酒坊。主要生产黄酒、老酒汗、烧酒、酱油、酱菜和米醋等。老酒汗的酿造技艺掌握在各酱酒坊的"老司头"手中，以师傅带徒弟的方式口传身授，历代传承。因不同时期政府对产业的"禁酒"控管和高税收政策，酒坊生存艰难曲折。"皆春官"酱园从1870年创立以来，"老司头"生产经验丰富，其生产设备、工艺设施均对老酒汗酿造技艺的传承起到决定性的作用。

"丰和"酒坊创立于宋代，具体创建人不详，酒坊地址在瑞安城东丰湖，主产老酒汗、黄酒和烧酒。1952年更名为华丰酿酒厂。"皆春官"酱园于1870年莘塍中村人蔡世明聚集资金，合股创办并首任经理，厂址设莘塍直洛村。1929年更名为"庚春官"酱园，经理钱小六。1937年卢沟桥事变后，因受战火影响，企业资不抵债，有戴锡九等人控股并易名"介春酱园"直至1949年。主产老酒汗、黄酒、酱油、米醋、酱菜等。

新中国成立后，随着经济恢复，

社会秩序和市场稳定，濒临倒闭的老酱园、酒坊重新恢复生产经营。1956年4月，建立公私合营瑞安酒厂，厂址设在东门原华丰酿酒厂，下设莘塍、塘下和莘民三个分厂。1957年1月，建立了公私合营瑞安酱油厂，合并了包括"介春酱园"在内的15家作坊，下设大东分厂。厂址设在西门河汇原五和酱坊。1959年3月，公私合营瑞安酒厂和公私合营瑞安酱油厂合并成立公私合营瑞安酿造厂。1966年10月8日，根据中共中央发字（507）文件精神，由公私合营瑞安酿造厂报批转为地方国营瑞安酿造厂，厂址设在环城西路33号，原公私合营瑞安酿造厂内。下设莘塍酱油厂，东门黄酒分厂。1998年，体制改革，创建瑞安厨工酿造有限公司。2000年，改为浙江厨工酿造有限公司。

老酒汗的酿造技艺就这样在工厂内，由"老司头"亲自物色徒弟，口授身教，代代相传，密不外宣。

清代，黄体芳还乡省亲返回京城时带去老酒汗博得绝好口碑，后被列为贡品。1929年首届西湖博览会上老酒汗获优等奖。1986年被评为最佳温州货。1990年获中国沿海地区外向型企业产品一等奖。1992年获首届浙江食品博览会银奖。1995年，老酒汗开始销往香港，出口日本、荷兰、法国、德国、西班牙、意大利。老酒汗酿制技艺汲取了工艺技术所生产的"大麦烧""番薯烧"，2001年开始出口日本。2002年，老酒汗被瑞安市政府指定为招待礼宾专用产品。温州和瑞安有的人做喜事也用老酒汗，喜宴用的老酒汗又香了起来。

一、要素分解

（一）物质要素

1.千挑百选的原料

"曲为酒之骨"，酒曲有米曲、药曲和麦曲之别。制曲和选择用曲是酿酒技艺的重要组成部分。老酒汗酿酒用的乌衣红曲为"米曲"，明朝宋应星著的《天工开物》载有详尽的制曲工艺，在古时候被广泛应用。在清代和民国时期，温州民众在早稻收成后，在气温最高的"大暑"季节做成红曲种，晒干备用，到秋季时，用红曲种做成红曲糟娘，以糟娘、黑曲霉做成乌衣红曲，秋后来酿酒。这样的气温是霉菌繁殖最旺盛时期，也是制作乌衣红曲的最佳时间。乌衣红曲更是形成老酒汗独特色、香、味及典型米香型风格的主体之一。历经漫长的历史经济、社会变迁和地域物产的变化，其他地区的乌衣红曲均已衰微无名。

"水为酒之血"，集云山位于瑞安市安阳镇境内，总面积为997.6公顷，有集云湖和绿湖，水面面积分别为11.2公顷和0.6公顷；九珠潭的溪流约1.5公里长，源于白龙潭，经神龟湖穿杭山峡沿途汇合众多小溪而变为一条大溪形成了九珠潭、冲天瀑等十几个潭和参差不等的瀑布，且四季不断流。两处水源地至今还保持着原生态环境，经现代科学技术检测，水质所含的微生物和微量元素适合酿造微生物生长，是理想的酿造用水。

"米为酒之肉"，瑞安是浙南著名的鱼米之乡，是浙南重要的粮食种植基地，为老酒汗酿制提供了丰富的资源保障。老酒汗选用本地优质早籼米，米粒完整，颗粒饱满，粒状均匀，无霉烂、黄粒，无虫蛀，不含秕粒、尘土及其他杂质，淀粉及水分含量标准。

2.各司其职的酿造工具

老酒汗酿制工具大部分为木、竹及陶瓷制品，少量为锡制品，主要有瓦缸、酒坛、地下窖池、石灰、稻草盖、谷风车、米筛、竹筐、蒸桶、水桶、竹簟、木耙、木铲、竹漏斗、木榨、榨袋、石条、煎壶、松香、出酒器、干荷叶、干笋壳、稻草、封泥等。

（二）精神要素

1.天瑞地安、人生安适的理想

老酒汗地处瑞安。唐天复二年（902），有白乌栖城北集云山，以为祥瑞，唐昭宗改名为瑞安。瑞安传统酒文化充分体现了温州人"天瑞地安、人生安适的理想"。

2.传统工艺与现代技术相结合的

时代精神

九珠潭老酒汗是由黄酒发展演变而来的蒸馏酒。生态区可提供的工艺条件主要有"四原"，即原水、原粮、原曲和原生山洞；九珠潭老酒汗的主要质量风格特点为"米香清雅"，凸显陶缸洞藏老酒汗的陈香、陈味。

公元前221年，西周在《礼记·月令篇》记载有酿酒的"古遗六法"：黍米必齐，曲蘖必时，湛炽必洁，水泉必香，陶器必良，火齐必得。李时珍在《本草纲目》中论述"烧酒非古法也，自元时始创，其法用浓酒和糟入甑，蒸令气上，用器承滴露"。而九珠潭老酒汗选取酿制黄酒的早籼米是马屿产的富硒早籼米等原材料，同时巧妙地运用了滴露法取酒。

《书经》记载："若作酒醴，尔惟曲蘖。"要酿美酒，就要有优良的酒曲。古来曲造酒，蘖造醴。明代科学家宋应星所著的《天工开物》中就记录了各种红曲制造技术。用乌衣红曲酿造黄酒和白酒只有极少地方在运用，其中温州就大量采用。九珠潭老酒汗不仅以独特的乌衣红曲发酵，其基酒还窖藏在西山飞云洞。根据技术人员测定，该基酒在该山洞窖藏一年后，酒的品质相当于在地下窖藏两三年。九珠潭老酒汗的蒸酒工艺则是采用黄酒蒸馏工艺，因此，九珠潭老酒汗是由黄酒演变为白酒的活体标本，也是将传统非遗工艺技术与现代科学技术相结合的典范，更反映出温州丰富的酒文化底蕴。

（三）制度要素

严谨复杂的工艺流程

大凡白酒以药曲或麦曲为糖化剂，采用固态发酵然后蒸馏出酒。老酒汗则是采集于黄酒，以米曲为糖化剂，采用液态发酵，且每一百斤黄酒醅约采二两。老酒汗酿制作技艺主要体现于制曲、落缸和煎酒及原材料的选择和运用上。"老司头"甄选上好的酿酒原料，制曲、酿酒按照节气时令；落缸依照潮汐时间；煎酒不仅要看酒醅发酵状态，还要根据当时的天气环境来决定是否采集老酒汗以及采集量的多少。老酒汗酿制过程中，制曲、落缸和煎酒全凭各"老司头"的经验，用眼看、鼻嗅、嘴尝、齿咬、耳闻、手捏等进行质量把关，以人的体温和沸水来作为温度参照。

二、核心基因提取与评价

基于对材料的全面、深入分析，得出本文化元素的核心基因表述为："千挑百选的原料""传统工艺与现代技术相结合的时代精神""严谨复杂的工艺流程""天瑞地安、人生安适的理想"。

瑞安老酒汗核心文化基因评价依据

评价项目	评价因子	评价依据（特点）	是否
生命力评价	文化基因存续的时间	自出现起延续至今，未曾明显中断	√
		自出现起延续至今，但多次衰微、中断后复兴	
		曾明显衰败，改革开放后开始复兴或历史溯源关键环节缺失，难以考证	
		文化形态主体已灭失，现存部分痕迹	
	文化基因的稳定性	在发展过程中保持相当稳定的状态	√
		在发展过程中存在明显的精神内涵、表现形式剧变	
凝聚力评价	文化基因的凝聚力及社会动员效果	曾广泛凝聚起区域群体的力量，显著推动过社会经济文化的发展	√
		曾部分凝聚起区域群体力量，对社会经济文化的发展产生过影响	
		凝聚过力量，创造过实际的发展动能，但未见对社会经济文化发展产生显著改变	
		仅在历史文献或口耳相传中存在，未见实际介入社会经济发展	

续表

评价项目	评价因子	评价依据（特点）	是否
影响力评价	辐射的范围	具有全国性、世界性的影响力	√
		具有长三角区域、浙江省影响力	
		具有市县、乡镇影响力	
	提炼的高度	已经被古代文人士大夫和当代学者提炼为精神符号和理念理论	√
		单纯的样式、造型、工艺技术规范	
发展力评价	与当代精神追求和价值观念的契合	传统文化基因得到创造性转化、创新性发展；区域革命文化基因被完整继承、广泛弘扬；区域社会主义先进文化基因成为与浙江"三个地"相适应的文化高地	√
		部分转化、部分弘扬、部分发展	
		难以转化、难以弘扬、难以发展	
说明：基因特点评价是对解码出来的基因，根据本《导则》表2的要求，围绕"四个力"逐一对表打"√"，进行定性表述			

（一）生命力评价

老酒汗米香突出，风味独特，口感纯正，空杯留香，无色透明，三杯入腹即打酒嗝，口鼻生香。老酒汗酒精浓度高，许多芳香成分在酒中的浓度是随着酒精度而提高的，酒的香气成分及其浓淡成了判断酒质的标准之一。古人通过看酒花就可大致确定酒的质量，从而决定馏出物的舍取。在商业上则用酒花的性状来决定酒的价钱，因此酒花成了度量酒度、酒质的客观标准。老酒汗具有"通血脉，厚肠胃，散湿气，消忧发怒，宣扬畅意"之作用。端午节饮老酒汗可除湿痹、辟邪毒、散风邪；暑天饮用可解暑、避暑。老酒汗适量直饮或配上适宜的中药材，内服可治慢性胃炎、失眠、感冒发烧、肾虚腰痛等，外用可治跌打损伤，活血化淤，通经活络。瑞安老酒汗还具有很高历史价值。它明显的原生态为研究我国古代酿酒史提供了宝贵的资料，是研究瑞安古代政治、经济、社会、文化、艺术、自然、医药的重要历史资料，也是瑞安发展史的缩影。老酒汗形成于宋代，至今已有1000余年的历史。沧海桑田，风云变幻，老酒汗酿制技艺却代代相传，显示了中华民族传统历史文化强大的生命力。

（二）凝聚力评价

酒曲酿酒是中国酿酒的精华所在。酒曲中所生长的微生物主要是霉菌，对霉菌的利用是中国人的一大发明创造。在古时候，由于缺医少药，医疗条件落后，我们的祖先在长期与病魔的斗争中积累了不少用酒疗伤养病的方法。并从中产生了"医源于酒"的认识，酒与传统医学有着长远而紧密的联系，祖国医学经典医书无不记载酒的药用。如在《本草拾遗》和《本草撮要》中提到，酒通血脉，御寒气，行药势。治风寒痹痛，筋脉挛急，胸痹，心腹冷痛。对酒的"酒为药用"作了基本概括。在瑞安，人们至今还在家中用老酒汗泡制药酒用以保健、强身、祛病。

（三）影响力评价

老酒汗在伴随着瑞安悠久古老的历史进程中，积累了宝贵的酿酒经验，丰富了历代人的精神生活，同时在饮酒的过程中融入到礼仪、道德、风化、伦理、文艺、文学、音乐、歌舞、书法、绘画等各个领域，形成了灿烂辉煌而底蕴深厚的瑞安酒文化。从老酒汗古老的酿造工艺，可以窥探古人的智慧；从与文人墨客的关系以及有关老酒汗的论述中，可以稍见古代知识分子的文化涵养；从酒禁与酒税的政策措施，可以看出酒与政府税收国用的一些关系；从老酒汗与风俗礼仪的交融，可以看出传统中国人的一些文化理念和意识形态；从老酒汗与文学艺术的互动，可以看出中国古代光辉灿烂的思想火花；从老酒汗与海外华侨的情结，可以看出游子对故乡的怀恋。总之，老酒汗是瑞安文化的一个重要环节，它在瑞安文化中的意义，是不容忽视的。

（四）发展力评价

从1995年开始，老酒汗出口日本、荷兰、法国、德国、西班牙、意大利等国家。从老酒汗酿制技艺中汲取的工艺技术所生产的"大麦烧""番薯烧"自 2001 年开始出口日本，累计出口 5460.65 吨。

浙江厨工酿造有限公司从 2001 年起，在马屿镇按保护性协议种植早籼米，形成优质早籼米基地，以确保老酒汗原材料的纯正。同时高薪聘用身怀老酒汗酿造技艺的"老司头"，并回聘退休"老司头"担当技术顾问，还创建"厨工酿造研究所"，聘请科研人员对老酒汗酿造工艺、技术进行科学研究。

政府将深入细致地开展普查工作，彻底弄清瑞安老酒汗酿造的历史沿革，填补历史断代。回访退休的酿造"老司头"，走访民间作坊，对老酒汗酿造工艺、设备、技术、"土方"和民间药酒方、酒俗、酒礼等相关酒文化做详细的记录，并将普查所获资料进行整理、归档、建档并加以科学利用。并对新生代从业者进行地方文化宣传和思想教育，举办"拜师会"鼓励其传承老酒汗酿造技艺，成为新时代的技术型人才。加大投入人才、设备和资金，对老酒汗酿造技艺进行更深入的科学研究及利用。

三、核心基因保存

　　"千挑百选的原料""传统工艺与现代技术相结合的时代精神""严谨复杂的工艺流程""天瑞地安、人生安适的理想"作为瑞安老酒汗的核心基因，《老酒汗资料》《从九珠潭老酒汗看温州的酒文化》《九珠潭老酒汗酿造条件形成的产品风格特征》等 10 篇文字资料保存于瑞安市文化基因解码调查组资料库。出版物和古文古籍有《瑞安县志》等。

温郁金

天瑞地安　瑞安文化基因

温郁金

温郁金

温郁金为姜科草本植物，是温州传统道地药材，常用于治疗肺癌、肝癌、乳腺癌、胸腹水等。由于温郁金具有鲜明的地域特性和较高的药用价值，因而被列为"浙八味"之一。浙江省亚热带作物研究所对温郁金的来源及药用历史进行了考证：唐人苏敬在《新修本草》中对姜黄就有描述，其中包含今之温郁金。北宋苏颂的《本草图经》莪术项下详细记载了温郁金的植物特征，并附"温州蓬莪茂"图。"温州蓬莪茂"即今之温郁金。北宋唐慎微《重修政和经史证类备用本草》记载"蓬莪茂"时，更冠以"温州"二字，以示道地。

温郁金以地下块根、块茎入药，根据药用部位与加工工艺方法不同，可得三味药材，即温郁金、温莪术和片姜黄。制成后的药材多呈长圆形或卵圆形，稍扁，有的微弯曲，两端渐尖。长3.5—7cm，直径1.2—2.5cm。表面灰褐色或灰棕色，具不规则的纵皱纹，纵纹隆起处色较浅。质坚实，断面灰棕色，角质样；内皮层环明显。气微香，味微苦。历代医药典籍且现今仍流行经典药方以郁金入药的中药方剂有近60种，涉及汤剂、散剂、丸剂、膏剂等；而温莪术收载于历代医药典籍且现今仍流行的经典药方涉及丸剂、散剂、颗粒剂、片剂、贴膏剂、合剂、胶囊剂、酒剂、酊剂、膏剂、茶剂、搽剂、栓剂、眼用制剂等共计14种剂型74个品规。

在我国，郁金有三大道地基原产区，即广西的广郁金、四川的川郁金（绿丝郁金和黄丝郁金）、浙江的温郁金。目前有广西、四川、浙江、云南、福建五大产区。温郁金喜温暖湿润气候，阳光充足，雨量充沛的环境，怕严寒霜冻，怕干旱积水。宜在土层深厚、上层疏松、下层较紧密的砂质壤土栽培。

温郁金原产地、主产区为浙江瑞安，种植历史逾千年，主要分布在瑞安飞云江中上游沿岸冲淤积小平原的陶山镇、马屿镇和仙降街道，其中陶山为重要核心种植区域，是我国唯一的温郁金道地产区。2020年全国种植面积约8000亩，其中瑞安约5000亩，年产温郁金（干品）总量约300吨，温莪术/片姜黄（干品）总量约2400吨，占全国60%以上，剩余40%主要分布在温州其他县市区和丽水地区约1000亩、海南约1200亩、福建约400亩、广东江西约400亩。

瑞安温郁金作为祖国传统中医药中的瑰宝，具有无可替代的经济、文化、药用价值。千百年来，瑞安人民在温郁金栽培管理、产地加工、开发利用等方面倾注了大量的心血，形成了一整套独特生产技术体系，使该产品一脉相承，绵延至今，代代相传，始终保持了道地温郁金特有的纯正品质，成为瑞安人民最具独特中药资源和宝贵的文化物质遗产。在各级政府和有关部门重视下，2008年，瑞安温郁金获得国家地理标志产品保护；同年，陶山镇被浙江省人民政府认定为"中药材强镇"；2010年，陶山沙洲温郁金种植基地通过了 GAP 认证；2012年和 2017 年，陶山镇两度获得了"浙江温郁金之乡"荣誉称号；2018 年，瑞安市通明温郁金专业合作社首个获准"使用地理标志保护产品专用标志"企业；2019 年，瑞安市人民政府启动申报"中国温郁金之乡"称号，并申请注册"地理标志证明商标"。

一、要素分解

（一）物质要素

1.宜于生长的自然环境

瑞安是温郁金原产地、主产区，种植历史逾千年，主要分布在飞云江中下游沿岸冲淤积小平原的陶山、马屿、仙降等镇街，其中陶山为重要核心种植区域，土壤以沙土和沙壤土为主，土壤 pH 值在 5.0—8.0 之间，适宜温郁金的生长。因此，其特定的土壤生态环境和小气候特征造就了该药材优越的品质。

2.高效、珍贵的药物成分

温郁金的主要化学成分包括挥发油、姜黄素类、生物碱、多糖、各种营养元素等为其主要药物成分。根据现代药理研究，温郁金的药理作用可归纳为：降血脂，温郁金中所含的姜黄素类化合物是降血脂的主要有效成分；抗肿瘤，温郁金中的姜黄素和挥发油类物质对多种肿瘤细胞均具有较显著的抑制和促进凋亡作用；抗辐射，利用温郁金蒸馏制得的提取液，能使辐射导致的机体抗氧化酶活性降低，起到抗辐射的作用。

3. 品类丰富的中药方剂

有关资料显示，收载于历代医药典籍且现今仍流行经典药方以郁金入药的中药方剂有近 60 种，涉及汤剂、散剂、丸剂、膏剂等；而温莪术收载于历代医药典籍且现今仍流行经典药方涉及丸剂、散剂、颗粒剂、片剂、贴膏剂、合剂、胶囊剂、酒剂、酊剂、膏剂、茶剂、搽剂、栓剂、眼用制剂等共计14种剂型74个品规。

（二）精神要素

1. 勇于探索的创新理念

2021年，以"健康中国生物医药"为主题的首届世界健康产业院士论坛在浙江丽水召开，论坛以邀请了国内外以院士为代表的近百位行业专家、学者以及行业相关企业负责人参与。会上，中国工程院院士李校堃发表了题为《温郁金产业化研究》的演讲。温州医科大学校长李校堃院士分享了多年来在道地药材温郁金规范化种植、质量控制、创新药物发现和研究等方面取得的经验，提出了新型创新发展方式，即以温郁金为代表的浙南特色中药产业服务地方经济建设。团队对温郁金中有效成分的系列研究水平国际领先，有效推动了以温郁金为代表的天然药物的研究、开发和产业化。

2. 求真钻研、严谨细致的精神

2020年，以谢恬为第一发明人的"一种温郁金中制备抗癌药榄香烯的方法"发明专利，经中国专利奖评审

委员会评审，国家知识产权局授予中国发明专利金奖。39年来，谢恬致力于转化医学、中西医结合防治肿瘤新药物、中药栽培、新药研发、绿色化学等领域科教研工作，出版教材和专著14部，培养研究生100余名，包括3位国家优青；研发新药10多个全部产业化，近5年新增销售额190多亿，并帮助宁夏、甘肃、新疆、云南等10多万少数民族和浙江、安徽等山区7000多农户种植温郁金、莪术、铁皮石斛、霍山石斛、万寿菊等中药材，增加收入脱贫致富。

（三）制度要素

1. 科学规范、集约化的植株栽培技术

由于温郁金的种植长期采用传统栽培模式，具有不可控性和不确定性，阻碍了温郁金产业的可持续健康发展。2007年，浙江省亚热带作物研究所研究制定了浙江省地方标准《无公害中药材温郁金》，规定了温郁金的栽培、病虫害防治、采收与加工等关键技术，采用合理密植、精准施肥、科学管理、病虫害绿色防治等技术取代传统粗放型的栽培模式，取得了良好的推广效

益。2016 年，浙江省亚热带作物研究所修订了浙江省地方标准《温郁金生产技术规程》，并编著出版了《温郁金全程标准化操作手册》一书，进一步完善了温郁金标准化栽培技术，推动温郁金的种植生产向科学化、规范化、集约化的方向进一步发展。

2. 高效、广谱的药用价值

自古以来，温郁金就以其珍贵的药用价值为人们所熟知，《本草经疏》记载："郁金本入血分之气药，其治已上诸血证者，正谓血之上行，皆属于内热火炎，此药能降气，气降即是火降，而其性又入血分，故能降下火气，则血不妄行。"《本经逢原》记载："郁金，辛平无毒，《本草》以为辛寒，误矣，安有辛香而寒之理。"《药性论》记载："治女人宿血气心痛，冷气结聚，温醋摩服之。"《唐本草》记载："主血积，下气，生肌，止血，破恶血，血淋，尿血，金疮。"《本草纲目》记载："治血气心腹痛，产后败血冲心欲死，失心癫狂。"《本草述》记载："治发热，郁，咳嗽，齿衄，咳嗽血，溲血，头痛眩晕，狂痫，滞下，淋，并眼目鼻舌咽喉等证。"

经现代临床医学验证，温郁金具有清心凉血、活血止痛、行气解郁、疏肝利胆退黄之功效。现代医学发现三味药材都含有挥发油，其得率和有效活性成分含量居所有郁金（莪术）类药材之首，是杀菌、消炎、抗病毒、抗血栓、抗肿瘤药物的主要原料药，其中的 β-榄香烯对肺癌、肝癌、脑瘤、食道癌、胃癌、肠癌、胰腺癌、骨转移癌及妇科肿瘤具有良好的抗癌效果，毒副作用轻，且稳定。为此《中国药典》特别规定：只有温郁金才是生产"片姜黄"中药饮片的唯一基原，独有温莪术才是提取莪术油的唯一原药材。

3. "一植株两部位三药源"的药理价值

温郁金以块根和根茎两部分入药，根据药用部位与加工工艺不同，可得功效不同的三味药材，均被《中国药典》收录。一是块根清洗蒸煮熟透晒干药名"温郁金"；二是主根茎洗净蒸煮熟透晒干药名"温莪术"；三是侧根茎趁鲜切厚片晒干称"片姜黄"。

二、核心基因提取与评价

基于对材料的全面、深入分析，得出本文化元素的核心基因表述为："宜于生长的自然环境""高效、广谱的药用价值""科学规范、集约化的植株栽培技术"。

温郁金核心文化基因评价依据

评价项目	评价因子	评价依据（特点）	是否
生命力评价	文化基因存续的时间	自出现起延续至今，未曾明显中断	√
		自出现起延续至今，但多次衰微、中断后复兴	
		曾明显衰败，改革开放后开始复兴或历史溯源关键环节缺失，难以考证	
		文化形态主体已灭失，现存部分痕迹	
	文化基因的稳定性	在发展过程中保持相当稳定的状态	√
		在发展过程中存在明显的精神内涵、表现形式剧变	
凝聚力评价	文化基因的凝聚力及社会动员效果	曾广泛凝聚起区域群体的力量，显著推动过社会经济文化的发展	√
		曾部分凝聚起区域群体力量，对社会经济文化的发展产生过影响	
		凝聚过力量，创造过实际的发展动能，但未见对社会经济文化发展产生显著改变	
		仅在历史文献或口耳相传中存在，未见实际介入社会经济发展	

续表

评价项目	评价因子	评价依据（特点）	是否
影响力评价	辐射的范围	具有全国性、世界性的影响力	√
		具有长三角区域、浙江省影响力	
		具有市县、乡镇影响力	
	提炼的高度	已经被古代文人士大夫和当代学者提炼为精神符号和理念理论	
		单纯的样式、造型、工艺技术规范	√
发展力评价	与当代精神追求和价值观念的契合	传统文化基因得到创造性转化、创新性发展；区域革命文化基因被完整继承、广泛弘扬；区域社会主义先进文化基因成为与浙江"三个地"相适应的文化高地	√
		部分转化、部分弘扬、部分发展	
		难以转化、难以弘扬、难以发展	

说明：基因特点评价是对解码出来的基因，根据本《导则》表2的要求，围绕"四个力"逐一对表打"√"，进行定性表述

（一）生命力评价

瑞安温郁金，姜科草本植物，我国著名道地药材"浙八味"之一，国家地理标志保护产品，瑞安是主产区、原产地，种植应用历史逾千年。植株形似"美人蕉"，适生能力很强，有野生亦有栽培。一般每年清明前后播种，立夏间出苗、开花，冬至左右采收。以地下块根、根茎部分入药，药用功能广泛，药用历史悠久，被历代医家所推崇。因此，温郁金历经数千年的栽种，广泛应用于医疗领域，得到了长久的传承，其核心基因"宜于生长的自然环境""高效、广谱的药用价值""科学规范、集约化的植株栽培技术"自出现起延续至今，未曾明显中断，在千年的发展过程中不断传承创新，保持了稳定的状态。

（二）凝聚力评价

近年来，瑞安温郁金种植面积稳定在 0.5 万多亩，干品总产量约 2000 吨，主要分布在瑞安飞云江中上游两岸冲淤积小平原的陶山、马屿、仙降等镇街，其中陶山为重要核心种植区域，其特定的土壤生态环境和小气候特征造就了该药材优质道地，种植量和商品量约占全国 80% 以上，是我国温郁金药材唯一道地产区，亩农业产值超万元，是当地农民经济收入重要支柱产业。因此，温郁金的种植、药材制作成为当地重要的经济、文化现象，带动了一大批当地农民的就业，增加了地方的收入，形成了温郁金为原料的中医药文化。因此，温郁金的核心基因"宜于生长的自然环境""高效、广谱的药用价值""科学规范、集约化的植株栽培技术"曾广泛凝聚起区域群体的力量，显著推动过社会经济文化的发展。

（三）影响力评价

瑞安是我国温郁金药材道地产区，种植应用历史逾千年。在当代，瑞安温郁金的种植面积和商品量约占全国 80% 以上。目前国内有近百家生物医药企业，生产与温郁金（含温莪术和片姜黄）相关的产品，年产值逾 50 亿元。瑞安产区生产的温郁金、温莪术主要销往大连金港和远达制药厂生产榄香烯注射液和口服液，其余部分莪术干品被海南碧凯制药厂和四川达州等地收购。同时，温郁金干品还是全国三大"醒脑静"中成药注射液厂家的必选原材料，其余的销往全国各大饮片和颗粒企业，每年供不应求。因此，瑞安的温郁金在全国范围内具有影响力，其核心基因"宜于生长的自然环境""高效、广谱的药用价值""科学规范、集约化的植株栽培技术"作为地理环境、药用价值、技术规范，具有全国性、世界性的影响力。

（四）发展力评价

瑞安温郁金是浙产大宗中药材品种之一，不仅供中医临床配方使用和多种药物原料药，也是利胆排石片、郁金银屑片、牛黄降压胶囊等多种中成药和颗粒制剂的原料药，尤其是对老年痴呆症、抗瘀血等方面具有良好的功效，具有极高的经济价值和社会效益，有着巨大的开发潜力和广阔的市场前景。《全国道地药材生产基地建设规划（2018—2025年）》中把"温郁金"列为产需缺口较大的药材而大力发展。国内外许多药企看好瑞安温郁金的药用价值，全国多家科研机构对瑞安温郁金的综合利用和精深产品开发展开了深入系统的研究，用于眼科、妇科、皮肤科、心血管及抗肿瘤等新药的研发也在有序推进中，为"健康中国、和谐社会、康复养生、全民医疗"建设提供更好的福音。因此，拥有千年种植历史的古老中药材温郁金在新的时代将大放异彩，其核心基因"宜于生长的自然环境""高效、广谱的药用价值""科学规范、集约化的植株栽培技术"伴随着温郁金新型药材产品、应用途径的开拓得到了创造性转化、创新性发展。

三、核心基因保存

　　"宜于生长的自然环境""高效、广谱的药用价值""科学规范、集约化的植株栽培技术"作为温郁金的核心基因,《千年道地药材》等7项文字资料保存于瑞安市文化基因解码调查组资料库,出版物和古文古籍有《本草经疏》《本经逢原》《药性论》《唐本草》《本草纲目》《本草述》等。实物材料温郁金植株、中药材保存于瑞安市陶山、马屿、仙降等乡镇街道。

"浙江文化基因丛书"后记

浙江濒海多山，古为百越之地，地少民贫。先民断发文身，披荆斩棘，筚路蓝缕，艰苦创业，卧薪尝胆，徐图自强，始稍为中原所识。山海情怀，越地长歌，独特的地理人文环境孕育出浙江艰苦奋斗、励精图治、百折不挠、勇攀高峰的地域文化性格和兼容并包、发展创新的人文精神。因以鸟虫篆、《越人歌》为表征的楚越文化交融和徐偃王流亡越地、勾践北上争霸等历史事件的发生，越地逐渐融入中原文明。及至东晋衣冠南渡，中原贤良缙绅避乱会稽，兰亭雅集、永嘉诗会，王谢风流所及，中原文化和越文化相互碰撞融合，这片神奇的土地在吸收大量中原先进文化基础上，生发出更多独具特色、丰富璀璨的文化颗粒，散点分布于浙江的山山水水之间。

隋唐以降，一条大运河通到钱塘，凡所流经之县域，皆成人文渊薮。浙东唐诗之路，如明珠嵌璧；越窑青瓷，千峰翠色风靡长安。浙江依托这条水上"高速公路"迅速崛起，在经济高效快速地融于全国的同时，也向全国展现了别样精彩的浙江文化，对中原产生巨大影响。唐末五代中原战乱之际，吴越国钱王保境安民，举世惶惶而越地独安，浙江又一次成为全国士子避祸传学之地，浙江的原生文化和中原文化水乳交融，极大地提高了浙江的人文学术水平。及至南宋定都临安（今浙江杭州），孔裔迁衢，杭州乃至浙江逐渐成为中华文化传承发展中心、全国的文化学术高地。有元一代，人文日渐凋敝，而浙江独领风骚。湖州赵孟頫成为有元一代赓续中华文脉之砥柱。赫赫有名的"元四家"，黄公望（常熟人，曾隐居富春）、王蒙（湖州人，曾隐居临平）、吴镇（嘉兴人，曾卖卜钱塘）、倪瓒（无锡人，曾浪迹太湖）在学习传承赵孟頫的文化艺术精髓基础上，各显其能，自成面目，为传承发展中华文化艺术作出了卓越贡献。明清以来，浙江士林，更为全国翘楚，文化勃兴，领袖群伦。浙江文脉渊深，有容乃大，继承发展，才俊迭起。事功之学、阳明心学、浙东学派、南戏越剧、《古文观止》、丝瓷茶剑、西泠印社、兰亭雅集等，更是中华文化中耀眼的明珠。浙东音声，渐如潮涌；黄钟大吕，照灼云霞。

晚清时期，中华危亡。辛亥鼎革，浙江文化所孕育的优秀儿女更是为中华千古未有之变局作出了重要贡献，秋瑾、徐锡麟、蔡元培、章太炎、鲁迅等，允文允武，可歌可泣，数不胜数。为全面赶上世界发展，全省各地掀起了重视文教事业、培养人才、发展经济的高潮。各类藏书楼、图书馆、新式院校纷纷创设，浙江人又一次发扬卧薪尝胆、奋力赶超的浙江精神，使浙江成为当时全国省域文化发达、人才众多的省份。

新中国成立后，浙江人励精图治，无论干部还是群众，都本着务实精神，立足现状，踔厉前行。即便在"文革"时期，浙江的经济、文化发展水平都显著好于其他兄弟省市，这和浙江人文内核的务实精神和文化基因的原生动力息息相关。改革开放以来，浙江更是勇做弄潮儿，充分发挥"四千精神"，培养人才，发展经济，以全国陆域较少、自然资源缺乏的省份，一举成为名列前茅的文化大省、经济强省。

历数千年，浙江以落后的山林草野原生文化，不断与吴楚和中原文化交融互鉴，融合创新，发展壮大，绝非历史偶然。浙江以其独特的文化基因和历史面貌正引起国内外专家学者的广泛兴趣，以期通过对浙江文化的研究来更好地理解中华文明，为中华文明的伟大复兴寻径探源，通过解析全省多点、散点分布的各类文化颗粒和文化价值观、文化形态、文化载体，系统研究、条分缕析在地文化基因和独特的文化原动力。构建中国文化基因理念体系，挖掘文化遗产背后蕴含的哲学思想、人文精神、价值观念、道德规范，是一项新课题、新任务。浙江在推动高水平文旅融合、建设共同富裕示范区的进程中，以解码文化基因为切入点，为构建中国文化基因理念体系提供地方经验。

研究浙江文化基因，就是对披着传统文化外衣的各类庸俗低俗的迷信活动加以甄别，科学分析，正本清源。以挖掘、激活浙江的优秀文化基因为抓手，推进文旅深度融合；有机整合乡村文化礼堂、农家书屋、场馆院团、城市书房等城乡文化资源，丰富群众文化活动。拓展新型公共文化空间，持续推动优质文化资源直达基层。为人民群众创造一个良好的文化大环境，强化文化自觉和文化自信；为浙江文化高质量传承发展厘清路径，为新时代浙江发展优秀的社会主义先进文化打好基础。文化兴则国运兴，文化强则民族强。文化基因的研究以及激活应用是浙江建设文化强省的重要切入点，是民智之本、百年大计。

我们要深入学习贯彻党的二十大精神和习近平文化思想，全面挖掘和激活浙江文化基因，推动新时代中国特色社会主义文化建设。以高质量发展为目标、融合发展为重点，紧扣激活优秀文化基因、提供优秀文化产品这个中心，厚植浙江经济社会发展文化软实力。

2024 年 1 月，全省宣传思想文化工作会议提出，要全面贯彻习近平文化思想。浙江作为文化大省，肩负起新时代文化使命，在优秀传统文化的传承发展领域开展了积极的探索。我们要不断学习贯彻习近平总书记关于中华优秀传统文化的重要论述和关于文明交流互鉴的重要论述，让文化基因的研究成果走入校园、走进课堂，成为鲜活的爱国主义教育载体、生动的"课程思政"教育实践、开放的当代青少年国际视野素养培育抓手。将浙江文化基因研究成果制作成微视频"浙江文化基因"课程（双语），通过教育信息技术实现从碎片到整体、从实地到课堂、从单一到系列的 MOOC/SPOC 转换，实现浙江文化基因在青少年群体中的代际传递，助力文化基因融入当代、植根青年，实践出一条富有浙江特色的文化传承发展新路径，为中国"培养社会主义建设者和接班人"这一宏伟目标服务。

若有所成皆非易，凝心聚力要躬行。各地课题组在当地乡土专家和各地高校文史专家的鼎力协助下，进深山到大海，调研足迹遍布海澨山陬。通过田野调查、走访座谈、查阅历史卷宗、参考海量文献，历时五年形成的研究成果，凝聚了全省各地众多专家学者和乡土文化耆老的心血，他们为浙江的文化事业作出了很大贡献。致敬他们文化溯源的热忱，学习他们极深研几的精神，真诚感谢他们无私奉献的情怀。由于篇幅有限，涉及面广，无法一一详列参与者，在此一并致谢！

吴　越

甲辰年秋于杭州